Wolfgang W. Günther
Weimar, lieb' Frauen

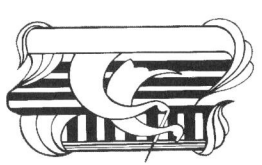

Wolfgang W. Günther

Weimar, lieb' Frauen

Von Anna Amalia bis Helene von Nostitz

Blaue Hörner Verlag GmbH
Marburg 2000

Für Uta

Inhalt

* Der Hinweis auf eine Anmerkung oder Übersetzung wird im Text mit
einem Sternchen * gekennzeichnet.

Prolog

»Was mich betraf, so zog ich ein geselliges Leben, in dem die Frauen herrschten, jedem anderen vor und fühlte mich unter den Weimaranerinnen bald einheimisch ...«
Henriette v. Egloffstein, Memoiren

Damen im Park zu Weimar

Prospect der Fürstlich-Sächsischen Residenzstadt Weimar
gegen Morgen (Blick von Osten), um 1785

Vorwort

*»Übrigens war die weimarische Gesellschaft reich an gebilde-
ten, liebenswürdigen und geistvollen Frauen, die Herrenwelt
dagegen, von den berühmten Gelehrten und Dichtern abgesehen,
roh und ungehobelt. Doch die Frauen ersetzten, was den Männern abging ...«,* schrieb vor etwa zweihundert Jahren Henriette von Egloffstein in ihren ›Memoiren‹.

Trotz dieser selbstbewußten Einschätzung einer Frau wäre
wohl der Prophet in jener Zeit belächelt worden, der ausge-
sprochen hätte, daß Frauen es sein werden, die durch ihren
Intellekt, ihre Würde der individuellen Erscheinung, ihre
Vielfalt der Charaktere, ihr anregendes Miteinander unglaub-
lich viel schöpferische Energie zum Ansehen dieser Stadt mit
freisetzen.

Diese unverwechselbaren Frauen, die Tradition stifteten,
aber auch immer die Gefahr in sich bargen, in einen schein-
idealen Zustand zu flüchten, imponieren uns heute umso
mehr.

Wie sie in ihrer Weimarer Zeit liebten und litten, wie sie ehrgeizig stritten, in Geduld sich übten oder entsagten und
welche Schätze sie der Nachwelt bewahren halfen, davon
erzählt dieses Büchlein, in dem Zeitzeugen sprechen.

Am Anfang stand Anna Amalia ...

»Die Gründerin Weimars, die Wohltäterin des ganzen Landes, die Beschützerin aller Künste und Wissenschaften!«, so sah sie Henriette von Egloffstein in ihren ›Jugenderinnerungen‹.

Anna Amalia hatte die seltene Gabe, trotz Armut im Lande, jedes Talent, das sie zu erkennen wußte, an ihren Hof zu ziehen. Sie ermunterte durch Originalität und Witz das gesellige Hofleben. Unter ihrer klugen Regie gewann das kleine Ackerstädtchen in Thüringen immer mehr an Bedeutung weit über seine Grenzen hinaus.

Sie wird zur Schöpferin des legendären Musenhofes. Mit Wieland, Goethe, Herder und Schiller erhebt sie Weimar zum Mittelpunkt der deutschen Klassik.

Es ist aber nicht das *Viergestirn* allein, das Anna Amalia umgibt.

Da ist Charlotte von Stein, die mit fünfzehn Jahren Hofdame bei ihr wird und später durch die Liebe zu Goethe Berühmtheit erlangt. Hinzu gesellt sich als weitere Hofdame Luise von Göchhausen, durch deren Geschick die Fassung des ›Urfaust‹ nicht verloren geht.

Als Anna Amalia die Regierung ihrem Sohn Carl August übergibt, stellt ihr Lebenswerk hohe Anforderungen an die folgenden Herzoginnen.

Luise, Prinzessin von Hessen-Darmstadt, hat es besonders schwer. Anna Amalia schätzt zwar ihre Schwiegertochter, doch beide mögen sich nicht.

Unabhängig davon rücken Frauen in den Vordergrund, die auf ihre Weise zur Ausstrahlung Weimars beitragen:

Corona Schröter, die erste Iphigenie der Welt, Caroline Jagemann, die angebetete Göttin von ganz Weimar, Christiane Becker-Neumann, die Unvollendete, werden Mitgestalterinnen des neuen deutschen Theaters. Durch das Schaffen der Malerin Louise Seidler und der Bildhauerin Angelica Facius bleibt das Bild der Klassikerstadt Weimar erhalten. Anne Louise Germaine de Staël läßt Weimar zur schöngeistigen Hauptstadt Deutschlands emporsteigen. Johanna Schopenhauer glänzt durch ihr geselliges Haus an der Esplanade. Caroline Falk wird nach den Kriegsdrangsalen unzähligen verwahrlosten Kindern zur Mutter; Charlotte von Kalb leidet unter ihrer dramatischen Beziehung zu Schiller, aber auch die Gegenwart Hölderlins und ihr Verhältnis zu Jean Paul, dem vergötterten Liebling der Frauen, beschweren ihr Dasein.

Caroline und Charlotte von Lengefeld, die Schwestern, beeinflussen Schillers Leben. Caroline Herder macht ihren Mann zu einem der glücklichsten Menschen und Christiane Vulpius wird zu dieser Zeit die Frau Goethes.

Nach Luise hält Maria Paulowna Einzug in Weimar. Ihr verdankt das Herzogtum das ›Silberne Zeitalter‹. Sie befürwortet die Berufung Franz Liszts als Hofkapellmeister. Ihre Tochter Augusta wird 1871 deutsche Kaiserin.

Clara Schumann soll die erste Pianistin sein, die Liszt in Weimar begrüßt.

La Mara, eine Biographin Liszts, schildert seinen Aufenthalt von der Altenburg bis zur Hofgärtnerei. Unter Herzogin Sophie erscheint Goethes Gesamtwerk, bekannt als ›Sophienausgabe‹. Zu dieser Zeit schildert Adelheid von Schorn das nachklassische Weimar und Helene Böhlau ergibt sich in eine liebevolle Verklärung Weimars im 19. Jahrhundert. Angela Böcklin dagegen rechnet nach ihrem kurzen Aufenthalt mit dieser Stadt ab.

Nach Caroline besteigt Feodora als letzte regierende Großherzogin den Thron. Noch einmal treten Frauen in den Blickpunkt der Öffentlichkeit: Louise Dumont strebt den Bau eines ›Dramatischen National-Theaters‹ an; Therese Elisabeth Alexandra Förster-Nietzsche möchte eine neue, dritte Epoche weimarischer Kultur heraufbeschwören; Katharina Kippenberg, die einfühlsame Lektorin, führt Rainer Maria Rilke in Weimar ein; Erika von Watzdorf-Bachoff läßt heimatverbundene Lyrik aufblühen. Helene von Nostitz erinnert noch einmal an das alte Europa, an den Abschied von einer glanzvollen Zeit.

M.G.

ANNA AMALIA
Herzogin von Sachsen-Weimar-Eisenach

»Niemand hat sie regieren gelehrt, und sie selbst hat in einem Alter, wo andere einzig anfangen, in der Welt zu leben, ihre Untertanen leben gelehrt, die nun ihre Regierung lieben.«

Prinz Friedrich August über seine Schwester, Juli 1759

Weimar von Norden gesehen, um 1820

Kindheit, Jugendzeit und Heirat

»Nicht geliebt, von meinen Eltern immer zurückgesetzt, nannte man mich nur den Ausschuß der Natur.«
So hart geht sie in der Rückschau auf ihre Kindheit und Jugendzeit ins Gericht.

Anna Amalia, als fünftes Kind des Herzogs Carl I. von Braunschweig und seiner Gemahlin Philippine Charlotte, einer Schwester Friedrichs des Großen, am 24. Oktober 1739 in Wolfenbüttel geboren, verbringt an einem von Vornehmheit und eleganter Betriebsamkeit glänzenden Hof ihre bedrückenden Kinderjahre und eine freudlose Zeit als heranwachsendes junges Mädchen.

Johann Friedrich Jerusalem, ihr Lehrer und Erzieher, meint:

12

Herzogin Anna Amalia, um 1773

»Sie hat die brillante Lebhaftigkeit nicht, aber eben den soliden Verstand, die feine Empfindung, das edle Herz. Sie verbirgt sich noch vor sich selbst. Sie wird daher vielleicht nie von allen gekannt werden, denn sie wird auch ihre Wohltaten verbergen, aber denen, die das Glück haben, ihr nahe zu sein, wird sie allemal unendlich schätzbar sein.«

Der Abschied vom Braunschweiger Hof fällt ihr offensichtlich nicht schwer:

*»In meinem 16. Jahre wurde ich von den harten Banden erlöst.
Man verheiratete mich so, wie gewöhnlich man Fürstinnen vermählt.«*

Am 24. März 1756 hält Anna Amalia festlichen Einzug in
Weimar, ein Kind noch, doch bereits Gattin des achtzehn-
jährigen Herzogs Ernst August II. Constantin.

Von vornherein stehen für beide die Auspizien schlecht.
Der Herzog wirkt scheu und blaß, seine Gesundheit scheint
sichtlich angegriffen. Die Braut dagegen erfrischt durch ihre
Lebendigkeit, als sie umhüllt von golddurchwirkter blauer
Seide, den Purpurmantel über die Schulter geworfen, gekrönt
mit einer Rose keß im gepuderten hochgetürmten Haar, aus
der herrschaftlichen Kutsche steigt. Zum ersten Male betritt
sie Weimarer Boden, einen verwahrlosten Hof, ein armseliges
Land.

Eine Liebesheirat soll es nicht gewesen sein, die sie mit
dem kränkelnden Herzog eingegangen war. Aus dem Nachlaß
ihrer Mutter ist jedoch zu entnehmen, daß sie sich *»in der kurzen Zeit ihrer Ehe glücklich gefühlt habe«.* Künstlerische
Neigungen scheinen das junge Paar freundschaftlich miteinander verbunden zu haben, heißt es.

Nach zweijähriger Ehe stirbt am 28. Mai 1758 Herzog Ernst
August II. Constantin. In diesen beiden Jahren schenkt ihm,
wie man es am Hofe auch erhofft hatte, die blutjunge Herzogin zwei Söhne, den Erbprinzen Carl August, wie sie selbst
schreibt, *»die erste und reinste Freude ihres Daseins«,* und den
Prinzen Friedrich Ferdinand Constantin, dessen Geburt der
Vater nicht mehr erlebt.

Anna Amalia steht allein. Auf ein Jahr geht die tutelarische
Betreuung an ihren Vater, *»... worauf sie von 1759 bis 1775
in Vormundschaft ihres minorennen Sohnes Carl August die
Regierung des Landes glorreich allein führte ...«,* wie die Chronik des Weimarer Herrscherhauses berichtet.

Regentschaft

»Noch in den reizendsten Jahren des weiblichen Alters ward sie Witwe, Mutter unerzogener Prinzen, Vormünderin und Regentin eines durch Luxus und Pracht verschuldeten, mit Abgaben gedrückten Staates. Weib von Geschlecht und Mann von Geist, unterzog sie sich dieser Last …«, schreibt V. Wölfling in seinen Erinnerungen an eine ›Reise nach Weimar‹.

Schwerwiegende Entscheidungen hat Anna Amalia zu treffen, so daß sie keine Ruhe findet. Ständig ringt sie mit sich, den rechten Weg in der Regentschaft zu finden und bekennt:

»Die schnellen Veränderungen, welche Schlag auf Schlag kamen, machten einen solchen Tumult in meiner Seele, daß ich nicht zu mir selber kommen konnte. Ein Zusammenfluß von Ideen, von Gefühlen, die alle unentwickelt waren. Kein Freund, vor dem ich mich aufschließen konnte. Ich fühlte meine Untüchtigkeit, und dennoch mußte ich alles in mir selber finden … In den Jahren, in denen sonst alles um uns her blüht, war bei mir Nebel und Finsternis. Nachdem der erste Sturm vorüber war, daß ich mich mit mehr Ruhe und Gelassenheit mich selber fühlen konnte, war meine erste Empfindung, daß meine Eitelkeit und Eigenliebe erwachte. Regentin zu sein, in solcher Jugend schalten und walten zu dürfen, konnte wohl nichts anderes hervorbringen. Eine heimliche Stimme aber rief mir zu; ich hörte sie an und kehrte in mich zurück. Da stand ich nun ganz nackend; meine Eigenliebe wurde gedemütigt durch das Gefühl des Unvermögens. Ich sah auf einmal das Große, das auf mich wartete, und ich fühlte dabei meine gänzliche Untüchtigkeit. Die Geschäfte, von denen ich gar nichts wußte, vertraute ich Leuten an, die durch lange Jahre und Routine Kenntnis davon hatten. In dieser Dumpfheit der Sinne verblieb ich eine Weile; auf einmal erwachten dann in mir alle Leidenschaften. Mir war wie einem Blinden, der das Gesicht erhält … Tag und Nacht studierte ich, mich selbst zu bilden und mich zu den Geschäften tüchtig zu machen.«

Und wie tüchtig! Noch halb ein Kind, zögert sie nicht, ihrem Instinkt folgend, bedeutende und kluge Männer um sich zu scharen. Ebensowenig zögert sie, Männer zu brüskieren und auszuschalten, die ihr im Wege stehen. Dazu gehört auch

Graf Heinrich von Bünau, seit 1751 vormundschaftlicher Statthalter des Teilherzogtums Sachsen-Eisenach, Erzieher des minderjährigen Erbprinzen Ernst August II. Constantin und 1756 von seinem einstigen Zögling zum Premierminister ernannt. Seine ordnende Hand hatte nach dreijähriger Tätigkeit als Erster Minister in den Augen der Herzogin keine sichtbaren Spuren in der Sanierung der verrotteten weimarischen Verhältnisse hinterlassen. Er, seit 1716 in Kursächsischen und Kaiserlichen politischen und diplomatischen Diensten stehend, ist ihr zu omnipotent. Mit der ihm eigenen Selbstherrlichkeit hatte er verkannt, wieviel Streben nach Herrschaft und Macht, welch gebündelte Energie an Temperament, aber auch wieviel Eigensinn und Geltungsbedürfnis in diesem für ihn unscheinbaren Wesen steckten.

Nach außen völlig unbemerkt vermag es die junge Herzogin, in aller Bescheidenheit und Zurückgezogenheit den Herzog von einer Änderung des ihr fraglich erscheinenden Testamentes zu überzeugen. Jenes durch Graf Bünau entstandene Papier wandelt sich damit zu ihren Gunsten.

Anna Amalias Aufstieg zur Regentin des Herzogtums Sachsen-Weimar-Eisenach nimmt seinen Lauf.

In einem folgenden Verfahren, das den Staatskanzleien von Braunschweig, Wien, Kopenhagen und Dresden den Atem verschlägt, erreicht sie, noch nicht mündig, daß »*Ihro Kaiserliche Majestät der verwitibten Frau Herzogin die venia aetatis erteilte und diese am 9. Juli 1759 allermildest dahin extendierte, daß Dieselbe fürohin in dero Landen ohne Ausnahme und Einschränkung Vormundschaft und Administration ausübe …*«

Graf Bünau scheidet im September 1759 aus seinem Amt.

Die Fürstin hat den Anspruch auf Regierung des Landes erhoben und durchgesetzt. Sie ist am Ziel!

Juli 1759. Prinz Friedrich August über seine Schwester:

»Anna Amalias Seele ist männlich. Sie ist sehr peinlich in der Wahl der Freunde; aber denen, die sie geprüft hat, hält sie die Treue. Sie hört den Rat erfahrener Leute, doch sie wird nicht zu deren Sklave.

Sie besitzt einen durchdringenden Geist und erkennt rasch das Lächerliche einer Person, doch dem Lachen folgt die Teilnahme.

Sie ist verschwiegen und liebt den Klatsch nicht. Ihre Gewis-
senhaftigkeit hindert sie, intrigant zu sein. Sie gibt mit Freuden,
verfügt aber auch über die Festigkeit, Lästige abzuweisen.

Niemand hat sie regieren gelehrt, und sie selbst hat in einem
Alter, wo andere einzig anfangen, in der Welt zu leben, ihre
Untertanen leben gelehrt, die nun ihre Regierung lieben.«

Anna Amalia wächst mit ihren Aufgaben.

Große Fürsorge widmet sie den Volksschulen und dem
Weimarer Gymnasium durch eine Erhöhung der Anzahl von
Lehrern und Gymnasialprofessoren. Die Lehrstühle der Uni-
versität Jena werden durch die Berufung von bewährten
Naturwissenschaftlern und Medizinern, durch Theologen,
Juristen und Philosophen erweitert. Die herzogliche Bücher-
sammlung läßt sie vom Schloß in das ›Grüne Schlößchen‹
verlagern. Belebt werden die neuen Räumlichkeiten durch
bildnerische Werke und Plastiken. Eine Bibliothek mit musea-
lem Charakter entsteht – offen für die Allgemeinheit.

Dem Theaterleben verschreibt sich die junge Herzogin hin-
gebungsvoll, denn sie ist davon überzeugt, wie Wieland meint,
»daß ein wohlgeordnetes Theater nicht wenig beitrage, die
Begriffe, die Gesinnungen, den Geschmack und die Sitten eines
Volkes unvermerkt zu verbessern und zu verschönern«.

Auch hier erreicht sie eines ihrer Ziele – erstmalig an den
deutschen Höfen, wie aus der damaligen Berichterstattung hervorgeht, dem Volke Tür und Tor zum Theater nicht länger zu
verschließen.

»So genießt Weimar eines Vorzugs, den es mit Dank zu erken-
nen Ursache hat und dessen keine andere Stadt in Deutschland
sich rühmen kann; ein deutsches Schauspiel zu haben, welches
jedermann dreimal in der Woche unentgeltlich besuchen darf.«

Anna Amalia geht noch weiter. Sie öffnet ihren Theatersaal
einem Experiment und läßt eine deutsche Oper aufführen:
›Alceste‹. Wieland verfaßte den deutschen Text und Anton
Schweitzer schrieb die Musik.

Im ›Teutschen Merkur‹ wird die Aufführung auf Geheiß der
Herzogin so angekündigt:

»Eine Oper in deutscher Zunge? In der Sprache, worin Karl
der Fünfte nur mit seinem Pferde sprechen wollte? Von einem

17

Deutschen gesetzt, von Deutschen gesungen: was kann man Gutes davon erwarten?«

Überglücklich nach der Premiere schreibt Wieland seiner Freundin Sophie von La Roche, *»daß Fremde vom ersten Rang, welche in England, Frankreich und Italien alles gesehen und gehört haben, beinahe außer sich vor Verwunderung gewesen, in Weimar so etwas zu hören«.*

Anna Amalia leistet damit, von Weimar ausgehend, einen Beitrag zur deutschen Oper.

Bei alledem vernachlässigt sie das höfische Treiben nicht. Der einstige Page Karl von Lyncker schreibt darüber in seinen Erinnerungen:

»Die geistreiche Herzogin Anna Amalia wurde im In- und Ausland hoch verehrt. Ihr Hof galt als der anständigste und angenehmste in der ganzen Umgegend ... Der Regentin kleiner Fuß wurde viel bewundert, und da sie täglich ein Paar neue Schuhe anlegte und die abgelegten den Kammerfrauen überließ, so kamen solche häufig zum Verkauf, und jede Dame war stolz, ihren Fuß in die Schuhe der Herzogin zwängen zu können. Die Kavaliere trugen aus Galanterie kleine goldene Schuhe als Berlocken an den Uhrketten ...

Ferner gehörte es zum guten Ton, reichlich Tabak zu schnupfen, um Gelegenheit zu haben, schöne, reich beringte Hände und brillante Dosen sehen zu lassen. Dies Schnupfen war auch der Frau Herzogin zur ununterbrochenen Gewohnheit geworden.«

Regierung des Landes, höfisches Treiben als Ausgleich, das ist Anna Amalia nicht immer vergönnt.

Große Sorge bereitet ihr die Erziehung der Söhne. Carl August, der Erbprinz, hart und wild, fast unbändig, und Constantin, schwächlich, weich, haltlos, zwingen die Mutter, strenge Hand anzulegen, bis sie sich entschließt, einen Erzieher vorerst für den Erbprinzen zu berufen.

»Ein Mann von festem biederen Charakter und großen Einsichten, Graf Goertz, ward zum Führer ihres Sohnes, Wieland zu seinem Lehrer in der Geschichte und den schönen Wissenschaften gewählt ... eine philosophischere Erziehung hat nie ein Prinz erhalten ...«, meint Wölfling.

Man schreibt das Jahr 1772. Carl August ist 15 Jahre alt und

Rotseidene, bestickte Schuhe aus dem Besitz
Anna Amalias

wird in zielbewußter Arbeit auf die Übernahme der Regierung erfolgreich vorbereitet.

Zu dieser Zeit läßt sich nicht absehen, welche Folgen die Berufung Wielands nach Weimar haben sollte. Für Goethe ist dies nach Jahren der Ausgang all dessen, *»was später für dieses besondere Land, ja für das ganze deutsche Vaterland so lebhaft und bedeutend wirkte«.*

Angeregt durch Wielands ›Alceste‹, zieht es Carl Ludwig von Knebel nach Weimar. 1773 wird er Erzieher des Prinzen Constantin. Knebel wird außerdem zum Vermittler der späteren Freundschaft des Erbprinzen mit Goethe, der bereits kurze Zeit nach seiner Ankunft dem damals Noch-Freund Herder eine Wirkungsstätte in Weimar vorbereitet.

Mit Wielands Berufung durch Anna Amalia ist der erste Schritt zur deutschen Klassik in Weimar getan.

Am 3. September 1775 übernimmt Carl August im Alter von 18 Jahren die Regierung über das Herzogtum Sachsen-Weimar-Eisenach.

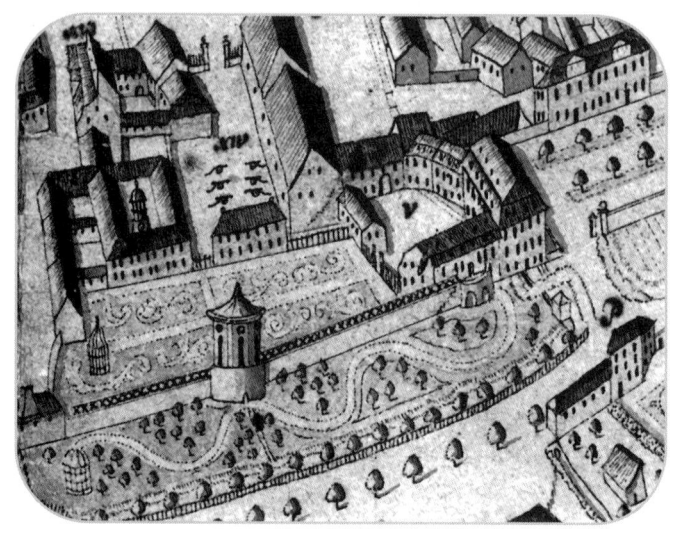

Anna Amalias Wittumspalais mit Garten.
Ausschnitt aus dem Stadtplan von Lossius, um 1780

»Als sie die Vormundschaft
niederlegte, übergab sie ihrem
Sohn ein wohlgeordnetes
Land, von Lasten erleichtert,
schuldenfrei und einen baren
Überschuß von 200.000
Talern. Mit männlicher
Selbstüberwindung entsagte
sie sich von einer Regierung,
die sie mit Glanz und Ruhm
geführt hatte, und zog sich
von einem Hofe zurück, dessen Ton zu ihren Grundsätzen
nicht stimmen konnte.«

V. Wölfling

Die Herzoginmutter

Am Palais, um 1900

Im Alter von 36 Jahren begibt sich Anna Amalia ins ›Wittumspalais‹.

Die ›alte Herzogin‹ nennt man sie jetzt, als ›Herzoginmutter‹ wirkt sie weiter.

Das Wittumspalais bewohnt Anna Amalia in dem »... *ruhigen Bewußtsein, ihre Pflichten getan, das, was ihr oblag, geleistet zu haben«*. Auch wenn es nicht mehr regieren heißt, Ruhe findet sie keine.

Gereift und voller Tatendrang scheint sie erst jetzt frei von großen und kleinen Sorgen. Überall dort, wo sie ihren einstigen Untertanen begegnet, entfaltet sich schnell ein halb ernstes, halb verspieltes genialisches Getümmel, dem sie amüsiert zusieht. Auf Freilichtbühnen mit Theaterspielen in den Sommersitzen von Tiefurt, Ettersburg und Belvedere gelingt es ihr, meist armen Burschen und Leuten von ›niederem Stande‹ die Scheu zu nehmen und ständetrennende Barrieren abzubauen.

Die Sommersitze Anna Amalias

Schloß Tiefurt

»*Wollen Sie ein Weib kennen-
lernen, welches wert war,
Fürstin zu sein, so entschließen
Sie sich, mit mir nach Tiefurt
zu gehen. Fern von dem Geräu-
sche des Hoflebens genießt sie
hier im Schatten einer ländli-
chen Wohnung des frohen
Bewußtseins, als Mutter und
Regentin gehandelt zu haben,
und beschließt ihr ehrwürdiges
Alter in der Einsamkeit unter
lehrreichen Unterhaltungen und
Betrachtungen.*«
V. Wölfling, in ›Reise nach Weimar‹

Schloß Belvedere

»Donnerstag nach Belvedere,
Freitag geht's nach Jena fort;
Denn das ist, bei meiner Ehre,
doch ein allerliebster Ort!
Samstag ist's, worauf wir zielen;
Sonntag rutscht man auf das Land;
Zwätzen, Burgau, Schneidemühlen
Sind uns alle wohlbekannt.
Montag reizet uns die Bühne;
Dienstag schleicht dann auch herbei,
Doch erbringt zu stiller Sühne
Ein Rapuschchen frank und frei.
Mittwoch fehlt es nicht an Rührung;
Denn es gibt ein gutes Stück;
Donnerstag lenkt die Verführung
Uns nach Belveder' zurück.«

Johann Wolfgang von Goethe

23

Schloß und Park Ettersburg

»Wir wollen künftig öfter hierherkommen …
Man verschrumpft im engen Häusermeer.
Hier fühlt man sich groß und frei,
Wie die große Natur,
die man vor Augen hat,
und wie man eigentlich immer sein sollte.«

Johann Wolfgang von Goethe

Für gelehrte Erörterungen, Zeichnen und Malen, Konzerte und Lesezirkel nutzt sie im Winter das Wittumspalais, wo sich Anna Amalias Musenhof konstituiert. Ohne *gêne* treffen hier Geist und Welt aufeinander, wie Wieland schreibt:

»… eine Anstalt zur Beförderung der Fröhlichkeit und guten Laune, wo geklimpert, gegeigt, geblasen und gepfiffen wurde, daß die Engel im Himmel ihren Spaß dran hatten …«

Die Tafelrunde bei Herzogin Anna Amalia.
Aquarell von Georg Melchior Kraus, um 1795.
Von links: J. H. Meyer, Henriette v. Fritsch, Goethe,
F. H. v. Einsiedel, Anna Amalia, Eliza Gore, Charles Gore,
Emily Gore, Louise v. Göchhausen, Herder.

Karl von Lyncker, der schlitzohrige Page, macht während der Tafelrunde seine eigenen Beobachtungen:

»Jeder von uns Pagen wartete gern bei der Mittwochstafel der Herzogin-Mutter auf, wozu nur einer oder zwei vom Adel, aber mehrere sogenannte schöne Geister eingeladen wurden. Goethe, Wieland und Herder gerieten regelmäßig in lebhaften Streit; Knebel und Einsiedel nahmen Partei; so entstand ein zwar interessantes, aber oft auch lautes Gespräch. Wurde jedoch die Unterhaltung zu lebhaft, wozu die alten Weine, die serviert wurden, beitragen mochten, so wußte die Frau Herzogin eine solche geschickt abzubrechen und auf gleichgültigere Gegenstände zu leiten.«

Trotz aller schöpferischen Unruhe und geistigen Schaffens bleibt Anna Amalias Leben auch nach der Übergabe der Regierungsgeschäfte an ihren Sohn Carl August nicht unbelastet. Der junge Herzog, obwohl absoluter Herr, bedarf dringend des Beistandes seiner Mutter, um seinen Freund, den jungen Goethe, mit Amt, Titel und Besitz in sein Ländchen aufzunehmen.

Als Freiherr von Fritsch, der Erste Minister, sich strikt weigert, Goethe als Mitarbeiter anzuerkennen, tritt Anna Amalia entschlossen an die Seite ihres Sohnes. Nicht mehr Regentin, dafür unbedingte Autorität, beruft sie sich selbst zur Anwältin des Dichters, der ihre Zuneigung bereits im ersten Anlauf für sich in Anspruch nehmen konnte.

Ein halbes Jahr nach Goethes Ankunft, am 13. Mai 1776, schreibt sie an den Minister von Fritsch:

»Sie sind eingenommen gegen Goethe, den Sie vielleicht nur aus unwahren Berichten kennen oder den Sie von einem falschen Gesichtspunkte aus beurteilen. Sie wissen, wie sehr mir der Ruhm meines Sohnes am Herzen liegt und wie sehr ich darauf hingearbeitet habe und noch täglich arbeite, daß er von Ehrenmännern umgeben sei. Wäre ich überzeugt, daß Goethe zu diesen kriechenden Geschöpfen gehörte, denen kein anderes Interesse heilig ist, als ihr eigenes und die nur aus Ehrgeiz tätig sind, so würde ich die Erste sein, gegen ihn, den mein Sohn in dem Conseil haben und zu ihrem Mitarbeiter machen will, aufzutreten. Ich will Ihnen nicht von seinen Talenten, seinem Genie sprechen; ich rede nur von seiner Moral. Seine Religion ist die eines wahren Christen, die ihn lehrt, seinen Nächsten zu lieben …

Machen Sie Goethes Bekanntschaft, suchen Sie ihn kennenzulernen. Sie wissen, daß ich meine Leute gehörig prüfe, bevor ich über sie urteile, daß die Erfahrung mich in solcher Bekanntschaft vielfach belehrt hat und daß ich dann ohne Vorurteil richte. Glauben Sie einer Freundin, die Ihnen wahrhaft zugetan ist, sowohl aus Dankbarkeit wie aus Anhänglichkeit.«

Sorgen bereitet ihr nach wie vor der zweite Sohn Constantin. Er geht eigene Wege, die Anna Amalia zutiefst beunruhigen.

Carl August über seinen Bruder Constantin:

»Die Folgen seiner Fehler werden ihn sie schwer genug fühlen machen und würden ihn ganz zusammendrücken, wenn man ihm nicht hilft. Kein Vorwurf wird ihn bessern, sondern freundschaftliche, aber sehr genaue Aufsicht und Rat.«

Voller Tragik hören diese Sorgen auf. Constantin kehrt 1793 aus dem Feldzug gegen Frankreich nicht mehr heim. In memoriam läßt sie ihm im Tiefurter Park einen unübersehbaren Gedenkstein in der Gestalt eines römischen Sarkophags errichten, den Goethes dreigeteilte Inschrift prägt:

»Im zweiten Jahr des unseligen Krieges, der auch ihn hinwegnahm.
Ihren zweiten und letzten, zu früh geschiedenen Sohn Constantin, trauernd Amalia.
Den gebildeten Jüngling, den werdenden Manne entriß die Parze.«

Weitere Schicksalsschläge sollen Anna Amalias Lebensabend begleiten. Bereits 1785 ertrank ihr Bruder Leopold, als er Menschen aus der hochwasserführenden Oder bei Frankfurt retten wollte. Ihr ältester Bruder, der Herzog von Braunschweig, erliegt 1806 seiner bei Auerstedt erlittenen tödlichen Verwundung.

Im gleichen Jahr wird auch Weimar vom Krieg heimgesucht und das Land erneut an den Rand des Ruins gedrückt.

Alle diese Ereignisse, wird berichtet, erschüttern die Herzoginmutter derart, daß *»ihr mutiger Geist gegen den Andrang irdischer Kräfte das Übergewicht verliert«*.

Eine der letzten Theatervorstellungen, die sie erlebt, ist die Erstaufführung des ›Tasso‹. Sie erkennt sich noch einmal in den Versen:

»Auch kann ich dir versichern, hab ich nie
Als Rang und als Besitz betrachtet, was
Mir die Natur, was mir das Glück verlieh.«

Am 10. April 1807 stirbt Anna Amalia. In der Weimarer Stadtkirche St. Peter und Paul findet die erhabene Fürstin und Mutter ihre letzte Ruhestätte.

Die Stadtkirche St. Peter und Paul zu Weimar

Die Stadt ist noch gezeichnet vom Krieg.

Goethe über ihr Ableben:

»Sie verließ den für sie im tiefsten Grunde erschütterten, ja zerstörten Vaterlandsboden, allen zur Trauer, mir zum besonderen Kummer.«

Aus der Predigt:

»19. April (1807), Sonntag Jubilate: Die Trauerpredigt wurde in der Stadtkirche gehalten … Der Gottesdienst fing an mit einer Trauermusik. Dann wurde intoniert: Selig sind die Toten!… Hierauf predigte der Generalsuperintendent über den Text; Sprüche Salomos, 10. Kapitel, Vers sieben: Das Gedächtnis der Gerechten bleibt im Segen. Thema: Wie ehren wir das Andenken unserer selig verstorbenen Fürstin auf eine würdige und Gott wohlgefällige Art. Antwort: Wenn wir daran erinnern, was sie für uns war und ihrem Beispiel nachahmen, und dann zweitens, wenn wir uns fest an diejenigen anschließen, welche die Pflichten einer edlen Fürstin noch erfüllen können …«

Ein Lindenholzrelief erinnert im Chor
der Stadtkirche an Anna Amalia

Aus Anna Amalias ›Selbstbiographie‹:

*»Fürsten haben selten Freunde – weil sie ständig von Schmeich-
lern umgeben sind, die nur ihren Vorteil suchen. Aber Fürsten sind
auch nur Menschen, wenn sie ganz Mensch sein und ihren Stand
vergessen können, dann wird auch ihnen uneigennützige Freundschaft beschieden sein. Die aus dem Menschlichen herkommende
Freundschaft aber ist die wahre, die schöpferische Freundschaft.«*

CHARLOTTE VON STEIN

»Eine herrliche Seele ist die Frau von Stein ...«

So sieht Goethe in einem Brief vom 14. Februar 1776 an Johanna Fahlmer, 99 Tage nach seiner Ankunft in Weimar, diese Frau. Mit ihr wird er dreizehn Jahre in innigster seelischer und geistiger Beziehung leben und sie unsterblich machen.

Charlotte, am 1. Weihnachtsfeiertag 1742 als Tochter des Reisemarschalls von Schardt in Eisenach geboren, kommt bereits im kindlichen Alter nach Weimar, nachdem ihr Vater 1743 als Hofmarschall an die Residenz berufen wurde. Ihre Eltern beziehen das einst herrschaftliche Stadthaus in der Scherfgasse 3. Hier wächst sie in strenger höfischer Erziehung auf und wird mit 15 Jahren Hofdame der Herzogin Anna Amalia. Im Jahre 1764 heiratet sie den durch seinen Beruf fest an den Hof gebundenen herzoglichen Oberstallmeister Gottlob Ernst Josias Friedrich von Stein, ein Mann mit wenig Sinn für musische und geistige Betätigung, der dafür um so mehr die Genüsse der Weimarer Hoftafel schätzt.

In den ersten Jahren der Ehe wohnt die Steinsche Familie in der Teichgasse 8. Mitgestaltung des Hoflebens, sinnvolle Bereicherung des Freundeskreises und Erziehung ihrer sieben Kinder sind die Aufgaben in Charlottes Alltag, der erst durch die Begegnung mit Goethe Erfüllung findet.

Friedrich Leopold Graf zu Stolberg über Charlotte v. Stein:

»Schönäugig, lieb und sanft.«

Charlotte von Stein, vermutlich Selbstbildnis

Karl Ludwig von Knebel:

»Ohne alle Prätension und Ziererei, gerad, natürlich, frei, nicht zu schwer und nicht zu leicht … ohne Enthusiasmus und doch mit geistiger Wärme nimmt sie an allem Vernünftigen Anteil und an allem Menschlichen, ist wohl unterrichtet und hat feinen Takt, selbst Geschicklichkeit für die Kunst.«

Goethe deutet einen Schattenriß der ihm damals noch Unbekannten:

»Es wäre ein herrliches Schauspiel zu sehen, wie die Welt sich in dieser Seele spiegelt. Sie sieht die Welt wie sie ist, und doch durch das Medium der Liebe.«

Am 7. November 1775 trifft Goethe in Weimar ein und empfindet schon bald danach:

»Die Mägdlein sind hier gar hübsch und artig, ich bin gut mit allen. Eine herrliche Seele ist die Frau von Stein, an die ich so, was man sagen möchte, geheftet und genistelt bin.«

Sollten die Grenzen der Zuneigung bald überschritten werden? Eine tiefe Leidenschaft zu dieser Frau ergreift den jungen Dichter. Charlotte kann sich diesem Wirbel der Gefühle ebenso wenig entziehen. Goethe wird nicht nur Gast im Hause Stein, vielmehr nimmt ihn die Familie herzlich auf. Daran ändert sich auch nichts im Jahre 1777 nach dem Umzug aus der Teichgasse in das Obergeschoß des einstigen ›Stiedenvorwerks‹ an der Ackerwand, dem heutigen ›Haus der Frau von Stein‹.

Das jüngste Familienmitglied, Sohn Fritz, ist dem väterlichen Freund sehr rasch zugetan.

Zwischen seinen Eltern sollte es zu keinen Trübungen kommen. Sie stehen in gutem, vertrauten Verhältnis zueinander. Charlotte äußert sich voller Achtung: *»allen guten Frauen … wünschte ich ein gleiches Betragen von ihren Männern«*.

Ihr Mann überbringt sogar die schwärmerischen ›Billetsdoux‹, die ihr Goethe schreibt.

Charlotte wird Goethes Vertraute, sogar in der Beurteilung seiner Werke:

Oberstallmeister Josias von Stein

»*Meine Göttin*«, »*Das Göttliche*«, »*Nachtgedanken*« sind der Anfang gegenseitigen Gebens und Nehmens.

Im Schreiben scheinen seine Gedanken nur noch um sie zu kreisen:

»*Ich denke immer dabei an die Freude, die ich dir damit machen werde … wenn ich schreibe, denke ich, es sei auch dir zur Freude … , ich habe Liebe zu dem Werklein, weil ich denke, es macht dir Freude …*«

Aber auch aus seinen naturwissenschaftlichen Arbeiten teilt er Charlotte aus Jena die Entdeckung des Zwischenkieferknochens beim Menschen im Jahre 1784 mit*. Sie ist die erste, die davon erfährt:

»*Es ist mir ein köstliches Vergnügen geworden, ich habe eine anatomische Entdeckung gemacht, die richtig und schön ist. Du sollst auch dein Teil davon haben. Sage aber niemand ein Wort.*«

Das förmliche ›Sie‹ wird inzwischen in das vertraute ›Du‹ umgewandelt. Verliebt hält er in Zeilen fest:

»*O du Beste! Ich habe mein ganzes Leben einen idealischen Wunsch gehabt, wie ich geliebt sein möchte, und ich habe die Erfüllung immer im Traume des Wahnes vergeblich gesucht; nun, da mir die Welt täglich klarer wird, find ich's endlich in dir auf eine Weise, daß ich's nie verlieren kann.*«

Aus der bloßen Verliebtheit soll bald glühende Leidenschaft werden:

»Du mußt es fühlen, wie ganz ich dein bin, wie es mich nach dir verlangt. Nein, meine Liebe ist keine Leidenschaft mehr, es ist eine Krankheit, eine Krankheit, die mir teurer ist als die vollkommenste Gesundheit, eine Krankheit, von der ich nicht genesen mag.«

Für beide beginnt die glücklichste Zeit.

Goethe allerdings packt hin und wieder die Eifersucht, und als er erfährt, daß der Herzog die Absicht hegt, nach Kochberg zu reiten, um Charlotte auf ihrem Gut zu besuchen, schreibt er verzweifelt :

»O, Sie haben eine Art zu peinigen, man kann sich nicht darüber beklagen, so weh es tut. Er soll Sie sehen, soll mit Ihnen sein. Und ich, zwar von mir ist die Rede nicht, und warum sollte von mir die Rede sein … von mir hören Sie nichts weiter, ich verbitte mir auch alle Nachrichten von Ihnen.«

Obwohl Charlotte ihren Freundeskreis vor allem auf Herzogin Luise, von der sie immer wieder liebevolle Briefe empfängt, auf Knebel, der sich oft und zu gern mit Luise von Göchhausen neckt, und auf Charlotte von Schiller, der Verinnerlichten, einengt, kann sie eines nicht länger verbergen: Sie liebt Goethe.

Zu dieser Zeit schreibt Schiller am 12. August 1787 seinem Freund Christian Gottfried Körner:

»Dieser Tage habe ich in großer adliger Gesellschaft einen höchst langweiligen Spaziergang machen müssen. Das ist ein notwendiges Übel, in das mich mein Verhältnis mit Charlotten gestürzt hat – und wieviel flache Kreaturen kommen einem da vor! Die beste unter allen war Frau von Stein, eine wahrhaft eigene, interessante Person und von der ich begreife, daß Goethe sich so ganz an sie attackiert hat. Schön kann sie nie gewesen sein, aber ihr Gesicht hat einen sanften Ernst und eine ganz eigene Offenheit. Ein gesunder Verstand, Gefühl und Wahrheit liegen in ihrem Wesen. Diese Frau besitzt vielleicht über tausend Briefe von Goethe, und aus Italien hat er ihr noch jede Woche geschrieben. Man sagt, daß ihr Umgang ganz rein und untadelhaft sein soll …«

Lästerungen bleiben allerdings nicht aus. Voller Entsetzen berichtet Gräfin Goertz 1778 ihrem Mann:

»Die verrückte Frau von Stein verbringt den ganzen Tag auf dem Eis, von morgens neun bis ein Uhr, nachmittags von drei bis sechs oder sieben: das nenne man Geist haben! Bald wird sie sich nur noch auf Schlittschuhen sehen lassen, eine so lächerliche Figur sie dabei macht.«

Winterliche Mondlandschaft am Schwansee,
Zeichnung von Goethe

Charlotte selbst quält sich immer stärker mit zwiespältigen Gedanken. Der Rückseite eines Briefes von Goethe vertraut sie an:

»Ob's Unrecht ist, was ich empfinde –
Und ob ich büßen muß die mir so liebe Sünde,
Will mein Gewissen mir nicht sagen;
Vernicht es, Himmel du! wenn mich's je könnt anklagen.«

Für beide beginnt der Leidensweg in dieser unvollendeten Liebe.

In einem Brief aus dem Jahre 1781 gesteht er:

»Wir sind wohl verheiratet, das heißt: durch ein Band verbunden, wovon der Zettel aus Liebe und Freude, der Eintrag aus Kreuz, Kummer und Elend besteht.«

Viele Jahre ziehen ins Land, bis beide erkennen, daß eine Vereinigung vor Gott und Altar unmöglich ist. Aus Liebe wird Freundschaft.

Jetzt bekennt Goethe:

»Meine Seele ist fest an die deine angewachsen. Du weißt, daß ich von dir unzertrennlich bin und daß weder Hohes noch Tiefes mich zu scheiden vermag. Ich wollte, daß es irgendein Gelübde oder Sakrament gäbe, was mich dir auch sichtlich und gesetzlich zu eigen macht, wie wert sollte es mir sein!«

Wieland vertraut er an:

»Ich kann mir die Bedeutsamkeit – die Macht, die diese Frau über mich hat, anders nicht erklären als durch die Seelenwanderung. – Ja, wir waren einst Mann und Weib! – Nun wissen wir von uns – verhüllt, in Geisterduft! – Ich habe keinen Namen für uns – die Vergangenheit – die Zukunft – das All.«

Charlotte lebt in Goethe. Er läßt sie in seiner Lyrik erblühen und in seinen dramatischen Dichtungen Gestalt annehmen, bis zu jenem Tage seiner Reise nach Italien.

Er geht ohne Abschied von Charlotte. Aus Italien bittet er um Vergebung:

»Verzeih mir großmütig, was ich gegen dich gefehlt, und richte mich auf … Nur bitte ich dich, sieh mich nicht von dir geschieden an, nichts in der Welt kann mir ersetzen, was ich an dir, was ich an meinen Verhältnissen dort verlöre.«

Nach seiner Rückkehr erwarten ihn die bittersten Vorwürfe und nicht *»die schöne Flamme der Liebe«*, wie er Charlotte aus Italien schrieb. Sie läßt ihn spüren, daß seine heimliche Abreise für sie Untreue und Verrat an ihrer Liebe waren.

Die alte Beziehung wieder herzustellen, bemühen sich vor allem Herzogin Luise und Knebel. Caroline Herder erkennt das Scheitern der vielen Aussöhnungsversuche:

»Sie will nicht verzeihen und er nicht um Verzeihung bitten.«

Als man Charlotte schließlich die Beziehung zwischen Goethe und Christiane Vulpius zuträgt, kehren sich ihre Gefühle vollends in Haß und offene Feindschaft um. Erneut glaubt sie sich verraten, ihr Stolz ist nahezu gebrochen. Voller Verzweiflung verlangt sie von Goethe die Entscheidung: Christiane oder ich.

»Ja, ich liebte dich einst, dich, wie ich keine noch liebte. Aber wir fanden uns nicht, finden uns ewig nicht mehr.«

Seine Antwort in den ›Xenien‹.

Unfaßbares geschieht: Charlotte beteiligt sich am übelsten Klatsch und Tratsch gegen Christiane Vulpius. *»Die Mamsell«*, *»sein dummes häusliches Verhältnis«*, *»das Gänschen«* sind völlig neue Worte in ihrem Sprachgebrauch.

Sich selbst kaum mehr verstehend, unglücklich über ihre kindische Verhaltensweise, vertraut sie Lotte Schiller an:

»Ich glaube, mein Herz versteinert nach und nach, ich fühle, wie mir der Ausdruck immer mehr und mehr versagt, Liebe und Wohlwollen erkennen zu geben.«

»Wenn ich ihn nur aus meinem Gedächtnis löschen könnte«, schreibt sie ihrem Sohn Fritz.

In ihrem unsäglichen Leiden keimen in der verletzten, gemarterten Seele Rachegefühle. In ihrem Drama ›Dido‹ versucht sie, die Veränderungen darzustellen, die in dem einst so Geliebten vor sich gegangen sind. Darin wird Goethe in die Rolle des Dichters ›Ogon‹ versetzt und sie läßt ihn sprechen:

»Ich zähle mich jetzt auch unters Gewürme, lebe auch am liebsten mit ihm.«

Was ist aus dieser Frau geworden, die Goethe einst in einem mit Sigel *»Alles um Liebe«* verschlossenen Brief bat:

»Liebe Frau, leide, daß ich dich so lieb habe. Wenn ich jemand lieber haben kann, will ich dir's sagen. Will dich ungeplagt lassen.«

Charlottes Wunden heilen mit der Zeit. Als sie 1801 von Goethes lebensbedrohender Erkrankung erfährt, sieht sie die Jahre mit dem ehemals Geliebten wieder vor sich:

»Ich wußte nicht, daß unser ehemaliger Freund Goethe mir noch so teuer wäre.«

Vielleicht ist es die gemeinsame Trauer um Schiller, Anna Amalia und Wieland, die beide, wenn auch nicht wie einst, wieder zusammenführt. Man besucht sich erneut. Der Ton zwischen ihnen ist fast der alte. *»Gedenken sie mein«*, *»liebe Freundin«* und *»Verehrte«* zieren erneut die Zettel, die in der Wiederholung eines Spiels hin- und hergereicht werden.

Am 28. August 1826 gratuliert Charlotte dem Versöhnten letztmalig zum Geburtstag. Als Dank erhält sie die Zeilen:

»Beiliegendes Gedicht, meine Teuerste, sollte eigentlich schließen: Neigung aber und Liebe unmittelbar-nachbarlich angeschlossener Lebender durch so viele Zeiten sich erhalten zu sehen, ist das Allerhöchste, was den Menschen gewährt werden kann. Und so für und für.«

Am 6. Januar 1827 holt sie in ihrem Hause an der Ackerwand, in dem sie fünfzig Jahre ihres Lebens verbracht hat, der Tod heim.

Hier ward sie 1793 Witwe. Hier durfte sie das Glück der Gemeinsamkeit mit Goethe erfahren. Hier litt sie unter dem Schmerz der Trennung nach seiner Italienreise. Hier ertrug sie vereinsamt und verarmt ihren Lebensabend. Hier verbrannte sie ihre Briefe an Goethe.

Das Haus der Frau von Stein

38

Charlotte von Steins Erinnerungstafel* ziert
das Schardtsche Erbbegräbnis

*»Kanntest jeden Zug in meinem Wesen,
spähtest, wie die reinste Nerve klingt,
konntest mich mit einem Blicke lesen,
den so schwer ein sterblich Aug' durchdringt.«*

Johann Wolfgang von Goethe

LUISE VON GÖCHHAUSEN

»Sie kam mir vor wie ein Vögelchen, das man zeitlebens in einem Bauer gefüttert hat ...«

Luise von Göchhausen
Zeichnung von Goethe, um 1780

Von Natur ist diese kleine Hofdame keine erotische Erscheinung. Gesegnet ist sie mit glanzvoll ausstrahlendem Geist, mit gleichbleibend wohltuendem Gemüt, aber auch mit trocken spritzigem Humor und Witz. Allein durch Notizen, Briefe und Aufzeichnungen errichtet sie Brücken zu jenen, die das klassische Weimar nur aus der Ferne erleben. Sie genießt Goethes Freundschaft und Sympathie, sie bleibt Anna Amalias unzertrennliche und treue Begleiterin bis zur letzten Stunde. Sie gibt durch ihren kritischen Briefwechsel mit dem Darmstädter Schriftsteller Johann Heinrich Merck interessante bis interne Einblicke in die Weimarer Verhältnisse nach 1775.

Luise von Göchhausen, die Tochter des Eisenacher Schloßhauptmanns, am 13. Februar 1752 geboren, kommt ebenfalls in Goethes Ankunftsjahr nach Weimar, wo die Herzoginmutter sie als Gesellschafterin erwartet. Sieben Jahre später ist sie vom Rang die erste Hofdame und wohnt überwiegend in den Wintermonaten mit Anna Amalia im Wittumspalais. Da hat sie in der Mansarde zwei Zimmer, liebevoll geschmückt mit Erbstücken und an den Wänden eine bemerkenswerte Sammlung von Frauenbildnissen, aus denen weibliche Schönheit und frauliche Anmut sprechen. Traumbilder für Luise, an denen sie sich ohne Neid erfreut, und sie denkt nicht im geringsten daran, sich selbst zu bemitleiden. Stets zu Scherzen aufgelegt, läßt sich »Thusel« oder »Thuselchen« – so wird sie von der Herzogin genannt – ach, wie gerne necken.

Natürlich peinigt sie mitunter der Gedanke an ein anderes Leben, wie aus einem Brief an Knebel hervorgeht:

»So sehr ich das Glück, bei der Herzogin zu sein, anerkenne, so brauche ich Ihnen auch die Nachteile dieses Glücks nicht vorzuzählen. Einen ruhigen, mir eigenen Tag, kann mir nur Schnupfen, Zahn- oder Ohrweh verschaffen, das stellt sich dann freilich wohl zuweilen ein.«

Überdies kommen aber auch lange Zeiten, die ihr das Leben an der Seite der Herzoginmutter überaus daseinswert erscheinen lassen.

Vom Frühjahr bis zum Spätherbst zieht es beide vor allem in das Tiefurter Schloß, wo sie erstmals Schiller begegnet.

»Ihre Hofdame«, schreibt er an Körner, *»ein verwachsenes und mokantes Geschöpf, der ich einige Aufmerksamkeit erwies, war so galant, mich mit einer Rose zu regalieren, die sie im Garten für mich suchte.«*

In herzlicher Freundschaft verbunden ist sie mit Karl Ludwig von Knebel, dem ›Urfreund‹ Goethes. Gefühle dieser Art

Luise von Göchhausen
Zeichnung von Goethe

liegen ihr näher als Liebe. Ihm, dem Luise so vieles anvertraut in gereimten und ungereimten Briefen, in denen Schmeicheleien und Derbheiten oft beieinander stehen, schreibt sie einmal, als seine regelmäßige Korrespondenz mit der »*Kreuzspinne*«, wie er sie mitunter nennt, ausbleibt:

»*Ehrenhalber müßten Sie gestorben sein, mein lieber Knebel, um sich wegen des langen Stillschweigens gegen mich auf eine gute Art zu entschuldigen.*«

Und sollte die Sehnsucht überwogen haben, dann drückt Luise ihr Verlangen zurückhaltender aus:

»*… lieber Knebel, ich wünschte, Sie setzten sich aufs erste beste Pferd und erfreuten uns hier in Tiefurt mit Ihrer Erscheinung! Dies ist der Herzogin, Goethens und mein liebster Traum, wenn wir in diesem lieben, lieben Tempel die Sonne* untergehen oder den Mond in seiner stillen Pracht aufgehen sehn. *Lieber, überlegen Sie's oder vielmehr überlegen Sie nicht und kommen Sie! ... Die Herzogin wird hier eine kleine fête geben, aus einem Wald- und Wasserdrama von Goethe, die Fischerin, bestehend. Das Stück will ich schicken, sobald ich zum Abschreiben Zeit habe. Doch Sie holen's ja selbst!«*

Mal ein Theaterstück abzuschreiben, genügt ihr bei weitem nicht. Vielmehr steht sie selbst – wenn auch im Rollenfach sehr begrenzt – zu gern auf dem Podium des Liebhabertheaters an der Esplanade, des Naturtheaters in Belvedere oder den Freilichtbühnen in Tiefurt und Ettersburg. Sie macht sich Notizen darüber:

»1778 Also den 20. Oktober dieses mit Gott hinschleichenden Jahres trug sich zu, daß auf dem neuerbauten Ettersburgschen Theater das Goethesche Jahrmarktsfest zu Plundersweilern, zu großem Gaudium aller vornehmen und geringen Zuschauer, aufgeführt wurde. Drei Wochen vorher war des Malens, des Lärmens und des Hämmerns kein Ende, und unsere Fürstin, Dr. Wolf [Goethe], Kraus etc. purzelten immer übereinander ob der großen Arbeit und des Fleißes.«

Nicht als Gegensatz zum ›Musenhof‹, das erlaubt ihr Rang nicht, mehr zur Selbstbestätigung lädt sich Luise jeden Sonnabend Gäste ein, die mit *»Freundschaftsbrötchen«* bewirtet werden. Sie versteht es, ihre Runde mit geistvollem Charme zu inspirieren. Als Gegenleistung erwartet sie dafür nicht mehr als ein *»Dankopfer auf dem Hausaltar des kleinen boshaften genius loci«.*

Von der kleinen Komposition über ein zärtliches Gedicht bis zur Vorstellung einer Buchfabel werden solche Vorträge als freier ›Eintritt‹ anerkannt. Luises ›Sonnabendgesellschaft‹ findet so viel Anklang, daß der Geheime Rat schon eifersüchtig auf das Palais schaut. Er hat erst Ruhe, als ihm der Gedanke kommt, gewissermaßen als Gegenpol den ›Cour d'amour‹ zu gründen, der regelmäßig mittwochs nach der Theatervorstellung zusammentrifft. Doch Goethes ›Liebeshof‹ ist nicht von langer Dauer zum großen Triumph für die erste Hofdame, deren sonnabendliche ›Freundschaftstage‹, wie sie auch hießen, noch lange Zeit fortbestehen.

Das bedeutet aber nicht, daß die Beziehungen zwischen Goethe und Luise leiden. Hin und wieder muß sie ihn auf die feinen Sitten hinweisen.

Besonders zum Niederschreiben von Goethes Gedankengut treffen sich beide. So entsteht im Sommer 1780 innerhalb zwölf Stunden, Essen und Trinken eingeschlossen, die satirische Komödie ›Die Vögel‹. In einer Zeit von nur zwei Tagen diktiert ihr der Dichterfürst – mit dem Punschglas in der Hand auf- und abwandernd – das Festspiel ›Paläophron und Neoterp‹. Dabei ist Luise viel mehr als die bloße Schreiberin. Ihr Mitdenken und ihr Mitgestalten verhelfen Goethe zu dichterischen Rekorden. Zwischen Ernst und Heiterkeit werden diese Arbeiten geboren und Luise erwächst zu einer Muse des dreißigjährigen Goethe, als er ihr zu Neujahr 1779 den Vers zusendet:

> »*Der Kauz, der auf Minervens Schilde sitzt,*
> *kann Göttern wohl und Menschen nützen.*
> *Nun magst Du sie beschützen.*«

Ehrgeizig wie sie ist, versucht auch sie sich als Schriftstellerin. In Bertuchs ›Journal des Luxus und der Moden‹, die erste deutsche Modezeitschrift, veröffentlicht sie ihre Arbeiten. Sie wird nicht nur Sekretärin, sondern auch Mitarbeiterin des ›Journals in Tiefurt‹. Bei aller Neigung und Hingabe zum Schreiben erkennt sie, wo ihre Grenzen liegen. Sie schreibt in einem Brief dem kritischen Merck:

> »*Könnt ich nur bei meinen erstaunlich Gaben*
> *Die Bilder so recht aus der Seele 'rausmalen!*
> *Aber so geht's mir fatal mit vielen Sachen,*
> *Genie die Fülle – kann aber nichts machen.*«

Aus literarischen Neuerscheinungen notiert sie so viel wie sie zu behalten vermag. Von Goethe bekommt sie handschriftliche Manuskripte als Lektüre. Dazu gehört auch der ›Faust‹, wie ihn Goethe aus Frankfurt mitbringt. Hochbegeistert schreibt sie heimlich diese Urfassung ab, nicht wissend, was sie damit der Nachwelt erhält, denn als Goethe

1808 den vollendeten ersten Teil veröffentlicht, vernichtet er, nach seiner Gewohnheit, das inzwischen von Luise zurückerhaltene Ur-Manuskript.

Erst 1887 wird der ›Urfaust‹, die Dichtung in ihrer ersten und packendsten Fassung, im Nachlaß dieser nimmermüden Hofdame entdeckt.

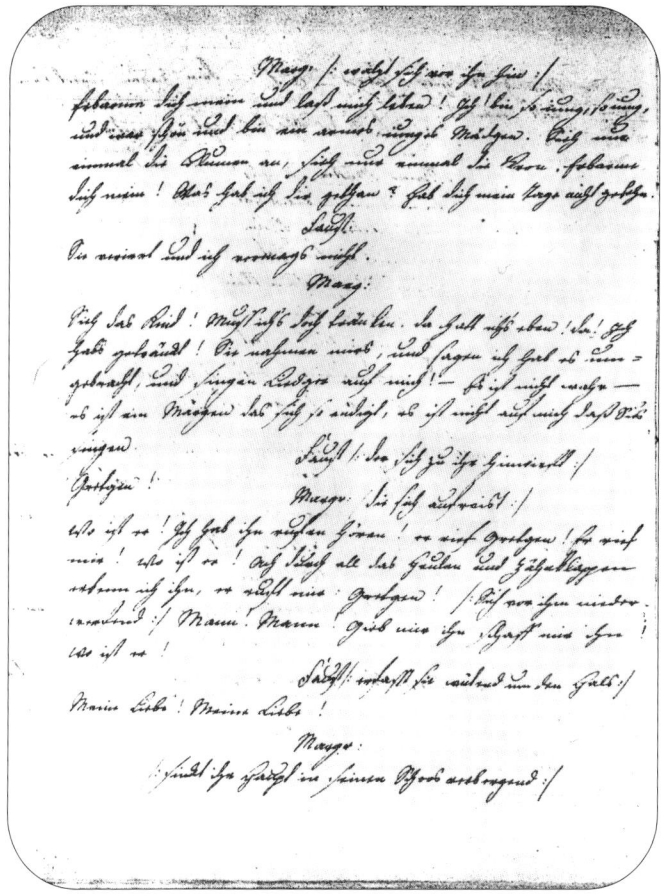

Goethes ›Urfaust‹ in der Handschrift Luise von Göchhausens,
Blatt 562 (Rückseite)*

Luise von Göchhausens Leben bleibt auf das der Herzoginmutter Anna Amalia abgestimmt. Sie erlebt die Regentschaft der Großherzogin Luise, den Einmarsch der französischen Truppen und das Ende des ›Musenhofes‹, und sie erlebt die Ankunft der späteren Großherzogin Maria Paulowna:

Büste der Luise von Göchhausen

»*Ungemein prächtig war der Einzug des jungen Paares durch die unglaubliche Volksmenge, die in geordneten Scharen zu Pferde und zu Fuß festlich ihnen entgegenwallte. Acht der schönsten Isabellen zogen ihren Wagen. Musik erfüllte die Luft und alle Herzen schlugen. Beim Aussteigen wurde die Fürstin mehr getragen, als das sie gehen konnte, und oben auf der Treppe des Schlosses empfing sie Segen und Liebe in unsern beiden Fürstinnen. Nach einiger Ruhe führte man sie an der Hand ihres Gemahls auf den Balkon des Schlosses. Sie grüßte mit der ihr nur einzig eigenen Grazie, und Tausende mit Herz und Mund riefen ihr: ›Lebe lang, lebe hoch!‹*«

Gleichzeitig beobachtet sie das aus allen Richtungen in die Stadt strömende Volk:

»*… ich möchte es die frohe Theilnahme eines gebildeten Volkes nennen. Jubel und Musik war abends in allen Straßen und öffentlichen Häusern, und noch jetzt hat der Stadthauswirth täglich über 100 Couverts …*«

Eine neue, durch Anna Amalias Wirken vorgebildete Generation betritt die Stadt.

Mit dem Tode der herzoglichen Freundin geht auch Luises Lebenskraft zu Ende. Der Hofbibliothekar Carl Ludwig Fernow berichtet darüber:

»Anna Amalias Tod war auch der ihre, sie kam mir vor wie ein Vögelchen, das man zeitlebens in einem Bauer gefüttert hat und dann später im Alter wieder in die freie Luft aussetzt, wo es, ungewohnt, Futter und Nest selbst zu suchen, in der rauhen Witterung verschmachtet.«

Am 9. September 1807 erlischt ihr Lebenslicht. Fernow schreibt weiter: *»Eigentlich war sie schon seit dem 10. April tot, sie war nur noch nicht gestorben.«*

Auf dem Jakobskirchhof wird das Kassengewölbe ihre letzte Ruhestätte.

Luise von Göchhausen war es gegeben, ihre Begeisterung und Lebensfreude uneingeschränkt auszudrücken:

»Ich kann das Schicksal nicht genug preisen, daß es einen so hellen Sonnenblick auf mein Leben warf.«

Das Kassengewölbe* auf dem Jakobsfriedhof, wo heute nur noch Gedenktafeln an die einst hier Beigesetzten erinnern.

47

HENRIETTE VON EGLOFFSTEIN

Sie entzückt die Herzoginmutter

Henriette Freifrau von Egloffstein wird am 6. Juli 1773 in einer Adels- und Beamtenfamilie geboren. Sie steht nicht im Rang einer Hofdame und doch darf sie bei keinem Empfang der alten Herzogin Anna Amalia im Wittumspalais fehlen. Immer wieder entzückt vom süßen Gesang des jungen, anmutigen Mädchens, läßt sich die Herzoginmutter mitunter sogar zu Liebkosungen hinreißen.

Mittwochs hat sich Henriette im Kreise Goethes einzufinden. Ihn hatte sie bereits vor ihrer Übersiedlung nach Weimar im Jahre 1800 kennengelernt, als sie sich vorübergehend in dieser Stadt aufhielt. Seitdem verbindet beide eine ungetrübte Freundschaft.

Den Salon des Fräuleins von Göchhausen besucht sie jeden Samstagmorgen, um ›Freundschaftsbrötchen‹, selbstgebacken von der Gastgeberin, mitzuessen. Bei allen, die Anna Amalias Tafelrunde angehören und weit darüber hinaus, wird Henriette von Egloffstein unterstützt und geliebt. Ihr wacher Geist, ihr kritischer Blick, ihr heiteres Gemüt und ihre Aufgeschlossenheit für alles Künstlerische lassen sie zu einem Anziehungspunkt für viele Persönlichkeiten werden. Daran ändert auch nichts ihre zweite Ehe mit dem Oberforstmeister Karl von Beaulieu-Marconnay. Und liebevoll widmet sie sich der Erziehung ihrer drei Töchter: der schlanken Caroline, der sanften Julie, später bekannt als adlige Malerin, und ihrer Jüngsten, der Lyrikerin Augusta. Sie alle nehmen in der Erinnerungsliteratur des klassischen Weimar einen wichtigen Platz ein.

Henriettes ›Memoiren‹ werden erst ein Vierteljahrhundert nach ihrem Tode, sie stirbt am 15. Oktober 1864, gedruckt und viel beachtet.

Über die Großherzogin Anna Amalia hinterläßt sie in ihren ›Jugenderinnerungen‹:

»Es ist eine Eigentümlichkeit der Jugend, daß sie sich berühmte Menschen auch mit körperlicher Schönheit ausgestattet vorzu-

Henriette von Egloffstein

stellen pflegt. Ich hatte mir folglich das reizendste Bild der Herzoginmutter entworfen und zitterte vor Begierde, die Fürstin in Wirklichkeit zu sehen. Man denke sich daher, wie groß meine Enttäuschung war, als ich, bei der mir im Herbst 1787 gewährten Audienz, eine kleine, fast verkrüppelt wirkende Gestalt mit großem Kopf und den scharfen Zügen ihres Oheims Friedrich des Zweiten von Preußen an der Hand ihres Sohnes ins Zimmer treten sah. – Das war nun Anna Amalia!! – Die Gründerin Weimars, die Wohltäterin des ganzen Landes, die Beschützerin aller Künste und Wissenschaften! – Meine Überraschung war so groß, daß ich schier den Ruf ihrer kleinen, mißgestalteten Hofdame, Fräulein v. Göchhausen, überhörte, als diese mich aufforderte, ihr zur Herzogin zu folgen. Indem ich mich bückte, um nach damaliger Sitte der Fürstin die Hand zu küssen, setzte mich ein druckdringender Blick ihrer großen junonischen Farrenaugen in solche Verwirrung, daß ich kaum fähig war, auf ihre an mich gerichteten Fragen zu antworten.

Allein der milde angenehme Ton, womit diese Fragen gestellt wurden, flößte mir Mut ein, den Blick wieder auf die Fragerin zu richten, und mit Erstaunen gewahrte ich, wie sehr sich das starre Antlitz, das mir eben noch so abschreckend schien, verwandelt hatte. Ein anmutig wohlwollendes Lächeln schwebte jetzt um den kleinen Mund, die großen Augen drückten nur Güte und Teilnahme aus, und das Wohlgefallen, womit ihr Blick auf mir ruhte, verschönerten die stark markierten Züge, welche ich vor wenig Augenblicken noch so abstoßend gefunden hatte.«

Ihre Schilderung über die erste Begegnung mit Großherzogin Luise 1787:

»Mit welchem Herzklopfen stieg ich auf der wohlbekannten Treppe im Fürstenhaus zum großen einfachen Saal, an welchen sich die schmucklosen Gemächer der regierenden Herzogin Luise reihten. Welche Beklommenheit! Welch ängstliche Erwartung, bis die Flügeltüren zum Audienzimmer sich öffneten und ich zum ersten Mal die ernste Frau erblickte, deren erhabene Tugenden in jener Zeit noch nicht so innig erkannt und bewundert wurden als späterhin. – Während wir vorgestellt wurden, lehnte die Fürstin, schlank und in simpelstem Anzug, an einem massiv silbernen Tisch: strengste Selbstbeherrschung und unwandelbare Ruhe prägten ihr blasses Gesicht.«

Als Gesellschafterin und als treffsichere Beobachterin soll Henriette von Egloffstein ihre Mitmenschen wie ein frischer, lauer Wind gestreift haben, sagt man ihr neidlos nach.

*… bevor die junge Prinzessin Luise von Hessen-Darmstadt
nach Weimar kam …*

Die Zeil in Frankfurt am Main (das Hotel ›Russischer Hof‹, 2. Haus v.l.)

GOETHE zu Kanzler von Müller am 10. Februar 1830:

*»Ich seh sie noch, die junge Darmstädter Prinzeß, in Frankfurt
auf der Zeil in den Wagen nach Rußland steigen. Und das war
1773! Seit dieser ersten Bekanntschaft blieb ich ihr treu ergeben, nie hat der geringste Mißklang zwischen uns stattgefunden.«*

❧ ❧ ❧

KATHARINA DIE GROSSE im Juli 1773:

»C'est une tête«, erklärte die Zarin, während sie Luise, die mit
ihren beiden Schwestern zur ›Brautschau‹ nach Rußland
gekommen war, in Gatschina aus dem Wagen steigen sah …

❧ ❧ ❧

*»Eine kannt ich, sie war wie eine Lilie schlank und
                                    ihr Stolz war
Unschuld; herrlicher hat Salomo keine gesehen.«*

aus: Johann Wolfgang von Goethe: Frühling – Für L.D.

51

LUISE

»C' est une tête«

»Louise ist ein Engel, der blinkende Stern konnte mich nicht abhalten, einige Blumen aufzuheben, die ihr vom Busen fielen, und die bewahre ich in der Brieftasche, wo das Herz ist.«

Goethe am 22. Mai 1775

Luise von Hessen-Darmstadt
Großherzogin von Sachsen-Weimar-Eisenach

52.365 Märsche soll ihr Vater, der Landgraf Ludwig IX. von Hessen-Darmstadt, zweifingrig auf einem Spinett komponiert haben, um seine Soldaten zu drillen. Von 32 Ehejahren verbringt er nur 14 im Kreise der Familie. Die Erziehung der acht Kinder und die Regierung der hauchdünn durch Erbfolge zusammengestückelten Landesfetzen überläßt er seiner Frau Caroline, Pfalzgräfin von Zweibrücken.

Carl August
Großherzog von Sachsen-Weimar-Eisenach

Das ist der familiäre Hintergrund der am 30. Januar 1757 in Berlin geborenen Prinzessin Luise von Hessen-Darmstadt.

Ihre Mutter, mit der französischen Literatur vertraut, wendet zunehmend ihre Aufmerksamkeit der deutschen Dichtung zu. Bald erscheinen Klopstock, Johann H. Merck, Gleim, Herder und Wieland in Darmstadt. Diesen Reigen schließt Goethe mit seinem Besuch im Frühjahr 1772. Es scheint, ihr Hof soll sich noch eher in einen Musensitz verwandeln als der Anna Amalias in Weimar. Doch der plötzliche Tod der Landgräfin am 30. März 1774 beendet den so hoffnungsvoll begonnenen literarischen Aufschwung am Hof Hessen-Darmstadt.

Kurz vor ihrem Ableben war sie, begleitet von ihren Töchtern Amalie und Luise, aus Rußland heimgekehrt. Tochter Wilhelmine, von der Zarin als Frau für den Thronfolger auserkoren, bleibt zurück. Amalie wird bald dem badischen Erbprinzen angetraut.

Mit Hilfe Friedrichs des Großen gelingt es Caroline noch zu Lebzeiten, ihre wohl schwierigste Aufgabe zu lösen:

»fünf mittellosen, kleinen Prinzessinnen aus kleinem Haus den rechten Mann, die richtige menage zu finden.«

Als ihr Vater die Darmstädter Hofhaltung auflöst, ist Luise siebzehnjährig. Sie bleibt als mittellose junge Prinzessin aus ebenso mittellosem Hause zurück und übersiedelt nach Karlsruhe.

Ihre Ehe ist im stillen schon vorbereitet. Die familiär bedingten dynastischen Beziehungen Luises zum Zarenhof sind Anna Amalia sehr willkommen, beide Fürstenkinder, Carl August und Luise, die sich flüchtig kennen, zu vereinen. Anna Amalias Ziel, ein geistig geselliges Treiben in Weimar zu verwirklichen, soll sich bald erfüllen. Die Neigung beider Kinder zur deutschen Dichtung trägt dazu bei. Die junge Braut drängt, kurz nach der Verlobung, auf eine rasche Heirat.

Am 3. Oktober 1775, einen Monat nach dem Regierungsantritt Carl Augusts, findet dieses Ereignis in Karlsruhe statt.

Der junge Herzog im Dezember 1774:

»Ich habe meine Luise gefunden, wie ich sie mir wünschen konnte. Sie ist nicht schön, aber wenn man sie liebt, ist sie unendlich angenehm. Sie besitzt große, kornblumenblaue, ein

wenig vorstehende Augen; ihr Blick ist nachdenklich. Nase und Mund sind klein, jeder Zug ihres Gesichtes ist wohlgebildet. Ihr Herz scheint nobel, frei und stark, sie gibt sich sehr einfach, wenn man sich mit ihr unterhält. Ihre Dankbarkeit ist groß und nichts macht ihr mehr Freude, als das Gute zu tun. Über diese Tugenden verfügt sie ohne jede Ostentation.«

Im Herbst 1775, nachdem das junge Paar bereits regiert, hinterläßt Christian Graf zu Stolberg:

»Heute mittag hatten wir Herzogin Luise zwischen uns – es ist eine gar treffliche junge Frau! Verstand wie ein Engel und durch ihre anscheinende, sich nach und nach entnebelnde Kälte leuchtet das edelste Herz hervor.«

An Charlotte von Stein schreibt Goethe am 11. Februar 1776:

»Die junge Herzogin war heute oben bei Carl, ganz in Gestalt und Wesen eines Engels.«

In einem Brief an Johanna Fahlmer, drei Tage darauf:

»Ich richte mich hier ins Leben und das Leben in mich … Luise und ich leben nur in Blicken und Silben zusammen, sie ist und bleibt ein Engel.«

Doch nicht genug. Wenige Zeit später teilt er Charlotte von Stein mit:

»Luisen nur eine Verbeugung gemacht. Sagen Sie ihr, daß ich sie noch lieb habe!«

Wenige Tage danach:

»Gestern war ich in Belvedere. Luise ist eben ein unendlicher Engel. Ich habe meine Augen bewahren müssen, nicht über Tisch nach ihr zu sehen. Die Götter mögen uns allen beystehen!«

Waren das alles nur Worte?

Unmittelbar nach der Hochzeit berichtet Graf Goertz aus Karlsruhe nach Weimar, daß Carl überaus vergnügt sei, die Jungvermählte dagegen merkwürdig aufgeregt und froh darüber, daß alles überstanden. Es war ihr nicht leicht gefallen, sich ihrem Manne hinzugeben. Luise fehlt jegliche Sinnlichkeit, vor jeder Berührung schreckt sie zurück.

Sie fühlt sich verletzt und verweigert recht bald ihrem Mann, was dieser begehrt. Auch der ständige Anblick des abgebrannten Schlosses deprimiert sie. Die inzwischen eingekehrte Gefühlskälte der Herzoginmutter ihr gegenüber läßt Luise schließlich erstarren.

Das Schloß nach dem Brand, 1774

In einem ihrer ersten Briefe an Charlotte von Stein schreibt die Großherzogin:

»Was mich betrifft, so kümmere ich mich wenig um das Menschengeschlecht und wünschte, es kümmerte sich wenig um mich. Der Herzog schmollt seit Tagen mit mir, und ich weiß nicht weshalb ...«

Luises Beharren auf Etikette und Zeremoniell treibt Carl August Schritt um Schritt weiter von ihr fort. Charlotte von Stein muß erleben, wie die Herzogin sich erst an Goethes gastlich gedeckten Tisch setzt, als das ›von‹ seinen Namen schmückt.

Trab und Galopp mit den Pferden in die freie Natur werden für sie ein bescheidener Weg zu Freude und Freiheit. Die Liebschaften und Affären ihres Mannes dagegen belasten sie immer mehr. Sieben schwere Geburten, von denen nur zwei Söhne und eine Tochter am Leben bleiben, schwächen sie.

Ihre Gesundheit ist angeschlagen. Ihre Widerstandskraft ist erloschen. Die eheliche Gemeinschaft hat sich durch die offizielle Liaison ihres Mannes mit der Schauspielerin Caroline Jagemann so gut wie aufgelöst.

Kein anderer als Christoph Martin Wieland leidet mehr unter diesen traurigen Verhältnissen:

Das Fürstenhaus,
zwischen 1770 und 1774 als Landschaftsgebäude errichtet.
Nach dem Brand der Wilhelmsburg von Carl August und Luise bis 1808
als fürstliches Schloß genutzt.

»Warum kann Carl August den Engel nicht aus meinen Augen sehen, warum kann Luise den edlen, guten, biederherzigen Carl August nicht mit meinen Augen sehen? Warum? Warum?«

Luise sucht ihren eigenen Weg.

Am 12. April 1782 äußert Goethe sich gegenüber Charlotte von Stein:

»Die arme Herzogin dauert mich von Grund aus. Doch diesem Übel sehe ich keine Hülfe. Könnte sie einen Gegenstand finden, der ihr Herz zu sich lenkte, so wäre, wenn das Glück wollte, vielleicht eine Aussicht für sie. Gräfin Jeannette, die der Herzog anbetet, ist liebenswürdig und gemacht, einen Mann anzuziehen und zu halten. Die Herzogin aber ist's auch, nur daß es bey ihr, wenn ich so sagen darf, immer in der Knospe bleibt. Der Zugeschlossene schließt alles zu, und der Offene öffnet, vorzüglich wenn Superiorität in beyden ist. Man kann nicht angenehmer seyn als die Herzogin ist, wenn es ihr auch nur Augenblicke mit Menschen wohl wird; auch sogar wenn sie aus Raisonnement

gefällig ist, das neuerdings mehrmals geschieht, ist ihre Gegen-
wart wohltätig ...«

Nach den Aufzeichnungen Karl von Lynckers habe die Frau
Herzogin stundenlang über die Maßen lustig sein können, sie
habe in dieser Fröhlichkeit ihre Hofdamen oft so heftig ergriffen, daß diese laut aufgeschrien hätten. Sie schreibt aber auch
über Jahre hinweg in leidenschaftlicher Beteuerung Briefe an
Charlotte von Stein.

1777:

»Ich liebe Sie von ganzem Herzen, seien Sie dessen versi-
chert!«

1790:

»Ich komme von der Promenade und bedaure, diesen schönen
Abend ohne Sie genossen zu haben. Ihr Mann wird erzählen, was
hier vorgeht. Ich aber werde nicht weiter sagen, als was ich
Ihnen schon so oft gesagt, daß ich Sie von ganzem Herzen liebe,
meine teure Stein, und daß ich Sie mein ganzes Leben lieben
werde.«

Ein Jahr danach im September:

»Ich zähle die Augenblicke, wo ich nicht mit Ihnen bin, und es
fällt mir schwer, von Ihnen getrennt zu sein ... Bewahren Sie mir
einen Platz in Ihrem Herzen! Das meinige gehört Ihnen und
niemand hat den Platz, den Sie darin haben.«

Im Herbst 1792:

»... Immer mehr merke ich, daß es mir unmöglich wäre, ohne
Sie zu leben ... Sie haben keine Freundin, die Sie zärtlicher und
beständiger liebt, als ich es tue.«

Und nochmals im September 1793:

»... Hören Sie nie auf, mich zu lieben!«

Charlotte von Stein, fünfzehn Jahre älter als
die Herzogin, sich des Rangunterschiedes
bewußt, hat es nicht leicht, ihren Freiraum
zu erhalten. Die im Hofdienst aufgewach-
sene, durch Goethe berühmt gewordene
Frau erklärt, daß es beschwerlich sei,
Fürsten begreiflich zu machen, daß man
auch um seiner selbst willen auf Erden
sei.

Der Ruf des Hofes verpflichtet Luise.

Der Herzog läßt nie Zweifel aufkommen, daß Luise die Erste Frau im Lande ist und bleibt, der nach der Tradition Huldigung und höchste Ehrerbietung gebühren. Gleichberechtigt steht sie neben ihm, urteilend und beratend wirkt sie in der Regierung mit, im Kriegsjahr 1806 gegenüber Napoleon mehr diplomatisches Geschick zeigend, als es der Herzog vermocht hätte.

Am 19. September 1806 schreibt sie ihrer Schwester:

»Der Herzog ist gestern abgereist, um das Kommando über seine Truppen zu übernehmen. Wenn es das Unglück will, daß die Franzosen hierher nach Weimar kommen, so bin ich entschlossen ... hier zu bleiben, mag da kommen, was da will.«

Am 14. Oktober 1806 geht Herzogin Luise in die Geschichte Weimars ein.

Durch ihr kluges und mutiges Auftreten während der Begegnung mit Napoleon erreicht sie, daß die Beschießung und Plünderung der Stadt eingestellt wird.

Am gleichen Tag schreibt Kirchenrat Linke:

»Auf dem Schloßhof war starke Bewegung, denn der Kaiser wurde erwartet. Bald füllte sich die Haupttreppe. Hohe Militärs stiegen herauf in den glänzendsten Uniformen, mit Orden geschmückt, entblößten Hauptes und an deren Spitze ein Mann von Mittelgröße, ganz einfach gekleidet, ohne alle Abzeichen, in einem graudunklen, langen Überrocke mit schwarzen Aufschlägen und auf dem Haupte einen kleinen dreieckigen Hut mit einer unscheinbaren, dreifarbigen Kokarde: Napoleon. – In diesem Augenblick war auch Herzogin Luise, begleitet von ihren Hofdamen und dem Minister v. Wolzogen, aus ihren Zimmern tretend, oben an der Treppe erschienen. Als der Kaiser etwa noch vier oder fünf Stufen vor sich hatte, nahm er den Hut ab und blieb vor ihr stehen. Diese, in gemessener Haltung sich neigend, sprach Worte der Begrüßung. ›Je vous plains, Madame‹*, antwortete der Kaiser, sie starr ansehend und ging, die Herzogin ungezogen stehen lassend, dem Saale zu.«

Am 20. Oktober 1806 teilt sie der Schwester mit:

»Der 14. war der große Unglückstag für uns! Die Franzosen drangen kämpfend hier ein. Sie plünderten die Stadt ... Viele

Leute hatten sich in das Schloß geflüchtet; da aber auch unsere Keller und Küche geplündert waren, konnte ich ihnen fast nichts geben ... Ach, ich gewinne immer mehr die Überzeugung, daß es ein großes Unglück ist, geboren zu sein!«

Herzogin Luise beim Empfang Napoleons
im Weimarer Schloß

Johanna Schopenhauer notiert in diesen Tagen:
»Die Herzogin hat unbegreiflich vielen Mut bewiesen und hat uns alle gerettet. Sie allein ist geblieben, während all die Ihrigen entflohen. Wäre sie auch fortgegangen, so stünde Weimar nicht mehr.«

Der Sieger von Jena und Auerstedt zu Kanzler von Müller:
»Sie kommen von Weimar? Was macht die Frau Herzogin? Sie hat sich sehr standhaft erwiesen; sie hat meine ganze Achtung gewonnen. Ich begreife, daß unsere rasche Ankunft in Weimar

sie in große Bedrängnis setzte. Der Krieg ist ein häßliches Hand-
werk, ein barbarisches, vandalisches; aber was kann ich dafür?«

Baron de Saint-Aignon berichtet am 24. April 1813, ein
halbes Jahr vor der Völkerschlacht bei Leipzig, in seiner Stellung als Bevollmächtigter bei den sächsischen Herzögen an
Napoleon:

»Der Herzog von Weimar hat sich stark und in mehr als einer
Art kompromittiert. Vergebens habe ich ihm gegenüber Freimütig-
keit an den Tag gelegt, ich habe sie niemals an ihm gefunden,
und ich sage es mit Bedauern, weil Weimar in vieler Hinsicht der
kaiserlichen Milde würdig ist und weil die Herzogin und sogar
die Großfürstin, obwohl Russin, immer in ihren Worten wie in
ihren Taten so aufrichtig gewesen sind, daß ich sie für unfähig
halte, Freund oder Feind zu täuschen …«

Die Kriegsschäden werden beseitigt. Vor dem Frauentor
wird 1818 ein neuer Friedhof eingeweiht. Mit der Goethe- und
Schiller-Gruft, 1822/27 als Fürstengruft erbaut, ist der heu-
tige historische Friedhof einer der anziehendsten Erinne-
rungsorte an das klassische und nachklassische Weimar.
Anläßlich des fünfzigjährigen Regierungsjubiläums des Großherzogs Carl August erfolgt am 3. September 1825 die Übergabe der vom Architekten Coudray entworfenen und von
Goethe gegründeten Bürgerschule an die Stadt.
Friede kehrt in Weimar ein.

Drei Jahre später stirbt Carl August.
Nach seinem Tod schreibt Jenny von Pappenheim:
»… verschloß die Großherzogin sich in ihrem geliebten Wil-
helmstal lange vor jedem Besuch. Als sie aber wieder unter uns
erschien, war sie ruhig und gefaßt und dachte nur daran, ande-
re zu trösten.«
Julie von Egloffstein vertraut die Großherzogin an:
»Goethe und ich verstehen uns nun vollkommen, nur daß er
noch den Mut hat zu leben und ich nicht.«
Zwei Jahre verbleiben Luise noch, bis Eckermann am 10.
Februar 1830, kurz vor ihrem Ableben, schreibt:

»›Sie hätte den Maskenzug nicht sehen sollen‹, sagt Goethe, als er hörte, daß der Herzogin Zustand äußerst bedenklich sei. ›Aber Fürsten sind gewohnt, ihren Willen zu haben. Dieselbe Widerstandskraft, mit der sie Napoleon widerstand, setzt sie auch ihrer körperlichen Schwäche entgegen; und so sehe ich es schon kommen; sie wird hingehen wie der Großherzog, in voller Kraft und Herrschaft des Geistes, wenn der Körper schon aufgehört haben wird, zu gehorchen‹…«

Schloß, um 1820 nach dem Wiederaufbau

Aus der Chronik:

»*14. Februar, Sonntag: Früh wurde in der Kirche für die kranke Großherzogin-Witwe gebetet. So wurde auch um elf Uhr die Probe im Theater abbestellt, und auch die Musik bei der Wachtparade. Um halb Zwei Uhr erschien die traurige Kunde, wo nicht nur das Großh. Haus, sondern auch der ganze Bereich durch den Tod der Landesmutter in tiefe Trauer versetzt wurde.*

18. Februar, Donnerstag: Früh vier Uhr erfolgte die Beerdigung in der Stille ohne Geläute …«

Carl August und Luise regierten das Land von 1775 bis 1828.

Ein Nachklang von Felix Mendelssohn-Bartholdy:

»*Mai 1830 – Nach einer Spazierfahrt des Morgens fand ich Goethe sehr heiter. Er kam ins Erzählen, geriet auf das*

62

Jahr 1775, das er einen geistigen Frühling in Deutschland nannte. Hier in Weimar, sagte er, kam alles wie in einem Brennpunkt zusammen. Oh, könnte ich nur einen vierten Band meines Lebens schreiben, er sollte eine Geschichte des Jahres 1775 werden. Wie sich hier ein neues Leben bildete, wie man arbeitete und hervorbrachte, sich auch einmal verliebte zur rechten Zeit ... Ja, da war es wie Frühling, wo alles drängt und keimt und so mancher Baum noch kahl steht, während andere schon Blätter haben. Alles das Jahr 1775!«

»Nicht allzu liberal dürfte man die Fürstin schildern. Sie habe vielmehr standhaft an ihren Rechten gehalten. Ihre gesellige Herablassung sei mehr das Auslaufen ihrer Standesrichtung gewesen.
Bei ihrer Lebensschilderung gelte es, de voir venir son caractère*. Es gelte die Formel: Echte Altfürstlichkeit, durch die weimarischen Zustände ins Idyllische hinübergezogen.«

Johann Wolfgang von Goethe nach Luises Tod

»Wir die Deinen
Wir vereinen
In der Mitte
Vom Gedränge,
Vor der Menge
Leise Schritte;
Wir umgeben
stets dein Leben,
Und dein Wille
Heißt uns stille
Wirkend schweigen.
Ach verzeihe!
Daß zur Weihe
Dieser Feier
Wir uns freier
heute zeigen,
Im Gedränge
Vor der Menge
Dir begegnen
Und dich segnen.«

›Die weiblichen Tugenden‹, 30. Januar 1782, Goethe anläßlich des 25. Geburtstages der Großherzogin Luise

ANNE LOUISE GERMAINE DE STAËL

»Weimar –
Deutschlands schöngeistige Hauptstadt«

»Hat man sich nur erst eine halbe Stunde ihr gegenüber oder neben ihr auf dem Sopha befunden, so ist man von ihrem Geiste unwiderstehlich ergriffen und man konnte nun mit jenem Liebhaber im Horaz selbst einen Polypen auf ihrer Nase liebenswürdig finden …«, schreibt Karl August Böttiger in seinen Aufzeichnungen über ›Gespräche und Begegnungen im klassischen Weimar‹.

Sie ist keine Schönheit, sagt man ihr nach, bis auf ihre Arme, die sie dafür um so mehr den Blicken vor allem ihrer männlichen Umgebung darbietet. »Man muß sein Gesicht zeigen, wo man's hat«, meint Baronin Anne Louise Germaine de Staël, eine überaus selbstbewußte und Dame voller Esprit. Sie ist die Tochter des aus Brandenburger Familie stammenden Pariser Bankiers und Finanzministers Ludwig XVI., Jaques Necker, der sein Haus zu einem regelrechten Sammelplatz der geistreichen und vornehmen Gesellschaft gestaltet.

Am 22. April 1766 in diese Hautevolee hineingeboren, kann Anne Louise vor allem im Umgang mit den philosophischen und literarischen Größen ihre hohe Begabung für die Politik und die schönen Künste frühzeitig entwickeln.

Zwanzigjährig mit dem schwedischen Baron von Staël vermählt, soll diese Ehe nicht gerade vom Glück überstrahlt gewesen sein. Zeitzeugen, vielleicht bösartige, behaupteten, sie sei ihm davongelaufen.

Eine zweite Ehe mit einem in der französischen Armee dienenden italienischen Offizier wird von ihr sorgfältig geheimgehalten. Germaine möchte nämlich den Namen de Staël nicht aufgeben, obwohl de Rocca nicht schlecht geklungen hätte.

Als eine begeisterte Anhängerin der Philosophie Rousseaus nimmt sie an der Revolution lebhaften Anteil und muß, selbst vom Tode bedroht, Frankreich verlassen.

»Ich wandte oft den Blick auf jenes schöne Land,
Auf Bilder, die im See noch prächtiger erstrahlen,
Und schaute die Berge an, die, seines Ufers Rand,
Ihr würdevolles Haupt in seinen Wassern malen:
Wie, sprach ich, kann die Ruh, die die Natur beglückt,
In mein bewegtes Herz denn nicht genauso kommen,
Und wär der Mensch, ein Raub des Leids, das ihn bedrückt,
Vom Allgemeingesetz, wär er nur ausgenommen?«

Anne Louise Germaine de Staël

»In einem Land, wo man Frauen die Köpfe abschlug, ist es
natürlich, daß die Frauen nach den Gründen fragen!« entgegnet sie Napoleon kühn noch vor ihrer ersten Verbannung aus
der Stadt an der Seine.

Mit ihrer Arbeit ›De la littérature considérée dans ses rapports avec les institutions sociales‹* wird sie durch ihre
Vorstellungen über eine anzustrebende Einheit von Dichtung, Philosophie und Leben eine literarisch anerkannte
Vorläuferin der Romantik.

Ihre liberale Geisteshaltung erregt immer wieder das Mißfallen Bonapartes, so daß er die Baronin mehrere Male aus
Paris hinausjagen läßt.

65

Rom, Wien, Genf, Moskau, St. Petersburg werden während dieser Zeit ihre Aufenthaltsorte.

Auch Weimar gehört in die Kette dieser Lebensstationen. Zwischen 1803 und 1807 hält sie sich mehrere Male hier auf und bald soll für Anne Louise Germaine de Staël »*Weimar die schöngeistige Hauptstadt Deutschlands*« werden.

»*Die verkörperte Intelligenz wird zu den Waffen gerufen, um mich zu empfangen*«, berichtet Germaine ihrem Vater am Tage ihrer Ankunft in Weimar, dem 13. Dezember 1803.

Christopher Herold, einer ihrer zahlreichen Biographen, sieht das etwas anders:

»*Die Intelligenz hatte sich entweder aus dem Staube gemacht oder sich in ihren Löchern verkrochen. Goethe war unter einem fadenscheinigen Grunde nach Jena gefahren ... Schiller war entsetzt über den Gedanken, die Niederschrift über den Wilhelm Tell unterbrechen zu müssen ... Herder lag auf dem Sterbebett ... Am besten vertrug sich Germaine mit Wieland; die Beziehungen zwischen ihr und dem siebzigjährigen Verfasser des ›Oberon‹ glich fast einem kleinen Flirt ..., die Eroberung des intellektuellen Weimar war nicht so einfach wie die des Hofes. Herzogin Luise, die gewöhnlich sehr kühl war, faßte die allgemeine Begeisterung in Worte, wenn sie Germaine als ›einzig in ihrer Art‹ beschrieb, ... völlig natürlich und unaffektiert, ohne eine Spur von Pedanterie, und bereit, mit jedem über alles, was man will, mit Interesse zu sprechen.*«

Damit ist ihr Weg nach Weimar geebnet.

»*Ich kam in Weimar an, wo ich wieder Mut faßte, da ich durch die Schwierigkeiten der Sprache hindurch unendlich viel geistige Reichtümer außerhalb Frankreichs gewahr wurde. Ich lernte Deutsch lesen, ich hörte Goethe und Wieland, welche, zum großen Glück für mich, sehr gut Französisch sprachen; ich begriff Schillers Genie und Gemüt, ungeachtet der Schwierigkeit, womit er sich in einer fremden Sprache ausdrückte. Die Gesellschaft des Herzogs und der Herzogin von Weimar gefiel mir außerordentlich, und ich brachte da drei Monate zu, während welcher das Studium der deutschen Literatur meinem Geiste diejenige Beschäftigung gab, die er bedarf, um sich nicht selbst zu verzehren.*«

So erinnert sie sich in ihrem Buch ›Zehn Jahre meiner Verbannung‹, und in ihrem Werk ›De l' Allemagne‹ läßt sie die Stadt in einem höheren Licht erscheinen:

»*Unter all den Fürstentümern Deutschlands ist nicht eines, das besser als Weimar die Vorteile empfinden ließe, die ein kleines Land bietet, wenn sein Oberhaupt ein Mann von Geist ist und wenn er inmitten seiner Untertanen bestrebt sein darf zu gefallen, ohne deshalb weniger Gehorsam zu finden … Jetzt hatte Deutschland zum ersten Male eine schöngeistige Hauptstadt; aber da diese Hauptstadt zu gleicher Zeit eine sehr kleine Stadt gewesen, hatte sie durch nichts anderes Einfluß als durch das Licht, das von ihr ausging; denn die Mode, die stets Gleichförmigkeit in alles hineinbringt, vermochte nicht von einem so engen Kreise ihren Ausgang zu nehmen.*

Herder war gerade gestorben, als ich in Weimar ankam; aber Wieland, Goethe und Schiller lebten noch da. Ich werde sie schildern, vor allem durch ihre Werke, denn ihre Bücher entsprechen vollkommen ihrem Charakter und ihrem Gespräche. Diese so seltene Übereinstimmung stellt sich als ein Beweis der Echtheit und Aufrichtigkeit dar …

Der Aufenthalt in den kleinen Städten ist mir immer sehr langweilig erschienen. Der Geist der Männer verengt sich; das Herz der Frauen erstarrt; jeder lebt hier so sehr in steter Gegenwart aller andern, daß man durch seinesgleichen beengt wird; das ist nicht mehr jene Beurteilung aus der Ferne, die dich belebt und von weitem widerhallt wie das Tosen des Ruhmes; das ist eine peinlich genaue Prüfung aller Handlungen deines Lebens, eine kleinliche Beobachtung jeglicher Einzelheit, die unfähig macht, das Ganze deines Charakters zu begreifen; und je mehr Bedürfnis unabhängig zu sein und sich aufzuschwingen jemand besitzt, um so unmöglicher wird es ihm dann, zu atmen durch all diese kleinen Schranken und Riegel hindurch.

Diese qualvolle Unfreiheit gab es in Weimar nicht; es war das gar keine kleine Stadt, sondern vielmehr ein großes Schloß; ein gewählter Kreis unterhielt sich mit Interesse über jede neue Schöpfung der Kunst. Frauen, liebenswürdige Jünger einiger Männer von überragender Bedeutung, beschäftigten sich ohne Unterlaß mit literarischen Werken als mit öffentlichen Ereignissen von der größten Wichtigkeit. Man rief das Weltall zu sich durch die Lektüre und durch das Studium; man entschlüpfte durch die Weite der Gedanken den engen Grenzen der Verhältnisse. Indem man oft in Gemeinschaft den großen Fragen nachsann, die das allen gleiche Geschick in uns entstehen läßt, vergaß man die kleinen Geschichten der einzelnen. Man begegnete hier keinem einzigen jener Gecken aus der Provinz, die so gerne ein hochmütiges Wesen mit vornehmer Anmut verwechseln und gespreizte Ziererei mit Eleganz.

Im gleichen Herzogtum neben der ersten schöngeistigen Gesellschaft Deutschlands befand sich Jena, einer der hervorragendsten Brennpunkte der Wissenschaft. Es war ein kleiner Raum, auf dem sich hier Männer von überragender Bedeutung auf den verschiedensten Geistesgebieten versammelt hatten.

Die Einbildungskraft, die in Weimar ohne Unterlaß durch die Gespräche der Dichter angeregt wurde, empfand in geringerem Grade das Bedürfnis nach äußern Zerstreuungen; diese Zerstreuungen erleichtern die Last des Lebens, aber sie verschwenden oft seine Kräfte. Auf diesem Lande, Stadt genannt, führte man ein regelmäßiges, beschäftigtes und ernsthaftes Leben; das mochte mitunter ermüden, aber man erniedrigte dabei nicht seinen Geist durch flüchtige und flache Interessen; und wenn es an Vergnügungen fehlte, so fühlte man doch seine Fähigkeiten und Kräfte nicht im geringsten erschlaffen ...

Das Theater wird von dem größten Dichter Deutschlands, von Goethe, geleitet; und dieses Schauspiel interessiert alle Welt zu Genüge, um von jenen Gesellschaftsabenden zu bewahren, die bloß versteckte Langeweile zur Schau stellen. Man nannte Weimar das deutsche Athen; und in der Tat ist das der einzige Ort, an dem das Interesse an den schönen Künsten sozusagen ein nationales ist und als verbrüderndes Band zwischen den verschiedenen Ständen dient. Ein freidenkender Hof suchte die Gesellschaft der Literaten auf; und die Literatur gewann in ganz merkwürdiger Weise durch den Einfluß des vornehmen Geschmackes, der an diesem Hofe regierte. Nach diesem kleinen Kreis kann man Schlüsse ziehen auf die Wirkung, die in Deutschland solch eine Vermischung hervorbringen müßte, wenn sie überall vor sich gehen würde.«

Goethe erinnert sich im hohen Alter noch einmal an den Antrittsbesuch der Pariser Dame in seinem Hause:

»Es war eine interessante Stunde, sie spricht gut, aber viel, sehr viel sogar.«

Sie:

»Ich habe die ganze Zeit kein einziges Wort sagen können, aber man hört ja einem Mann wie Goethe gerne zu.«

Drei Jahre nach ihrem letzten Weimarbesuch erscheint das bereits erwähnte Buch ›De l' Allemagne‹, das als eine unbefangene Darlegung der geistigen Entwicklung Deutschlands wie eine Offenbarung auf die Franzosen wirkt.

Erneut kommt sie in Konflikt mit Napoleon, der jene Arbeit als *»zu deutschfreundlich«* einstampfen läßt. Trotzdem bestimmen die Gedanken der Baronin über Jahre hinweg das leicht geschmeichelte Deutschlandbild der Franzosen.

Etwa zwanzig Jahre nach dem Tode der Madame de Staël, sie starb am 14. Juli 1817 in Paris, schreibt Alexander Turgenjew:

»Tiefurt ist ein Heiligtum des deutschen Genius, ein Heiligenschein der Volksaufklärung. Die Poesie machte durch ihren Einfluß auf die Zeitgenossen Herders, Schillers und Goethes Geschichte, bereitete die Zukunft Deutschlands vor und teilte der ganzen europäischen Literatur neue Elemente mit: Wordsworth, dem historischen Denken Guizots und Fauriels (von dem irgend jemand sagte: C'est le plus allemand des savants Français*), der Seele, die alles verstand und alles erriet und alles, was sie in Deutschland erraten und begriffen hatte, an Frankreich und Europa weitergab, der Seele der Mme. de Staël …«

CHRISTIANE VULPIUS

»Froh glänzend Auge, Wange frisch und rot,
Nie schön gepriesen, hübsch bis in den Tod.«

Johann Wolfgang von Goethe

Haus Luthergasse 5

In diesem bescheidenen, mit Weinlaub umrankten Haus, in der Luthergasse 5, lebt der Amtskopist und spätere Amtsarchivar Johann Friedrich Vulpius mit seiner großen Familie in sehr ärmlichen Verhältnissen.

Vermutlich wird hier Christiane am 1. Juni 1765 geboren.

Schon lange Zeit pendelt Goethe zwischen der Stadt, dem Hof, dem Haus der Frau von Stein und dem ihm vertrauten Park, in dem sein Gartenhaus steht, hin und her. Auf diesem Weg führt ein schmaler Steg über die Ilm. Die Floßbrücke nennt man sie damals. Sie wird bald beliebtes Motiv der vielen Zeichnungen, Aquarelle und Skizzen des Dichters.

»Sie war ein hübsches, freundliches, fleißiges Mädchen; aus ihrem apfelrunden, frischen Gesicht blickten ein Paar brennend schwarze Augen, ihr etwas aufgeworfener kirschroter Mund zeigte, da sie gern lachte, eine Reihe schöner weißer Zähne, und dunkelbraune, volle Locken fielen ihr um Stirn und Nacken. Sie ernährte ihren pensionierten Vater und eine alte Tante durch ihre Geschicklichkeit im Verfertigen künstlicher Blumen, und Goethe lernte sie in dieser Dürftigkeit kennen.«

… soll Caroline Jagemann geschrieben haben …

Christiane Vulpius,
Zeichung von Goethe

Jener Steg wird stummer Zeuge der ersten Begegnung mit Christiane Vulpius.

12. Juli 1788:

Auf der Floßbrücke steht Christiane, den Geheimen Rat abwartend, um ihm eine Bittschrift zu überreichen. Sie erfüllt damit einen großen Wunsch ihres Bruders Christian August, der durch des Dichters gütige Vermittlung eine Anstellung erhofft.

Die Floßbrücke, Zeichnung von Goethe

Goethe, voller Sinnesfreude und Tatendrang, soeben aus Italien zurückgekehrt, die tiefe Enttäuschung beim Wiedersehen mit Charlotte von Stein noch nicht überwunden, verspricht ohne Zögern dem »kleinen Naturwesen«, so wie es vor ihm steht, dem »jugendlichen Dionysos« nach Adele Schopenhauers bildhafter Beschreibung, zu helfen. Die gegenseitige Zuneigung ist grenzenlos. Im Gartenhaus erblüht das »Glück einer Ehe auf Gewissen«. In der Stadt entfaltet sich bald die Empörung über das »Dirnchen«, über die Nichtachtung von Sitte und Moral durch den Minister.

Lange kann die traute Zweisamkeit nicht verborgen bleiben. Bereits im März 1789 sieht Fritz von Stein, Goethes ›Ziehsohn‹, die ›Dirne‹ im Gartenhaus sich beschäftigen.

Seine Mutter, Charlotte von Stein, erfährt sofort von dieser gesellschaftlichen Entgleisung des Ministers. Die einst an ihn »geheftete und genistelte« Frau beschließt in ihrer Demütigung, daß von diesem Treiben der beiden der Hof und die gesamte Stadt hören soll.

Charlotte von Stein an Caroline Herder:

»Er hat die junge Vulpius zu seinem Clärchen und läßt sie oft zu sich kommen.«

Goethes Gartenhaus, Zeichnung von Goethe

Ihr Spott nimmt kein Ende. Auch Lotte Schiller gerät in den Sog übler Verleumdung gegenüber Christiane, sie, die Verehrerin Goethes:

»Ich darf es manchmal gar nicht sagen, wie mich doch des Meisters Lage einengt und im inneren schmerzt; denn mir deucht, ich fühle zuweilen in meiner Seele, daß er irre in sich ist …«

Ihr Mann sieht die Tatsache, daß der berühmte Dichter eine Frau aus dem Volke zu seiner Lebensgefährtin machte, anders:

»Diese einzige Blöße, die niemand verletzt als ihn selbst, hängt mit einem sehr edlen Teil seines Charakters zusammen.«

Die Weimarer Damenwelt ist erfüllt von Neid und Tratsch. Schützend legt Goethe seine Hand über Christiane:

»Welch ein Mädchen ich wünsche zu haben? Ihr
fragt mich, Ich hab' sie,
Wie ich sie wünsche; das heißt, dünkt mich,
mit wenigem viel.«

Vielen voran zeigt eine Frau inniges Mitgefühl, Goethes Mutter. Die Freude, ihren Sohn, ihren *»Hätschelhans«* glücklich zu wissen, läßt alle moralischen Bedenken vergessen. Anläßlich der bevorstehenden Geburt ihres ersten Enkels schreibt sie:

»Auch ich gratuliere zum künftigen neuen Weltbürger – nur ärgert mich, daß ich mein Enkelein nicht darf ins Anzeigeblättchen setzen lassen und ein öffentlich Freudenfest anstellen.«

Nach Christianes erstem Besuch in Frankfurt teilt sie ihrem Sohn mit:

»Du kannst Gott danken! So ein liebes, herrliches, unverdorbenes Gottesgeschöpf findet man sehr selten. Wie beruhigt bin ich jetzt, da ich sie genau kenne, über alles, was Dich angeht.«

Es ist die Mutterliebe, die beide über alle Anfechtungen hinweg segnet. Der Bund wird immer fester, immer inniger.

Christiane Vulpius hat aber nach wie vor keine Chance, in den Kreis hoffähiger Damen aufgenommen zu werden.

Sie leidet.

»Denken Sie sich also mich, die ich außer Ihnen und dem Geheimrat keinen Freund auf der Welt habe«, vertraut sie sich dem Bremer Arzt Nicolaus Meyer an – ein im Haus am Frauenplan immer willkommener Gast.

Goethe versucht, sie zu trösten:

»Daß sie in Weimar übel von Dir gesprochen, mußt Du Dich nicht anfechten lassen. Das ist nun einmal in der Welt nicht anders, keiner gönnt dem anderen seine Vorzüge, von welcher Art sie auch seien, und da er sie ihm nicht nehmen kann, so verkleinert er oder leugnet sie oder sagt gar das Gegenteil. Genieße also, was Dir das Glück gegönnt hat … wir wollen in unserer Liebe verharren … ohne uns um andere zu kümmern.«

Offen gesteht Goethe:

»Ich bin verheiratet, aber nicht mit Zeremonie.«

Herder ficht Goethes häusliches Verhältnis nicht an, ein Theologe, der in der ›wild geführten Ehe‹ eine Verletzung des Sakramentes der ›heiligen Ehe‹ sehen sollte.

Im November 1789 beziehen beide trotz aller Anfeindungen den Nordflügel des ›Jägerhauses‹.
Der Herzoginmutter schreibt Goethe:

Die Jägerhäuser in der Marienstraße

»Ew. Durchlaucht finden mich, wenn Sie wiederkommen, in einem neuen Quartier. Der Herzog, der auf alle nur mögliche Art für mich sorgt und mich zu meiner größten Dankbarkeit auf das beste behandelt, hat mir die Wertherischen und Staffischen im Jägerhause gegeben, wo ich gar anmutig wohne.«

Jacobi berichtet er:

»… ich habe alle Ursache, mit meiner Lage zufrieden zu sein und mir nur die Dauer meines Glückstandes zu wünschen.«

Einen Monat nach dem Einzug in das neue Domizil wird beider Sohn August, der vom herzoglichen Paten Carl August den Namen bekam, am 25. Dezember 1789 geboren. Der Herzog wird Pate, erscheint aber nicht zur heiligen Taufe.

»Meine Wohnung … wird immer lustiger und anmutiger«, teilt Goethe dem Herzog mit.

Der Geheime Rat gesteht Christiane seine Liebe vom einst ersten Augenblick nahezu täglich aufs Neue:

»Laß dich, Geliebte, nicht reun, daß du mir so schnell dich ergeben!
Glaub es, ich denke nicht frech, denke nicht niedrig von dir.«

Über die glückliche Zeit im Jägerhaus:

»Überfällt sie der Schlaf, lieg' ich und denke mir viel.
Oftmals hab' ich auch schon in ihren Armen gedichtet.
Und des Hexameters Maß leise mit fingernder Hand
Ihr auf den Rücken gezählt …«

Und weiter:

»Lange sucht' ich ein Weib mir, ich suchte,
*   doch fand ich nur Dirnen.*
Endlich erhascht' ich dich mir, Dirnchen,
*   da fand ich ein Weib.«*

In den ›Venetianischen Epigrammen‹ gesteht er offen:

»Immer halt' ich die Liebste begierig im Arme geschlossen,
Immer drängt sich mein Herz fest an den Busen ihr an,
Immer lehnet mein Haupt an ihren Knien, ich blicke
Nach dem lieblichen Mund, ihr nach den Augen hinauf.«

Christiane Vulpius mit Sohn August

Ist Goethe unterwegs in Jena, Heidelberg oder Karlsbad, die Briefe der Liebenden gehen hin und her:

»Behalte mich lieb, denn das ist das Beste für Dich und für mich. Das Gute in der Welt ist viel schmäler gesät, als man denkt; was man hat, muß man halten.«

Natürlich kommen während der Reisen auch Gedanken der Eifersucht auf:

»Behalte mich ja lieb, denn ich bin manchmal in Gedanken eifersüchtig und stelle mir vor, daß Dir ein anderer besser gefallen könnte, weil ich viele Männer hübscher und angenehmer finde als mich selbst. Das mußt Du aber nicht sehen, sondern Du mußt mich für den Besten halten, weil ich Dich ganz entsetzlich lieb habe und mir außer Dir nichts gefällt.«

Oder:

»… wenn ich Dir etwas schrieb, was Dich betrüben konnte, so mußt Du mir verzeihen …«

Christiane tröstet ihren Liebsten:

»Es werden viel Äugelchen gemacht, die Dir aber keinen Abbruch tun, denn man sieht erst recht, wie sehr man Ursache hat, seinen treuen Hausschatz zu lieben und zu bewahren.«

Die gegenseitigen Liebesbeteuerungen in ihren Freuden und Leiden wollen kein Ende nehmen.

»Mit meinen Reisen wird es künftig nicht viel werden, wenn ich Dich nicht mitnehmen kann.«

Und sie:

»Nun, mein allerbester, superber, geliebter Schatz, muß ich mich mit Dir ein bißchen unterhalten, sonsten will es gar nicht gehen. Erstens muß ich Dir sagen, daß ich Dich ganz höllisch lieb habe und heute sehr hasig bin, zweitens …«

Im 1792 bezogenen Haus am Frauenplan sorgt Christiane für das Wohlergehen ihrer kleinen Familie. Behaglichkeit will sie dem innigst geliebten Manne schenken.

Goethes Haus am Frauenplan

78

Über die kurze Entfernung nach Jena schreibt sie ihm nach längerer Trennung:

»Deine Zimmer, mein Lieber, und das ganze Haus ist in Ordnung und erwartet seinen Herrn mit der größten Sehnsucht. Du kannst hier im Bett diktieren ... und will ich des Morgens nicht eher zu Dir kommen, bis Du mich verlangst ...«

Aus Goethes ›Zahme Xenien‹:

»Ich wünsche mir eine hübsche Frau,
Die nicht alles nähme gar zu genau,
Doch aber zugleich am besten verstände,
wie ich mich selbst am besten befände.«

Als Goethe um die Jahrhundertwende lebensbedrohlich erkrankt, begibt sich Christiane in einen wahren Opfergang. Nach der Genesung schreibt er seiner Mutter:

»Wie gut, sorgfältig und liebevoll sich meine liebe Kleine bei dieser Gelegenheit erwiesen, werden Sie sich denken, ich kann ihre unermüdete Tätigkeit nicht genug rühmen. August hat sich ebenfalls sehr brav gehalten, und beide machen mir bei meinem Wiedereintritt in das Leben viel Freude.«

Elisabeth Goethe antwortet:

»Meine liebe, liebe Tochter! Wie soll ich Ihnen danken für alle Liebe und Sorgfalt, die Sie meinem Sohn erwiesen haben. Gott sei Ihr Vergelter. Er hat ihn Ihnen jetzt aufs neue geschenkt.«

Beiden bleibt noch Zeit!

Christiane nimmt Anteil an Goethes Schaffen und ist eine leidenschaftliche Besucherin des von ihm geleiteten Theaters. Sie ist viel mehr als nur Zuschauerin.

Über das Leben am Hoftheater äußert Goethe:

»Beim Theater sind Dinge vorgekommen, die viel gelinder abgegangen wären, wenn Du da gewesen wärest.«

Kann eine Liebe mehr Steigerung erfahren als in dem Gedicht ›Metamorphose der Pflanzen‹, das er für sie schreibt:

»O gedenke denn auch, wie aus dem Keim der Bekanntschaft
Nach und nach in uns holde Gewohnheit entsproß,
Freundschaft sich mit Macht in unserm Innern enthüllte,
Und wie Amor zuletzt Blüten und Früchte gezeugt.
Denke, wie mannigfach bald die, bald jene Gestalten
Still entfaltend Natur unsern Gefühlen geliehn!
Freue dich auch des heutigen Tags! Die heilige Liebe
Strebt zu der höchsten Frucht gleicher Gesinnungen auf,
Gleicher Ansicht der Dinge, damit in harmonischem Anschaun
Sich verbinde das Paar, finde die höhere Welt!«

Christiane ist entzückt. Er schreibt darüber:
»Höchst willkommen war dieses Gedicht der eigentlich Gelieb-
ten, welche das Recht hatte, die lieblichen Bilder auf sich zu
beziehen …«

Die Ereignisse des napoleonischen Krieges werden Anlaß zur
Schließung der rechtmäßigen Ehe.
Am 14. Oktober 1806 notiert Goethe:
»Brand, Plünderung, schreckliche Nacht. Erhaltung unseres
Hauses durch Standhaftigkeit und Glück.«
Allein Christiane verdankt Goethe, daß er jene Nacht lebend
übersteht. Resolut rettet sie ihn vor einem Zugriff französischer
Soldaten.
»So Gott will, sind wir morgen Mann und Frau«, entgegnet
er auf ihre Treue.
»Dieser Tage und Nächte ist ein alter Vorsatz bei mir zur
Reife gekommen; ich will meine kleine Freundin, die so viel an
mir getan, und auch diese Stunde der Prüfung mit mir durchlebte,
völlig und bürgerlich anerkennen, als die Meine …«, schreibt er
dem Oberkonsistorialrat Günther.
Am 19. Oktober 1806 findet in der Sakristei der Jacobskirche
in aller Stille die Trauung statt.
Goethes Sohn August und dessen einstiger Lehrer, Fried-
rich W. Riemer, sind die Trauzeugen.
Fünf Kinder, von denen nur noch der älteste Sohn am
Leben ist, hat Christiane bis dahin geboren.
Liebe, Hingabe und Verehrung bestimmen jetzt noch mehr

Blick auf Chor und Sakristei der Jakobskirche

Christianes Verhältnis zu ihrem Mann. Über sein literarisches Werk, sein künstlerisches Schaffen äußert sie später:

»Mit Deiner Arbeit ist es sehr schön, was Du einmal gemacht hast; aber mit uns armen Schindludern ist es ganz anders.«

Zehn Jahre glücklicher Ehe stehen beiden noch bevor. Christiane findet in dieser Zeit von den Weimarer Damen, selbst von Charlotte von Stein, ihre gesellschaftliche Anerkennung, wie aus den Zeilen an ihren Sohn ersichtlich:

»Angenehm ist es mir freilich nicht, in der Gesellschaft zu sein, indessen da er das Kreatürchen sehr liebt, so kann ich es ihm wohl einmal zu Gefallen tun.«

Zu gern weilt Christiane unter fröhlichen Menschen, sie liebt es, sich herauszuputzen und vom Tanzen kann sie nicht genug bekommen. Goethe schreibt ihr von einer Reise:

»Schicke mir mit nächster Gelegenheit Deine letzten neuen, schon durchgetanzten Schuhe, von denen Du mir schreibst, daß ich nur wieder etwas von Dir habe und an mein Herz drücken kann.«

Es sind ihre letzten durchgetanzten Schuhe.

Den Tod ahnend, besucht sie, während Goethe zur Kur weilt, Frau von Stein, um ihr Herz zu erleichtern:

»Jetzt sind Sie neugierig, ob der Meinige weiß, daß ich Ihnen einen Besuch abstatte. Er befindet sich zur Kur in Marienbad, das weiß in Weimar jeder; und Sie wissen's auch. Und wenn er zurückkommt, erzählt er wie's war; und ich erzähl ihm, wie's in Weimar war, und vielleicht erzähl ich ihm auch, daß die Frau von Stein sich nicht fühlte, um die kranke Frau von Goethe zu empfangen. Ich dachte, wir hätten uns was zu sagen gehabt. Wenn's dem Ende zugeht, muß es auch mit dem Streit zu Ende gehn. Wir sollten unsere Sach ins reine bringen. Vielleicht daß Sie das eine oder andere gerne zurücknehmen möchten? Worte wiegen schwer: Sie haben angeordnet, daß die Sargträger Ihre Leiche nicht am Frauenplan vorbeitragen sollen, wenn's soweit ist. Ich bin vorher dran, Madame. Wenn's meinetwegen ist, können Sie sich den Umweg sparen, und der Meinige wird nicht am Fenster stehn, er geht dem Tod aus dem Wege.«

Nach einem längeren Leiden, von dem sie sich zwischendurch etwas erholt hatte, erkrankt Christiane im Mai 1816 ernsthaft. Goethe notiert in seinem Tagebuch:

»1. Juni: Gefährliches Befinden meiner Frau.
2. Juni: Verschlimmerter Zustand meiner Frau.
4. Juni: Meine Frau noch immer in der äußersten Gefahr.
6. Juni: Nahes Ende meiner Frau. Sie verschied gegen Mittag. Leere und Totenstille in und außer mir.«

Christianes Tod stürzt Goethe in tiefe Verzweiflung. Seinen Schmerz überträgt er in ihre Grabesinschrift:

Grab der Christiane von Goethe,
geb. Vulpius, auf dem Jakobsfriedhof

»Du versuchst, o Sonne, vergebens
Durch die düsteren Wolken zu scheinen!
Der ganze Gewinn meines Lebens
Ist, ihren Verlust zu beweinen.«

BETTINA VON ARNIM

Eine leidenschaftliche Begeisterung für Goethe

»*Ganz Weimar ist eine zur Stadt erhobene Dichterbiographie. Wer nicht zumindest einige Werke über das Leben Goethes studiert hat, kann sich in der Stadt verirren ... Bleibt man im Park einen Augenblick stehen, um endlich Luft zu atmen, gleich läuft der Parkwächter heran, man erschrickt, glaubt, etwas angestellt zu haben, nein, er will nur rasch mitteilen, daß in jenem Gebüsch, von niemandem belauscht, Bettina von Arnim dem fünfzigjährigen Goethe einen Heiratsantrag gemacht hat ...*«, schreibt Egon Erwin Kisch.

Eine kleine Querstraße zur ›Ackerwand‹ erinnert noch heute an Bettina von Arnim, eine der interessantesten Frauengestalten des 19. Jahrhunderts. Als Schriftstellerin ist sie bekannt, sie hat sich aber auch als Komponistin, Bildhauerin und Malerin versucht und bleibt für ihre Zeit eine außergewöhnlich politisch und sozial stark engagierte Frau.

Anna Elisabeth von Brentano, von Kindheit an Bettina genannt, erblickt das Licht der Welt am 4. April 1785. Ihre Eltern sind der kurtrierische Resident der Freien Stadt Frankfurt am Main, Peter A. Brentano und seine Frau Maximiliane, Tochter der Goethefreundin Sophie La Roche, die kurze Zeit mit Wieland verlobt war und als erste Autorin moderner Unterhaltungsliteratur angesehen werden kann.

Durch den frühen Tod ihrer Eltern verbringt Bettina die Mädchenjahre teils im Kloster zu Fritzlar, bei Verwandten in Offenbach am Main, Marburg und Frankfurt am Main.

Die einflußreiche Großmutter ist es, die Bettinas Traum erfüllt: Sie macht 1806 ihre Enkelin mit Goethes Mutter bekannt. Im Hintergrund steht jedoch die schwärmerische Verehrung Bettinas für deren Sohn, den sie schon ein Jahr später in Weimar besucht. Vor der Abreise Bettinas nach dieser Begegnung sprechen beide über einen Briefwechsel, der durch den ›Geheimen Rat‹ ohne Resonanz bleibt.

Nach ihrem zweiten Besuch 1810 kommen sich beide nicht viel näher. Während des dritten Wiedersehens, ein Jahr spä-

Bettina von Arnim

ter, bleiben Mißverständnisse nicht aus: Bei der Bilderausstellung des Malers und Kunstschriftstellers Heinrich Meyer, einem Hausfreund Goethes, macht Christiane aus ihrer Eifersucht gegenüber der hartnäckigen Nebenbuhlerin keinen Hehl mehr, als diese sich abfällig über die ausgestellten Werke äußert. Es kommt zu handgreiflichen Beschimpfungen. Bettina entschlüpfen die Worte, daß sie wohl *von einer tollen Blutwurst gebissen worden sei*. Goethe verbietet ihr sein Haus und bricht jeden Kontakt zu Bettina ab. Sie heiratet unmittelbar darauf Achim von Arnim, den Freund ihres Bruders Clemens. Ein Jahr später schreibt Goethe aus Teplitz seiner Frau:

»Von Arnims nehme ich nicht die mindeste Notiz. Ich bin sehr froh, daß ich die Tollhäusler los bin.«

An der Klause – Borkenhäuschen – Im Park an der Ilm

Bettinas enthusiastische Liebe zu Goethe bleibt trotzdem bestehen. Nach Christianes Tod geht sie wieder auf ihn zu. Sie beginnt mit den ersten Skizzen für eine Kolossalstatue des Angebeteten, deren Vollendung für sie eine Lebensaufgabe darstellt.

1826, ihr letzter Besuch bei Goethe. Der Entwurf zur Statue hat Gestalt angenommen.

Darüber berichtet Adelheid von Schorn in ihrer Betrachtung über das nachklassische Weimar:

»In der recht verfahrenen Angelegenheit zwischen Bettina von Arnim und dem Bildhauer Steinhäuser war Luise die Rolle des Retters vorbehalten. Bettina hatte eine sitzende Goethestatue entworfen und sich selbst als Psyche gedacht, die vor Goethe steht. Diesen Gedanken hatte sie zur Ausführung Steinhäuser anvertraut, ohne zu bedenken, daß ein solches Werk eine große Summe Geldes kosten werde – die sie natürlich nicht besaß. Steinhäuser hatte den Auftrag übernommen, einiges geändert und den Sockel weggelassen, den Bettina sehr hoch und mit Reliefs bedeckt, gezeichnet hatte. Nun war die Statue fertig, aber niemand wußte, wem sie gehört und wo sie hinkommen solle ...«

86

In einem Brief vom 11. November 1852 schreibt die Frau des Bildhauers:

»Mit innigstem Glücke teile ich die Nachricht mit, daß … Erbgroßherzog Carl Alexander die Goethestatue wirklich gekauft hat …«

Nach dem Ableben Goethes erscheint 1835 Bettinas Buch ›Goethes Briefwechsel mit einem Kinde‹. Sich *»der literarischen Freiheit«* bedienend, mischt sie erfundene mit tatsächlich geschriebenen Briefen. Dieses Gestaltungsprinzip wiederholt sie auch in ihrem Briefroman ›Die Günderode‹, dem ihre Beziehung zu Karoline von Günderode zugrunde liegt, mit der sie in jungen Jahren eng befreundet war.

Nicht zu unterschätzen bleibt ihr politisches und soziales Engagement. In Wort und Schrift tritt sie für die ›Göttinger Sieben‹ ein. Auf Fürsprache Bettina von Arnims findet August Heinrich Hoffmann von Fallersleben* 1854 in Weimar einen Zufluchtsort, der ihm Sicherheit garantieren soll:

»Alter 54 Jahre, Größe 6' 3", Haare und Augenbrauen blond, Stirn frei, Nase länglich, rotblonder Kinnbart, Gesichtsfarbe blaß gelb.«

Mit diesem Steckbrief wird er gesucht.

Unter den Eindrücken dieser bewegten Zeit veröffentlicht sie 1843 das auf Tatsachenmaterial gestützte Werk ›Dieses Buch gehört dem König‹, in dem sie sich, obwohl königsgläubig, gegen das Elend in den Berliner Arbeitervierteln wendet. Eine der ersten sozial-politischen Studien in Deutschland ist das ›Armenbuch‹. Es erscheint aber nicht mehr zu ihren Lebzeiten.

›Ilius Pamphilius und die Abrosia‹ sowie ›Gespräche mit Dämonen‹ folgen. Phantastisch in ihren Gedanken, neigt sie in all ihren Schriften zu mystischer Verschwommenheit, so daß sie die *»Sibylle der romantischen Literaturperiode«* genannt wird.

Bettina von Arnim schließt am 20. Januar 1859, nachdem sie sieben Kindern das Leben geschenkt hat, in Berlin ihre Augen für immer.

Mir anverwandt

Ist alles stumm und leer,
nichts macht mir Freude mehr.
Düfte, sie düften nicht,
Lüfte, sie lüften nicht,
mein Herz ist so schwer.

Ist alles öd und hin,
bange mein Geist und Sinn;
wollte, nicht weiß ich was;
jagt mich ohne Unterlaß,
wüßt ich wohin?

Ein Bild von Meisterhand
hat mir den Sinn gebannt.
Seit ich das Holde sah,
ists fern und ewig nah
mir anverwandt.

Ein Klang im Herzen ruht,
der noch erfüllt den Mut,
wie Flötenhauch ein Wort,
tönet noch leise fort,
stillt Tränenflut.

Frühlinges Blumen treu
kommen zurück auf neu;
nicht so der Liebe Glück!
ach, es kommt nicht zurück,
schön, doch nicht treu.

Kann Lieb so unlieb sein,
von mir so fern, was mein?
Kann Lust so schmerzlich sein,
Untreu' so herzlich sein? –
O Wonn', o Pein!

Phönix der Lieblichkeit,
dich trägt dein Fittich weit
hin zu der Sonne Strahl –
ach, was ist dir zumal
mein einsam Leid?

Karoline von Günderode

❦ ❦ ❦

Auf diesem Hügel

Auf diesem Hügel überseh ich meine Welt!
Hinab ins Tal, mit Rasen sanft begleitet,
vom Weg durchzogen, der hinüberleitet,
das weiße Haus inmitten aufgestellt,
was ists, worin sich hier der Sinn gefällt? –

Auf diesem Hügel überseh ich meine Welt!
Erstieg ich auch der Länder steilste Höhen,
von wo ich könnt die Schiffe fahren sehen
und Städte fern und nah von Bergen stolz umstellt,
nichts ists, was mir den Blick gefesselt hält.

Auf diesem Hügel überseh ich meine Welt!
Und könnt ich Paradiese überschauen,
ich sehnte mich zurück nach jenen Auen,
wo deines Daches Zinne meinem Blick sich stellt,
denn der allein umgrenzet meine Welt!

Bettina von Arnim

❦ ❦ ❦

CAROLINE UND CHARLOTTE VON LENGEFELD

Die Schwestern beeinflussen Schillers Leben

Im Hause des Oberforstmeisters von Lengefeld in Rudolstadt werden zwei Töchter geboren, die das klassische Weimar zwar nicht prägen, wesentlich jedoch auf das Leben Friedrich von Schillers einwirken: Seine spätere Frau Charlotte und deren Schwester Caroline.

Für Caroline beginnt am 3. Februar 1763, für Charlotte am 22. November 1766 das Erdendasein. Nach dem frühen Tod des Vaters wachsen beide Mädchen zusammen in bescheidenen Verhältnissen auf. Eine auf die Zukunft bedachte solide geistige Bildung und häusliche Erziehung ihrer Töchter ist das wichtigste Anliegen der Mutter.

Bereits in den Jahren des Heranwachsens treten die Wesensunterschiede der beiden Schwestern immer offener zutage: Caroline erscheint als eine leidenschaftliche Natur, impulsiv und geistreich, schon zum Genialen neigend. Charlotte dagegen wirkt auffallend zurückhaltend, wie ein in der Stille webendes Geschöpf, das sich bereits auf ein Schattendasein im späteren Leben vorbereitet.

Caroline heiratet 1784 den in Rudolstadt ansässigen Geheimrat von Beulwitz.

Charlottes erste Liebe gilt einem hochgebildeten schottischen Kapitän, den sie im Hause der Frau von Stein kennen und lieben lernt. Doch die vaterländische Pflicht ruft ihn nach Ostindien. Eine schmerzhafte Trennung ist unumgänglich.

Aus ihren Tagebuchaufzeichnungen:

»Was sind die Freuden des Lebens? Sie dünken uns ein Gaukelspiel der Phantasie, eine Lufterscheinung, die den Himmel auf einen Augenblick hellt und dann verschwindet.«

Durch Charlotte von Stein, deren Gut unweit des Elternhauses der Schwestern liegt, wird Charlotte am Weimarer Hof eingeführt, wo sie auch Hofdame werden soll. Sie wird es nicht – sie wird Schillers Frau.

Caroline über diese ideal-schwärmerische Zeit:

»Man wandelte wie zwischen den unwandelbaren Sternen des Himmels und den Blumen der Erde in seinen Gesprächen.«

Schiller mit Charlotte und Caroline von Lengefeld
in deren Garten in Rudolstadt

CHARLOTTE VON SCHILLER

»Es hat niemand dieses hohe, edle Wesen so verstanden wie ich, denn keine Nuance entging mir …«

Charlotte von Schiller

Zum ersten Male begegnet Charlotte 1784 Friedrich Schiller in Mannheim und wundert sich, *»daß ein so ungezähmtes Genie ein so sanftes Äußeres haben könne«*. Mehr als vielleicht Erinnerung bleibt nicht übrig.

Die zweite Begegnung hinterläßt dann schon erste Spuren, als Schiller am 6. Dezember 1787 in Rudolstadt weilt:

»In Rudolstadt habe ich mich auch einen Tag aufgehalten und wieder eine recht liebenswürdige Familie kennengelernt. Eine Frau von Lengefeld lebt da mit einer verheirateten und einer noch ledigen Tochter. Beide Geschöpfe sind (ohne schön zu sein) anziehend und gefallen mir sehr.«

Bei Frau von Imhoff, der Schwester Charlotte von Steins, sieht man sich in Weimar wieder. Zum Abschied schreibt Schiller in Charlottes Stammbuch:

»Sie werden gehen, mein liebes Fräulein, und ich fühle, daß Sie mir den besten Teil meiner jetzigen Freuden mit wegnehmen.«

Darauf antwortet Charlotte:

»Auch Sie verlasse ich ungern; denn Ihr Umgang (ich mag nicht Freundschaft sagen, weil Sie das Wort nicht gern haben) hat mir manche Freude verschafft. Die Hoffnung, Sie bei uns zu sehen, macht mir den Abschied leichter.«

Aus den Briefen, die nun öfter gewechselt werden, spricht immer mehr gegenseitige Zuneigung.

Im Mai 1788 mietet sich Schiller in Volkstedt, unweit von Rudolstadt, ein Zimmer, um in ländlicher Idylle schaffen zu können. Tagsüber arbeitet er am ›Geisterseher‹ oder am ›Abfall der Niederlande‹, abends ist er gern gesehener Gast im Lengefeldschen Hause. Das Tageswerk wird besprochen, fertige Rollen danach verteilt vorgetragen.

Nach einer gelungenen Abendlesung schreibt er gleich am nächsten Morgen an Charlotte:

»Ich hatte bei dieser Gelegenheit einige glückliche Augenblicke, wofür ich Ihnen danken muß.«

Schwester Caroline notiert:

»Es war uns, als rieselte ein neuer Lebensquell um uns her.«

Schiller versteht es, über seine Dichtkunst hinaus auch bei Frau von Lengefeld, der Mutter, die Sympathien für sich zu gewinnen, und spürt dabei die Veränderungen, die in ihm vorgehen: Caroline ist seine geistvolle Gesprächspartnerin; der feinfühligen, zurückhaltenden Charlotte gehört seine innere Zuneigung.

Charlotte wird ihm unentbehrlich:

> *Was könnte ich mehr wünschen, als die lieblichen Gestalten ihres Geistes anzuschauen und immer und immer um mich her zu fühlen!*«

Aber auch Charlotte spürt, daß sie füreinander bestimmt sind. Nach Schillers Abschied aus Rudolstadt lassen sie ihren Empfindungen freien Lauf. Charlotte überwindet ihre Scheu und schreibt:

> *Ich möchte Ihnen gern sagen, wie lieb mir Ihre Freundschaft ist und wie sie meine Freuden erhöht. Sie fühlen es ohne Worte…*«

Aber es dauert noch lange, bis sie endgültig zueinander finden. Caroline ist es, die eines Tages den Bann bricht und Schiller ohne Umschweife erklärt, was in Lotte vorgeht.

Schiller verfaßt den Werbebrief an Charlottes Mutter:

> *Seit dem ersten Tage, wo ich in Ihr Haus trat, hat mich Lottchens liebe Gestalt nicht mehr verlassen. Ihr schönes, edles Herz habe ich durchschaut. In so vielen froh durchlebten Stunden hat sich ihre zarte, sanfte Seele in allen Gestalten mir gezeigt. Im stillen, innigen Umgang, wovon Sie selbst so oft Zeuge waren, knüpfte sich das unzerreißbarste Band meines Lebens. Mit jedem Tag wuchs die Gewißheit in mir, daß ich durch Lottchen allein glücklich werden kann.*«

Es kommt zur Verlobung, die jedoch so lange geheim gehalten wird, bis Schiller in der Lage ist, einen eigenen Hausstand zu führen. Der Herzog, der davon erfährt, bewilligt zur Eheschließung 200 Taler Jahresgehalt.

Am 22. Februar 1790 steht Charlotte mit ihrem geliebten Friedrich vor dem Traualtar in dem schlichten Kirchlein zu Wenigenjena.

> *An Schillers Hand trat ich in die schmucklose Kirche ein und legte das Gelübde ab, ihm treu zu bleiben bis zum Tod.*«

Es ist mehr als eine Liebesheirat. Seinen Eltern schreibt Schiller nach der Trauung:

> *Ich lebe die glücklichsten Tage, und noch nie war mir so wohl als wie jetzt in meinem häuslichen Kreise.*«

Seinem Freund Körner vertraut er an:

94

»Was für ein schönes Leben führe ich jetzt! Es lebt sich doch ganz anders an der Seite einer geliebten Frau als so verlassen und allein.«

Charlotte äußert sich voller Glück gegenüber ihrem Vetter:

»Du mußt nun wissen, daß ich seit 14 Tagen Schillers Frau bin. Da uns die herzlichste, innigste Liebe verbindet, kannst Du Dir denken, daß wir glücklich sind und es immer bleiben werden. Ich ahnte nie so viel Glück in der Welt, als ich nun gefunden. Das Herz findet sich bei der Liebe zu Schiller mit tausend Banden an ihn geknüpft …«

15 Jahre sind dieser so glücklich begonnenen Ehe beschieden. Schon wenige Monate nach der Hochzeit bricht die unheilbare Krankheit aus, die Schillers weiteres Leben zeichnet. Jahr für Jahr verschlechtert sich sein Zustand. Verzicht auf alle eigenen Wünsche, um ihrem Gatten das Leben so lebenswert zu gestalten wie nur möglich, das ist Lotte Schiller. Sie, die Zurückhaltende, nicht vom Ehrgeiz besessen, Eigenes zu schreiben, wie es zu dieser Zeit in Weimar ›zum guten Ton‹ gehört, wird jetzt immer mehr zur Vertrauten seiner Vorstellungswelt und zur Mitgestalterin seiner Werke.

Körner spricht es einmal aus:

»… und ihr Gefühl ward nicht selten ein bestimmtes Urteil für ihn …«

Erst am 3. Dezember 1799 – Goethe drängt immer mehr darauf – halten Schillers, aus Jena kommend, Einzug in Weimar. Sie übernehmen die kleine Wohnung der Charlotte von Kalb in der Windischengasse 8. In diesen engen Räumen schreibt Schiller ›Die Jungfrau von Orleans‹ und ›Maria Stuart‹. Bis zum 29. April 1802 leben sie hier.

Für 4200 Taler erwirbt Schiller das 1777 errichtete Hintergebäude zur ›Alten Münze‹, das damals noch zur Windischengasse gehörte.

Charlotte ist überglücklich und schwärmt:

»Unser Haus ist recht freundlich. Das Haus, das die Gräfin Bachof ehemals in der Esplanade bewohnte, haben wir gekauft, und ich freue mich sehr des Besitzes, weil die Lage meinen Augen wohltätig ist und ich immer wie in einer Laube sitze. Auch für die Kinder ist es sehr freundlich und für eine Wohnung

Das Schillerhaus

in der Stadt hat sie alles Angenehme eines Gartenhauses, weil die Esplanade unser Garten ist.«

Über die Esplanade schreibt Carl von Lyncker um 1840 in seinen ›Erinnerungen‹:

»Die Herzogin pflegte zuweilen an Sonn- und Festtagen nach der Tafel in die Esplanade spazieren zu gehen; die Stunde wurde der Noblesse unter der Hand bekannt gemacht, welche sich dann zahlreich versammelte und sich harrend auf den zur Seite stehenden Bänken niederließ.

Die Regentin erschien gewöhnlich im Reifrock und mit dem ganzen Hofe; der Obermarschall ging voraus, ein Page trug die Schleppe. (Dieser jungen Leute gab es damals sechs; sie waren größtenteils 17 bis 18 Jahre alt und hatten Zutritt in den angesehensten Gesellschaften …). Hinter diesen folgte die niedere Hofdienerschaft; sie bestand aus Laufer, Heiducken und einem Zwerg; (eines Mohren erinnere ich mich erst unter der hochseligen Großherzogin). Auch viele Honoratioren und Bürger eilten zur Esplanade, weil sie außerdem ihre Fürstin nur selten und so nahe zu Gesicht bekamen.

Man verweilte oft einige Minuten an dem zur Seite angebrachten Bassin, in welchem sich Goldfische befanden und von der Herzogin gewöhnlich mit Semmel gefüttert wurden. Zuwei-

Die Esplanade mit Schillerhaus

len nahm die Herzogin bei diesen Lustwandlungen den Tee in einer Grotte, welche auf dem Platz befindlich war, wo jetzt das Stichlingsche Haus steht. Ein Einsiedler in grauer Kutte mit sehr natürlich aus Wachs geformtem Gesicht und Händen saß darin auf einem Steine vor einem Tische und großem Bauche.«

Nur drei Jahre bleiben Schiller, in dieser herrlichen Umgebung zu wohnen. Es werden schwere Jahre für Charlotte. Die ständige Sorge um seine Gesundheit wächst.

Schiller bäumt sich noch einmal auf. Mit der Tragödie des falschen Zaren ›Demetrius‹ will er seine klassischen Dramen fortsetzen. Vergeblich – das Werk bleibt unvollendet.

Charlotte, wissend um seine letzten Tage, will mit ihrer Liebe ertrotzen, was nicht aufzuhalten ist:

»Oft, wenn er gelitten, was kein anderer ertragen hätte, fand man ihn heiter, ruhig, und durch seine Reflexionen über fremde Gegenstände gelang es ihm, sich zu vergessen.«

Am 9. Mai 1805 erlischt sein Lebenslicht.

In Charlottes Geisteswelt lebt Schiller weiter. Einem Freund des Hauses schreibt sie nach Jena:

»Es hat niemand dieses hohe, edle Wesen so verstanden wie ich, denn keine Nuance entging mir. Ich wußte mir seinen Charakter, die Triebfeder seines Handelns zu erklären, zurechtzulegen wie niemand.«

Schiller auf dem Totenbett
Lithographie nach der Zeichnung
von Ferdinand Jagemann

»Auch ein Klagelied zu sein im Mund der Geliebten ist herrlich,
denn das Gemeine geht klanglos zum Orkus hinab.«

Friedrich Schiller

🚲 🚲 🚲

»Nur durch den Himmel noch mit dir verbunden,
Such ich auf Erden trauernd deine Spur!
Was ich in dir, du holdes Bild, gefunden,
Das gab nur eine göttliche Natur.
Nur aus dem Quell des ewig-großen Guten
Trug dich das Schicksal in des Lebens Fluten.

Du wagtest in des Unermeßnen Tiefen
Mit Kraft und edlem Willen dich voran;
Und alle Taten, die zum Großen riefen,
Sie wandelte dein Geist auf rascher Bahn.
Du wolltest nur das Ewige gestalten
Und in der Schöpfung wie ein Schöpfer walten.«

Charlotte von Schiller

Durch ihre vier Kinder, Carl und Ernst, Caroline und Emilie findet sie zurück zum Leben:

»Ich verliere ihn immer von neuem. Aber ich habe an Mut fürs Leben doch gewonnen; ich halte mich an das Geistige und Unsichtbare in meinem Gemüt und lebe das gewöhnliche Leben mit stiller Resignation. Die Welt ist mir nicht fremd; durch meine Kinder muß ich mit ihr leben, muß ihretwillen Verbindungen suchen und festhalten. Der ewige Anblick meines Schmerzes würde meine Kinder, die doch gerne froh sind, denen ich das Leben leicht machen muß, von mir entfernen. Ich würde ihnen fremd werden, wenn sie mir ihre Stimmung verbergen müßten. Dies alles sind meine Gründe, die mir Mut einflößen fürs Leben ... So lange ich kann, will ich für sie leben und wirken, um ihm zu zeigen, daß ich seiner Liebe wert war, denn sie sind sein teuerstes Erbteil.«

Den Kindern, die ihren Vater kaum wirklich kannten, ruft sie immer wieder ins Gedächtnis:

»Meine Liebe zu ihm soll Euch sein Bild entwerfen, denn niemand kannte ihn wie ich, kannte den ganzen Reichtum seines Herzens; lernt von ihm euch selbst überwinden!«

Doch ihre Vorstellungen gehen nicht auf. Die Kinder und auch sie selbst betreffend.

Es gelingt ihr nicht, die Söhne im weimarischen Staatsdienst unterzubringen und die Töchter in Weimar zu verheiraten.

Sie ist allein, einsam. Die Stadt wird ihr zu eng. Auf Schritt und Tritt in den Gassen und Straßen, vor allem aber in ihrem Haus, ständig an ihr Leben mit Schiller erinnert, verkauft sie das einst so geliebte Heim.

Vorerst irrt sie regelrecht durch die Lande, bis sie in Bonn bei ihrem Sohn Ernst Linderung von einem Leiden sucht.

Dort stirbt Charlotte von Schiller am 9. Juli 1826.

Ihr letzter Wunsch, *»daß die Reste des geliebten Vaters neben den meinigen ruhn«*, geht nicht in Erfüllung.

»In den geselligen Verhältnissen in Weimar herrschte die schönste geistige Freiheit.«

Caroline von Wolzogen

Caroline und Schiller verbindet nach seiner Entscheidung für Charlotte weiterhin eine Seelenfreundschaft, nicht Liebe. Einen *»Zwiespalt in der Seele Schillers«* gibt es nicht.

Beigetragen zu ihrer späteren geistigen Haltung hat zweifellos die im Dezember 1787 geschlossene Freundschaft mit dem Schwager im Hause ihrer Mutter:

»In unserem Hause begann für Schiller ein neues Leben. Lange hatte er den Reiz eines freien, freundschaftlichen Umganges entbehrt; uns fand er immer empfänglich für die Gedanken, die eben seine Seele erfüllten. Er wollte auf uns wirken, uns von Poesie, Kunst und philosophischen Ansichten das mitteilen, was uns frommen könnte; und dies Bestreben gab ihm selbst eine milde, harmonische Gemütsstimmung ... Hoher Ernst und anmutige, geistreiche Leichtigkeit des offenen, reinen Gemüts waren in Schillers Umgang immer lebendig; man wandelte wie zwischen den unwandelbaren Sternen des Himmels und den Blumen der Erde in seinen Gesprächen ... Wie ein Blumen- und Fruchtgewinde war das Leben dieses ganzen Sommers mit seinen genußreichen und bildenden Tagen für uns alle. Schiller wurde ruhiger, klarer, seine Erscheinung wie sein Wesen anmutiger, sein Geist den phantastischen Ansichten des Lebens, die er bis dahin nicht ganz verbannen konnte, abgeneigter.«

Der Anfang für ihre spätere bedeutungsvolle Arbeit ›Schillers Leben‹, verfaßt aus den Erinnerungen der Familie, seinen eigenen Briefen und den Nachrichten seines Freundes Körner‹ ist gemacht.

Während Schiller und Caroline immer mehr miteinander bekannt werden, versucht sie sich in der Abfassung kleiner Gedichte. Unzufrieden über die Ergebnisse schreibt sie daraufhin, ohne ihren Namen zu nennen, den Roman ›Agnes von Lilien‹. Nach der Herausgabe dieser Arbeit sind breite Leserkreise der Meinung, es handele sich um einen Roman Goethes.

Inzwischen ist Carolines Vernunftehe mit Beulwitz gescheitert. 1794 heiratet sie ihren Vetter, den Wirklichen und Geheimen Rat am Weimarer Hof, Wilhelm Freiherr von Wolzogen. Ein Jahr darauf wird beider Sohn Adolph geboren. Nach fünfzehn harmonischen Ehejahren stirbt ihr Mann. Ihr Sohn verletzt sich an seinem 30. Geburtstag vor den Augen der Mutter tödlich. Gezeichnet von diesem schmerzlichen Verlust greift Caroline erneut zur Feder und wird zu einer hautnahen Biographin Friedrich von Schillers. Aus der Weimarer Zeit:

»Goethe war damals in Italien; von Wieland und Herder wurde Schiller mit Wohlwollen aufgenommen. Herder war für

ihn äußerst anziehend; aber die väterliche Zuneigung, mit der ihm Wieland zuvorkam, wirkte in einem noch höheren Grade auf seine Empfänglichkeit ... Die weimarische Welt wirkte im ganzen mehr bildend als belebend auf Schiller. Der Ton der Gesellschaft war kritisierend, mehr abweisend als entgegenkommend. Von rheinländischer Liberalität und schwäbischer Herzlichkeit war wenig zu finden. Im Hause der Herzogin Amalia, wo man sonst jede neue Erscheinung freundlich begrüßte, war man mit Studien und Zurüstungen zur italienischen Reise beschäftigt. Der Herzog, viel abwesend, scheint damals keinen besonderen Anteil an Schiller gezeigt zu haben, und der eigentliche Hofzirkel war abgeschlossen. Die vorzüglichsten Geister übten so großen Einfluß, daß überall Literatur Gegenstand der Unterhaltung war; aber im Grunde ward mehr darüber geschwätzt als gedacht und das eigentliche Leben, dessen Schiller bedurfte, um sich heiter zu entfalten, fehlte ...

Seit 1800 wurde Weimar Schillers fester Aufenthalt.

Sein Leben in Weimar war, die sich immer wiederholenden Krankheitsfälle abgerechnet, heiter und mannigfaltig bewegt. Die Nähe des Theaters, seine Einwirkung darauf erhielten ihn in einer äußeren ihm zusagenden Tätigkeit.

In den geselligen Verhältnissen in Weimar herrschte die schönste geistige Freiheit. Der Herzog wußte gastfreundlich den Genius zu bewirten, indem er ihm ungestörten Selbstgenuß vergönnte; ja, wenn er sich mit seinem eigentümlichen, dem Genius widersprechenden Geschmack der Dichtungswelt näherte, war die Berührung nur leise und löste sich gewöhnlich in heiterem Scherz auf. In solchen Gesprächen, wo Realismus und Idealität sich kreuzten, war er sehr geistvoll und witzig. Als Weltmann sprach er oft über poetische Ansichten; aber in der Tat störte er durchaus nicht die Freiheit, in der allein der Genius schaffend sich regen kann; und unter seinem Schutze tanzten die Musen in ihrem eigenen Rhythmus ungestört dahin. Die Stimme Deutschlands hatte für Schiller entschieden, und die aller gebildeter Nationen tönte bald nach, so fühlte der Herzog, auch in Hinsicht auf ihn, den edlen Fürstenstolz, die ersten Dichter Deutschlands in seinen Kreis zu fesseln ...«

Über Friedrich Schillers letzte Stunden:

»Gegen 3 Uhr trat vollkommene Schwäche ein, der Atem fing an zu stocken. Meine Schwester kniete an seinem Bett, sie sagte, daß er ihr noch die Hand gedrückt. Ich stand mit dem Arzte am Fuße des Lagers und legte gewärmte Kissen auf seine erkaltenden Füße. Es fuhr wie ein elektrischer Schlag über seine Züge, dann sank sein Haupt zurück und die vollkommenste Ruhe verklärte sein Antlitz; seine Züge waren die eines sanft Schlafenden.«

Durchgehend auf eigene Anschauung und Meinung gestützt, zeichnet Caroline von Wolzogen ein Bild Schillers, das sich durch liebevolle Wärme auszeichnet, in dem sie sich selbst in die schönsten, reichsten und unvergeßlichen Jahre ihres Lebens zurückführt.

Ihren Lebensabend verbringt Caroline von Wolzogen in Jena, wo sie am 11. Januar 1847 stirbt.

Über ihre zweibändige Schiller-Biographie schreibt Wilhelm von Humboldt seiner Tochter Gabriele von Bülow:

»Keine Frau hat jemals etwas so Schönes hervorgebracht, und ein Mann könnte es gar nicht!«

MARIA CAROLINE HERDER

»Wenn Caroline Herder nicht wäre, wäre kein
Johann Gottfried Herder.«

Maria Caroline Herder

Johann Gottfried Herder über seine Frau:
»Durch sie hat mich Gott zum glücklichsten Menschen gemacht.«
    Caroline, als Tochter des Amtsschaffners Flachsland am
28. Januar 1750 in Reichenweier im Elsaß geboren, ist nur
wenige Jahre ein gesegnetes Elternhaus beschieden. Nach
dem frühen Tod des Vaters kommt sie in das gesellige, geistig
hochstehende Haus ihrer älteren Schwester nach Darmstadt.
Hier schließt sie sich als ›Psyche‹ der ›Gemeinschaft der Heiligen‹ an. Johann Heinrich Merck und Goethe sind mit diesem
musischen Freundeskreis ebenfalls verbunden. Als gern gese-

hener Gast erscheint Herder immer öfter – seine Reisen nach Straßburg unterbrechend.

Während Goethe ihr bei diesen Gesellschaftsabenden immer wieder aus ›Dichtung und Wahrheit‹ erzählt, wendet sich ihr Herz in verborgener Verehrung Herder zu, von dessen Persönlichkeit sie regelrecht ergriffen ist. Das spürt der junge Prediger:

»Ich bin in einer dunklen, aber nicht dürftigen Mittelmäßigkeit geboren ... ich habe studiert und gelehrt und geschwärmt und mich bald auf der Akademie in Ansehen gesetzt«, offenbart er sich gegenüber der empfindsamen, schwärmerischen Caroline in einem Brief am 22. September 1770.

Merck erkennt und fördert diese Zuneigung, aus der eine glückliche, geistig-fruchtbare Gemeinsamkeit spricht. Seine Vorstellungen beginnen sich zu erfüllen, als 1770 die Verlobung stattfindet.

Als Braut erhält sie nun viele briefliche Beweise von Herders verehrender Zuneigung:

»Mein kleines, göttliches Mädchen, meine liebe, unschuldige Psyche, glauben Sie es mir, daß der Eindruck, den Sie auf mich gemacht haben, der einzige und ganz der erste in seiner Art ist. Der Himmel hat uns so sonderbar zusammengeführt, und ich danke Gott mit Tränen, daß er mir eine so schöne Seele wie die Ihrige gezeigt hat ...«

An eine eheliche Bindung kann der junge Herder nicht denken. Er hat sich vorerst als Prediger zu bewähren. Bis zu einer klaren Entscheidung stehen Caroline drei Jahre des Wartens bevor. Mißverständnisse und Vorwürfe bleiben nicht aus, Vertrauen und Zweifel wechseln einander ab. Zerwürfnis und Versöhnung stehen sich gegenüber, bis Caroline in einem Brief auf Entscheidung drängt:

»Meine ganze, große, hohe Würde wird in der süßen Bestimmung bestehen (wenn ich sie jemals erlebe), dereinst gute Mutter und gute Gattin zu sein! O was für Glückseligkeit liegt in diesen zwei seligen Bestimmungen! Sie müßten ein weibliches Herz haben, wenn Sie das ganz mit mir fühlen wollten! Kinder zu erziehen, nach dem Bilde eines guten Vaters – ach, über die Glückseligkeit geht nichts!«

Nach seiner mehr als unverbindlichen Antwort muß sie deutlicher werden:

»Wollen Sie die Ursache wissen, warum ich immer zu furchtsam war, von einer näheren, süßeren, ewigen Verbindung unserer Seelen – nicht unserer Seelen, sie sind schon so ewig fest verbunden – von unserem ganzen lieben Selbst zu reden? …

Du sollst nur begreifen, daß es mir fast unmöglich war … , die erste zu sein, von einer ewigen, edlen Verbindung zu reden, die doch Tag und Nacht der Wunsch meines Herzens war.«

Herder gerät in Zugzwang. Er muß eine Entscheidung treffen.

Am 2. Mai 1773 werden Herders getraut.

Zwei Buben erfüllen bald das häusliche Glück. Als Hofprediger der Grafen von Lippe in Bückeburg fühlt Herder sich von ständiger geistiger Enge umgeben. Zweifel an seinem Amt als Lebensstellung plagen ihn, der nach Freiheit drängt, der sich zu schöpferischem Schaffen und Wirken berufen fühlt. Nach dreijährigem Ringen mit sich folgt er der durch seinen Straßburger und Darmstädter Freund Goethe erwirkten Berufung nach Weimar.

Über die Ankunft mit seiner Familie schreibt er an Johann Georg Hamann:

»Weimar, 13. Januar 1777

Endlich kamen wir den 1. Oktober 1776 abends um 10 Uhr hier an. Es war eben an dem Tage wenige Stunden vorher ein falscher Feuerschrecken in unsrer Nachbarschaft gewesen, daher die Sprützen noch standen und wir von mehr Leuten empfangen wurden, als wir so spät glaubten …«

Herders beziehen das große Pfarrhaus hinter der Stadtkirche St. Peter und Paul.

Wenige Tage nach der Ankunft schreibt Wieland an Merck:

»Herder und seine liebe Eva sind nun seit sieben Tagen auch hier. Mein Herz flog ihm beim ersten Anblick mächtig entgegen. So oft ich ihn ansehe, möchte ich ihn zum Statthalter Christi und Oberhaupt der ganzen Ecclesia Catholica machen können. Weimar ist seiner nicht wert; aber wenn ihm nur leidlich wohl bei uns sein kann, so ist Weimar so gut als ein andrer Ort. Und wenn Goethes Idee stattfindet, so wird doch Weimar noch der Berg Ararat,

Herders Garten mit Wohnhaus,
im Hintergrund die Stadtkirche St. Peter und Paul

wo die guten Menschen Fuß fassen können, während daß [sic!]
allgemeine Sündflut die übrige Welt bedeckt.«

Ein viertel Jahr in Weimar tätig, übermittelt Herder seine
ersten Eindrücke Hamann:

»Sonst ist hier alles noch recht lutherisch-papistisch dem
Äußeren nach, wie im Inneren kein Schatten von Luther gefühlt
wird. Ich freute mich auf diese Gegenden wie ein Kind, glaub-

Maria Caroline Herder mit ihren Kindern.

*te die Grundlage alter Anstalten wenigstens so tüchtig und gut
zu finden, daß man mit Freuden darauf stehn und bauen könnte, bin aber sehr betrogen. Ewige Vormundschaften, schwache
Tyrannen- und Weiberregierungen haben alles so hinsinken
lassen, durcheinander gemengt und geworfen, daß alles weicht,
wonach man fasset ... Meine Frau ist der jungen Herzogin, zu
der sie manchmal gehet, mit Leib und Seele zugetan und ich nicht
minder; sonst aber und im ganzen leben wir hier einsamer und
zurückgezogener als in Bückeburg selbst, weil ich bei so vielen
Menschen, die einen im Anfange durch die Hände gehen, noch
nicht den wahren Schatz, einen Freund, habe. Der uns am meisten besucht, ist Wieland; wir berühren uns aber nur am Rande.«*

Erneute Unzufriedenheit eines überaus empfindlichen,
schnell reizbaren, zur Unentschlossenheit neigenden Mannes?

Es ist schwierig, die Frau Herders zu sein. Doch in all ihrem
Handeln ist sie nur ihm zugetan. Für Schiller ist diese Ehe »*eine
Art von heiliger Zweieinigung*«.

In allen Dingen hält sie ihrem Mann den Alltag fern, um ihm
Stille und Geborgenheit für seine Arbeit zu erhalten.

Allein übernimmt sie die Erziehung ihrer sieben Söhne und
der einzigen Tochter, sucht nach Einnahmequellen für den

Haushalt, führt Verhandlungen mit den Verlegern, kümmert sich um den gesamten Briefwechsel. Caroline ist weit mehr als nur Ehefrau und Mutter. Sie ist Gefährtin in Herders geistigem Schaffen und Leben. Voller Dankbarkeit nennt er sie einmal seine »zweite Schöpferin«.

Carolines Liebe neigt fast zur Selbstaufgabe. Ihr Mann dagegen lebt in Unduldsamkeit, nach wie vor reizbar bis zu Wutausbrüchen, wenn er meint, man habe ihn ungerecht behandelt oder nicht verstanden. Davon zeugt auch ein weiterer Brief an Hamann, nachdem Herders bereits acht Jahre in Weimar leben:

»Weimar, 23. August 1784

Hier ist indessen mein Teil und Erbe nicht; nicht nur aus zehn drückenden Lagen von innen, sondern auch aus dem alleinigen Grunde, daß für meine Kinder hier nichts ist. Auf Einkommen und Ausgaben liegt kein Segen, und meine Frau, sonst das heiterste Kind der Vorsehung, muß sich placken und mit Nahrungssorgen verzehren. Das meiste meiner Bücherschreiberein ist Solddienst völlig invita Minerva*. In der Nähe eines Hofes, wie der hiesige ist, ruht kein Segen, aus Ursachen, die sehr begreiflich sind und ins Auge stoßen. Die verwünschte Zelebrität tut auch dazu; und ich wollte, daß ich den stillsten Winkel in oder außer Deutschland fände.«

Seiner Frau schreibt er nach dreizehn Jahren Weimarer Amtstätigkeit:

»Rom, 3. April 1789

Über Weimar wird mir schwer, etwas zu sagen, da ich bisher alle Gedanken politischer Beziehung verbannt habe. Die Herzogin, weißt Du, liebe ich am meisten. Du kennst aber ihre unkräftige Güte. Der Herzog ist gut und brav; was kann, was mag er aber für mich tun? Und überhaupt, wie müde ich des Zusammenhanges mit Fürsten und Fürstinnen geworden bin, die immer unverständige Kinder bleiben, deren unsereins nicht lenken kann, mag ich Dir nicht sagen. Daß Goethe für uns wenig mehr sein kann, wird mir beinahe einleuchtend; er ist's im öffentlichen Bezuge nie gewesen! Die Damen gehen in Weimar ihren Weg hin, und überhaupt ist ja für uns eigentlich Sphäre in Weimar. Wir

*sind einsam und werden es mit jedem Jahr mehr werden. Also
verlieren wir wirklich weniger k r ä f t i g e uns v ö l l i g g l e i c h e
Freunde, als wir meinen … [und] in Weimar begraben zu wer-
den wird mir schwer.«*

Caroline ist inzwischen so weit, daß sie ihrem Manne kri-
tiklos zustimmt.

Wieland dagegen sieht das Verhalten Herders ganz anders:

*»Ich kann für den Tod nicht leiden, wenn ein Mensch seinen
eigenen Wert so stark fühlt.«*

Verstimmungen in der Herderschen Ehe bleiben nicht aus.
Caroline wird, wie man sie von früher her nicht kennt, des öfte-
ren impulsiver im Fühlen und Handeln. Goethe nennt sie
dann »Elektra« und reizt damit Herder immer mehr. Schiller
äußert sich dazu humorvoll:

*»Wenn sie in Unfrieden geraten sind, so wohnen beide abge-
sondert in ihren Etagen und Briefe laufen Treppe auf und
Treppe nieder, bis sich endlich die Frau entschließt, in eigner Person in ihres Ehegemahls Zimmer zu treten, wo sie eine Stelle aus
seinen Schriften rezitiert mit den Worten: ›Wer das gemacht
hat, muß ein Gott sein, und auf den kann man nicht zürnen!‹
Dann fällt ihr der besiegte Herder um den Hals, und die Fehde
hat ein Ende.«*

Goethe bleibt ständig bemüht, Herder in Weimar endlich
heimisch zu machen. In den Gesprächen zwischen beiden im
Pfarrhaus über Philosophie und Literatur scheint der einstige Bund von Straßburg eine Festigung und Erneuerung zu
erfahren. Und wie einst in Darmstadt unterhalten sich Goethe
und Caroline nicht mehr über ›Dichtung und Wahrheit‹, sondern über die Manuskripte des ›Tasso‹. Wie einst in Darmstadt
verehrt sie auch dieses Werk Goethes.

In keiner Weise will sie ihren über alles geliebten Herder verletzen, als sie ihm mitteilt:

*»Über Goethe habe ich wirklich einen großen Aufschluß
bekommen. Er lebt eben wie der Dichter mit dem Ganzen in
ihm, und da wollen wir als einzelne Individuen nicht mehr von
ihm verlangen, als er geben kann. Er fühlt sich als ein höheres
Wesen, das ist wahr, aber er ist doch der Beste und Unwandel-
barste unter allen …«*

Herders Antwort:

»Gott sei Lob und Dank, daß er mich zu so einem hellstrahlenden Spiegel des Universums gemacht hat, ich mag gern eine dunkle Scheibe bleiben.«

Der Freundschaftsbund zwischen Goethe und Herder beginnt zu bröckeln, bevor es zum offenen Bruch zwischen beiden kommt. Der Anlaß dazu sind die wirtschaftlichen Verhältnisse im Hause Herder. Caroline fordert vom Hof Gehaltserhöhung für ihren Mann, laufende Unterstützung der heranwachsenden acht Kinder und droht weiter, falls ihre Wünsche nicht erfüllt würden, folge ihr Mann einem Rufe nach Göttingen.

Der Herzog möchte seinen Generalsuperintendenten nicht verlieren und zahlt.

Der Herzogin Luise gegenüber geht sie sogar so weit, *»des Herzogs Ehre und Moralität zu retten«* – sie meint damit die Liebesaffäre von Carl August mit der Schauspielerin Caroline Jagemann, wenn ihre Forderungen erfüllt würden.

Das reicht dem Geheimen Rat:

»Wie ich Ihre heftigen, leidenschaftlichen Ausfälle, Ihren Wahn, als wenn Sie im vollkommensten Rechte stünden, Ihre Einbildung, als wenn niemand außer Ihnen Begriff von Ehre, Gefühl, Gewissen habe, ansehn muß, das können Sie sich vielleicht einen Augenblick vorstellen. Ich erlaube Ihnen, mich wie einen anderen Theaterbösewicht zu hassen, nur bitte ich nicht zu glauben, daß ich mich im fünften Akt bekehren werde …«

Der Bruch ist besiegelt. Der Groll findet kein Ende. Herder ist mit seinen kirchlichen und schulischen Reformen inzwischen gescheitert. Caroline ist weit entfernt davon, sich selbst und ihrem Mann auch nur die geringste Schuld einzuräumen:

»O hätte mein Mann noch zu irgend etwas einen frohen Mut! Die Henker, die ihn hier erwürgt haben!«

Schatten stehen über der einst so glücklichen Ehe.

Johann Gottfried Herder stirbt am 18. Dezember 1803. Seine Frau bereitet in der ihr noch verbleibenden Zeit eine Gesamtausgabe seiner Werke vor und setzt ihm in ihren ›Erinnerungen aus dem Leben Johann Gottfried Herders‹ ein würdiges Denkmal.

Am 15. September 1809 folgt sie ihm, die ihre Lebensaufgabe nicht wie in jungen Jahren in der Geselligkeit, im Künstlerischen und Geistigen sah, sondern allein im Dasein für ihre Kinder und ihren über alles geliebten Johann Gottfried Herder, in die Ewigkeit. In den Beerdigungsnachrichten steht zu lesen:

»Den 17. September früh 2 Uhr wurde die in einem Alter von 60 Jahren verstorbene Hochedelgeborene Frau Maria Caroline Herder geborene Flachsland, weiland des Hochedelgeborenen und Hochgelehrten Herrn Joh[ann] Gottfried v[on] Herder, Herzog[lich] Sächs[isch], Weimarischen Oberconsistorial-Präsidenten, Oberhofpredigers, Generalsuperintendenten, auch Oberpfarrer bei allhiesiger Stadtkirche zu St. Peter und Paul hinterlassenen Witwe mit der ganzen Schule I. Klasse in das auf dem hiesigen Friedhof befindliche Stichlingsche Familien-Erbbegräbnis standesgemäß beigesetzt.«

Eingangsportal zum Herderschen Haus

113

CHARLOTTE VON KALB

»Du solltest nicht da sein.«

Charlotte von Kalb

Nicht das klassische Weimar ist für ihren vorübergehenden Aufenthalt in dieser Stadt bestimmend, sondern vielmehr die Liebesbeziehung zu Schiller, die Gegenwart Friedrich Hölderlins und das Verhältnis zu Jean Paul, dem vergötterten Liebling der Frauen.

Ihre Eltern, der Vater aus dem fränkischen Rittergeschlecht der Marschalk von Ostheim stammend, haben bereits zwei

Töchter, als Charlotte am 25. Juli 1761 als drittes Mädchen auf Schloß Waltershausen geboren wird. Der erwartete Knabe als Erbfolger blieb aus. So stehen über ihrer Wiege die schwerwiegenden Worte:

»Du solltest nicht da sein.«

Ein Omen für ein Leben voller Unruhe und Tragik?

Nach dem frühen Tod der Eltern wird Charlotte von Verwandten aufgenommen, die weder Verständnis noch Liebe für das empfindsame Kind aufbringen. Im Vordergrund stehen ihre Besitztümer, die zur Mehrung des Reichtums auf eine rasche, standesgemäße Verheiratung drängen.

Heinrich von Kalb, ein Sohn des Weimarer Kammerpräsidenten, wird ihr als Gemahl bestimmt. Ihm geht es weniger um Güter und Ländereien; er sucht eher Bestätigung und Ruhm als Offizier in pfalz-zweibrückischen Militärdiensten. Trotzdem, die Trauung wird 1783 vollzogen und bald darauf hat er das Verlangen, in die Garnison zurückzukehren. Charlotte begleitet ihn dabei bis Mannheim, wo sich beide, sicherlich auch innerlich, voneinander verabschieden.

Ihrer Neigung nach einer sinnvollen Lebensbereicherung folgend, verweilt sie – ohne zu wissen, wie lange der Aufenthalt dauern soll – in dieser Stadt und hat schon in kurzer Zeit Kontakte zu Künstlern und Dichtern. Sie lernt August Wilhelm Iffland, Sophie von La Roche und Heinrich Beck kennen und bald schon bildet sich zwischen ihnen ein Freundeskreis, in dem sie Schiller zum ersten Mal sieht.

Während der folgenden Spaziergänge, Theaterbesuche und Besichtigungen zu Zweit entspinnt sich über gemeinsame und verwandte Interessen hinweg eine immer tiefer greifende Zuneigung. Mit ihrem Lächeln und dem Glanz ihrer Augen ist es für sie leicht, Schiller in ihren Bann zu ziehen.

»… eine große, sonderbare weibliche Seele. Ihr reicher Geist ist nach Umfang und Tiefe, Kühnheit und Gewandtheit durchaus ungewöhnlich.«

So erscheint sie Schiller in einem Brief an Körner.

Bald sprechen beide über seine dichterischen Vorstellungen, in deren Mittelpunkt zu dieser Zeit ›Don Carlos‹ steht. Die Gestalt der Elisabeth nimmt dabei immer mehr Charlottes Züge an.

1784, Charlotte ist gerade ein Jahr verheiratet, weilt Großherzog Carl August in Darmstadt. Sie nutzt diese Gelegenheit, die Bekanntschaft des Herzogs mit dem Dichter zu vermitteln. Schiller liest ihm den ersten Akt des ›Don Carlos‹ vor. Eine sich andeutende Vermittlung nach Weimar nimmt ihren Anfang.

Die Grenzen zwischen Freundschaft, Herzens- und Seelenbindung sind längst verwischt, als von Kalb die entfesselte leidenschaftliche Liebe seiner Frau zu Schiller erkennt, toleriert und letztlich duldet.

Natürlich ist man versucht, nach außen die Etikette zu wahren. Sich selbst zu prüfen, den Freund nicht zu verletzen, die Frauenwürde und ihren gesellschaftlichen Rang zu erhalten, all das führt bei Charlotte zu qualvollen Auseinandersetzungen mit sich und ihrer fordernden Liebe. Ebenso erkennt Schiller, daß er diese Frau nicht besitzen kann und verläßt Mannheim.

Charlotte von Kalb kehrt 1786 nach Weimar zurück. Goethe schenkt ihr seine freundliche Aufmerksamkeit, Herzoginmutter Anna Amalia, Charlotte von Stein, Johann Gottfried Herder und der liebevolle Christoph Martin Wieland nehmen sie in ihre bewährte Runde auf.

Eine tatsächliche Trennung der beiden sich Liebenden ist offensichtlich noch nicht vollzogen. Über Schillers Besuch, ein Jahr nach Charlottes Rückkehr nach Weimar, erinnert sich seine spätere Schwägerin Caroline von Wolzogen in ihrem Tagebuch:

»Schiller begab sich im Frühling 1787 nach Weimar, wohin ihn seine Freundin F[rau] von K[alb] längst eingeladen hatte ...«

Erneut entbrennt die große Leidenschaft füreinander. Und so ist es für Charlotte selbstverständlich, den nunmehr achtundzwanzigjährigen Dichter in der Stadt bekannt zu machen, in die Gesellschaft einzuführen und am Hofe vorzustellen. Sie denkt jetzt auch an Scheidung, doch Schiller hegt Zweifel, ob er für immer mit dieser Frau glücklich sein könnte. Er schätzt ihre weltweite Bildung, ihren feinsinnigen Geist, ihren Charme, doch er selbst strebt nach Ruhe, Geborgenheit und Frieden.

An Körner schreibt er:

»Ich sehne mich nach einer bürgerlichen Existenz. Ich muß ein Geschöpf um mich haben, das m i r gehört, das ich glücklich machen kann und muß.«

Etwas mehr über das Verhältnis zwischen Charlotte von Kalb und Friedrich Schiller will Karl August Böttiger gewußt haben. Aus einer Notiz vom 15. Dezember 1794:

»Er [Herder] prodegirte einst das Liebesverständniß [sic!], das Schiller aus sehr selbstsüchtiger und unedler Absicht mit der Majorin v. Kalb unterhielt, und als diese auf einer Scheidung von ihrem Mann bestand, handelte sie wahrscheinlich nach seinen Eingebungen.«

Ganz gibt Charlotte die Hoffnung, Schiller fest an sich zu binden, noch nicht auf. Sie mietet 1795-1799 die zweite Etage im Haus Windischengasse 8, um ihm näher zu sein, obwohl sie auf Gut Waltershausen eine Bleibe gehabt hätte.

Vergebens: Schiller hat sich für Charlotte von Lengefeld entschieden.

Die Windischengasse

Viel Zeit muß vergehen, bis sich Charlotte von Kalb gefühls-
mäßig von Schiller löst. Und schon droht der Leidenden
neues Unheil. Die Brüder ihres Mannes haben durch Speku-
lationen das familiäre Vermögen dem Bankrott ausgeliefert.
Ein Anlaß für sie, recht schnell nach Waltershausen überzusiedeln in der Hoffnung, durch Einsparungen an Gut und
Geld zu erhalten, was noch zu retten ist.

In jenen Tagen trifft sie Friedrich Hölderlin, der gerade – man schreibt das Jahr 1793 – seine theologische Staatsprüfung bestanden hat. Vermittelt wurde diese Begegnung allerdings noch durch Friedrich Schiller. Wollte er ihr damit einen letzten Freundschaftsdienst erweisen, indem er Hölderlin als Vermögensberater und Erzieher ihres Sohnes empfahl? Bald wird in Charlotte von Kalb der Wunsch wach, in dem um neun Jahre jüngeren Mann einen Seelenfreund zu finden. Beglückt teilt er im Juli 1794 seinem Bruder mit:

»Sie [die Majorin von Kalb] trug mir auf, Dir zu schreiben, daß sie an die Fortdauer unserer Freundschaft glaube; denn wenn einmal Wesen zu diesem Zweck sich die Hand reichen, daß sie durch Anteil an allem sich stärken und emporhelfen, dann seien sie auf ewig verbunden.«

Ihr inzwischen vernebeltes Gefühlsleben und der schwer erziehbare Sohn lassen Hölderlin jedoch nach kurzer Zeit, im Mai 1795, seinen Dienst quittieren. Bedrückt, enttäuscht verläßt er Waltershausen und Weimar, obwohl er noch am 16. Januar 1795 seiner Mutter voller Optimismus geschrieben hatte:

»Ich bin jetzt in einer Periode, die auf mein ganzes künftiges Leben wahrscheinlich sehr entscheidend ist. Auch Herder, den ich einmal in Weimar besuchte, interessiert sich sehr für mich, wie mir soeben die Majorin Charlotte von Kalb schreibt, und läßt mir sagen, ich möchte ihn doch, sooft ich nach Weimar käme, besuchen. Dies wird auch ziemlich oft geschehen … Auch den großen Goethe sprach ich drüben. Der Umgang mit solchen Männern setzt alle Kräfte in Tätigkeit.«

Diesmal soll nicht viel Zeit vergehen, bis Charlotte von Kalb abermals eine neue Begegnung heraufbeschwört. Es ist Jean Paul, der schon als Student den Wunsch hatte, in der Residenzstadt Goethe und Herder kennenzulernen. Zwei wichtige Voraussetzungen fehlten ihm jedoch für dieses Vorhaben: Eine entsprechende Einladung und das notwendige Kleingeld. Eines Tages, im Jahr 1796, erfüllt sich sein Traum: Die ersehnte Einladung erhält er, aber nicht von Goethe oder Herder, sondern von Frau Charlotte von Kalb.

Ihr Verlangen, seine Arbeiten kennenzulernen, ist für sie Anlaß, diesen Mann zu einem Besuch nach Weimar einzuladen. Begeistert gibt Jean Paul seine Zusage und trifft am 9. Juni voller Erwartungen in der Musenstätte ein.

Bereits neun Tage nach seiner Ankunft notiert er:

»Ich hing liebkosend und weich an der Seele, die ich liebe. Du bist die Natur, du bist das Universum um mich, und ich gebe deinem nahen Herzen alles, was der große Geist um uns in meinem erschafft.«

Vielleicht ist es Liebe auf den ersten Blick, spontan entspinnt sich zwischen beiden eine tiefgehende Verbindung. Doch eine von Charlotte erstrebte Ehe lehnt er ab. Es gelingt ihm, sie von dem weitaus höheren Wert seiner Freundschaft zu überzeugen.

Jean Paul hat sein ursprüngliches Ziel erreicht. Charlotte ebnet ihm mit weiblichen Takt, mit Würde und Anstand den Weg zu den Weimarer Dichtern und Denkern.

Den Charakter der Linda in seinem ›Titan‹ widmet Jean Paul ganz und gar Charlotte von Kalb, als Dank in Erinnerung an ihre gemeinsame Zeit.

Sie selbst, seit 1806 verwitwet und das gesamte Vermögen in einem unglücklich verlaufenen Prozeß verloren, erblindet um 1820. Sie findet gastfreie Aufnahme im königlichen Schloß in Berlin.

Am 12. Mai 1843 geht hier ihr Leben – von Liebe und Leid, Großmut und Entsagung geprägt – zu Ende. Unter dem Titel ›Charlotte‹ diktiert sie, nichts mehr sehend, ihre aufschlußreichen, phantastischen, mitunter verworrenen Lebenserinnerungen.

Rahel Levin, bekannt durch ihren von einer besonderen Goetheverehrung geprägten Salon in Berlin, über Charlotte von Kalb:

»Frau von Kalb ist von allen Frauen, die ich gekannt habe, die geistvollste; ihr Geist hat wirklich Flügel, mit denen sie sich in jedem beliebigen Augenblick in alle Höhen schwingen kann.«

JOHANNA SCHOPENHAUER

Vierzehn Tage wollte sie in Weimar verweilen,
dreiundzwanzig Jahre sind daraus geworden …

Johanna und Adele Schopenhauer

Sie ist die Mutter zweier hochbegabter Kinder: des düsteren,
menschenverachtenden, unduldsamen Philosophen Arthur
Schopenhauer und Adele, Schriftstellerin, Malerin und Musi-
kerin von Rang. Am 9. Juli 1766 als Tochter des geschätzten
Danziger Ratsherrn Christian Heinrich Trosiener und seiner

Frau Elisabeth, geboren, hat sie schon recht früh das Bedürfnis, in die Hautevolee ihrer Vaterstadt aufgenommen zu werden. Ihr ausgesprochener Drang nach gesellschaftlicher Ausstrahlung deutet sich an, als sie am 16. Mai 1784 dem viele Jahre älteren Danziger Bankier Heinrich Floris Schopenhauer das ›Ja-Wort‹ gibt. Sehr früh schon, nach der Geburt ihrer Kinder, wird sie im April 1805 nach einem tödlichen Unfall ihres Mannes Witwe. Finanzielle Sorgen hat Johanna nicht.

Am 14. Mai 1806 besucht sie mit ihrer Tochter Adele Weimar. Wenige Stunden bereits nach ihrer Ankunft fühlt sie sich in der Weimarer Gesellschaft derart wohl, daß aus vierzehn vorgesehenen Aufenthaltstagen 23 Jahre werden. Sofort heimisch, läßt sie sich in einem kleinen Haus in der Esplanade nieder. Ihre ersten Eindrücke übermittelt sie ihrem Sohn Arthur am 26. Mai 1806:

»Der Umgang hier scheint mir sehr angenehm und gar nicht kostspielig, mit wenig Mühe und noch weniger Kosten wird es mir leicht werden, wenigstens einmal in der Woche die ersten Köpfe in Weimar, und vielleicht in Deutschland, um meinen Teetisch zu versammeln und im ganzen ein sehr angenehmes Leben zu führen. Die Gegend um Weimar ist nicht ausgezeichnet schön, aber recht hübsch, der Park ist wirklich sehr schön. Vom Theater verspreche ich mir großen Genuß; ich habe es dreimal besucht; es ist wirklich ausgezeichnet; in Hamburg haben wir kaum den Schatten davon …«

Dieser so hoffnungsvolle Beginn wird überschattet durch die schrecklichen Tage nach der Schlacht bei Jena.

Dank der Obhut französischer Offiziere bleibt sie von üblen Folgen verschont. Sie erinnert sich gegenüber dem Hofbibliothekar Anna Amalias, Karl Ludwig Fernow:

»Die bösen Tage zogen vorüber … Ein geselliges Verhältnis eigener Art, welches freilich nicht dauernd bestehen konnte, trat unter den Einwohnern von Weimar damals ein, das für den Augenblick höchst wohltätig auf die Gemüter wirkte. Die Gewalt, die Not, die alle ohne Unterschied des Standes und des Vermögens ergriffen, hatte auch zugleich gleichsam durch einen gewaltigen Ruck sie einander näher gebracht. Die Trennung

der Stände, die in einer kleinen Residenzstadt weit fühlbarer wird als anderswo, schien aufgehoben, man hatte wechselseitig in den bösen Tagen mit Rat, Hilfe und Trost einander beigestanden, manche Unbill gemeinschaftlich ertragen und fühlte deshalb bestimmter als gewöhnlich, daß sie eigentlich alle Mitglieder einer und derselben großen Familie wären ... Die hervorgebrachte Stimmung der Gesellschaft war auch mir Fremdling günstig, sie verschaffte mir leichter, als es vielleicht sonst geschehen wäre, eine freundliche Aufnahme und die angenehmsten geselligen Verhältnisse mit den edelsten und ausgezeichnetsten Einwohnern dieser an Männern, deren Ruhm und Namen noch in entfernte Jahrhunderte hinüberstrahlen wird, so reichen Stadt.«

In dieser schweren Zeit bereitet Johanna Schopenhauer ihre bald berühmt gewordenen Teeabende vor. Viel schneller als sie je gedacht hätte, geht ihr Wunsch in Erfüllung. Darüber schreibt sie am 28. November 1806 ihrem Sohn:

»Der Zirkel, der sich sonntags und donnerstags um mich versammelt, hat wohl in Deutschland und nirgends seinesgleichen; könnte ich dich doch nur einmal herzaubern. Goethe fühlt sich wohl bei mir und kommt recht oft. Ich habe einen eigenen Tisch mit Zeichenmaterialien für ihn in eine Ecke gestellt. Diese Idee hat mir sein Freund Meyer angegeben. Wenn er dann Lust hat, so setzt er sich hin und tuscht aus dem Kopfe kleine Landschaften, leicht hingeworfen, nur skizziert, aber lebend und wahr, wie er selbst und alles, was er macht. Welch ein Wesen ist dieser Goethe! Wie groß und wie gut! Da ich nie weiß, ob er kommt, so erschrecke ich jedesmal, wenn er ins Zimmer tritt; es ist, als ob er eine höhere Natur als alle übrigen wäre; denn ich sehe deutlich, daß er denselben Eindruck auf alle übrigen macht, die ihn doch weit länger kennen und ihm zum Teil auch weit näherstehen als ich. Er selbst ist immer ein wenig stumm und auf eine Art verlegen, wenn er kommt, bis er die Gesellschaft recht angesehen hat, um zu wissen, wer da ist. Er setzt sich dann immer dicht neben mir, etwas zurück, so daß er sich auf die Lehne von meinem Stuhle stützen kann; ich fange dann zuerst ein Gespräch mit ihm an, dann wird er lebendig und unbeschreiblich liebenswürdig. Er ist das vollkommenste Wesen, das

ich kenne ... Dann ist immer Meyer und Fernow da, beide auch gar interessant, jeder anders ... Dann kommen die Bertuchs, Dr. Schütze, ein sehr mittelmäßiger Dichter, aber sonst sehr gescheit, Dr. Riemer, der bei Goethe im Hause ist, auch ein sehr gebildeter, guter Kopf. Das sind die Hauptpersonen, meine gute Ludecus nicht zu vergessen, die unter dem Namen Amalie Berg manchen recht hübschen Roman geschrieben hat, und noch verschiedene Nebenpersonen, die anderswo Hauptpersonen wären. Um halb sechs versammeln sie sich.«

Die äußere Form dieser Abende ist sehr bescheiden.

»Ich gebe Tee, nichts weiter, das übrige Vergnügen muß von der Gesellschaft selbst ausgehen.«

In dieser Runde, gefördert durch die Gastgeberin, findet auch Christiane Vulpius, inzwischen Goethes Frau, ihre gesellschaftliche Anerkennung:

»Ich denke, wenn ihr Goethe seinen Namen gibt, können wir ihr wohl eine Tasse Tee geben.«

Aber auch Johanna Schopenhauer ist längst in der Weimarer Gesellschaft anerkannt. Am 14. November 1806 berichtet sie ihrem Sohn:

»Ich werde jetzt in Öl in Lebensgröße mit Adelen gemalt. Die Bardua ließ mich nicht eher in Ruhe, bis ich ihr zu sitzen versprach.«

Johanna Schopenhauers Verehrung für Goethe – sie begegnen sich am 12. Oktober 1806 zum ersten Male – bleibt kein Geheimnis. Er schätzt hingegen ihre Klugheit und Belesenheit. Zu ihrer großen Freude wird sie später Patin von Goethes Enkel Wolfgang.

Als der russische Publizist und Literaturkritiker Nikolai Gretsch im Oktober 1817 im Goethehaus zu Gast ist, bemerkt er recht schnell:

»Die bei Didot prächtig gedruckte Visitenkarte mit dem gewaltigen Titel eines Ehrenbibliothekars der kaiserlichen Bibliothek hatte die erwünschte Wirkung. Die Diener liefen hin und her. Ins Vorzimmer trat, um uns während der Vorbereitungen auf den Empfang zu beschäftigen, eine Schriftstellerin, fünfundvierzig Jahre alt – wie ich später erfuhr –, Johanna Schopenhauer, die zum Kreis der eifrigsten Verehrerinnen des genialen Goethes

gehört. In einem unangenehmen provinziellen Dialekt (welcher Provinz konnte ich nicht entscheiden) unterhielt sie sich mit Herrn Otto über die willkommenen Freuden des goldgelockten Herbstes ...«

Trotz der ihr nachgesagten ›Aussprache‹, kommen alle ihre Gäste gerne wieder.

»Es gab in der Schopenhauerschen Gesellschaft Unterhaltungen von der mannigfaltigsten Art, so daß man sich niemals genötigt sah, zu den stummen Spieltischen seine Zuflucht zu nehmen ... nach feiner Weltsitte ohne alle Umständlichkeit jeden in ihrem Kreise gewähren ließ, nicht das Wort führte oder mit anmaßlichen Gedanken den Ton angab, sich nicht mit Paradoxien zum Mittelpunkt des Kreises machte, sondern nur mit angenehmer Redseligkeit ... an den gemeinsamen Unterhaltungen ruhig-heiter mit fortspann ...«, beschreibt der Weimarer Theologe Stephan Schütze jene stadtbekannten Zusammenkünfte.

Jenny von Pappenheim, ein weiteres ›Rundenmitglied‹, dazu:

»Sie hatte eine unvergleichliche Art, sich selbst in den Hintergrund zu stellen und trotzdem, wie mit unsichtbaren Fäden, die Geister in Bewegung zu halten ...«

Das Haus Theaterplatz 1 mit der Wohnung von Johanna Schopenhauer. Rechts: Das Hoftheater, davor das Goethe-Schiller-Denkmal. Um 1900.

125

Die Bedeutung ihres ›Salons‹ verbreitet sich bald in ganz Deutschland und jeder geistvolle Besucher der Stadt legt größten Wert darauf, in Johanna Schopenhauers Umgebung eingeführt zu werden.

Nach ihrem Umzug in das Haus Theaterplatz 1 setzt Johanna Schopenhauer die zur Tradition gewordenen Teeabende aus der Esplanade in der neuen Wohnung fort.

Das Familienleben verläuft bei den Schopenhauers dagegen nicht immer harmonisch.

»Ich und du sind zwei!« ruft der junge Philosoph Arthur seiner Mutter zu, wenn wieder einmal Auseinandersetzungen bevorstehen.

Schließlich nimmt man kaum noch Notiz voneinander. Als Arthur 1814 seine Dissertation ›Über die vierfache Wurzel des Satzes vom zureichenden Grunde‹ der Mutter überreicht, bemerkt diese maliziös:

»… das ist wohl was für Apotheker.«

»Man wird es noch lesen«, entgegnet der Sohn, *»wenn von deinen Schriften kaum mehr ein Exemplar in einer Rumpelkammer stecken wird.«*

Voller Spott meint Johanna darauf:

»Von den deinen wird die ganze Auflage noch zu haben sein.«

Im Mai 1814, nach dem Bruch mit seiner Mutter, verläßt Arthur Weimar und zieht nach Dresden.

»Die Geschichte hat beiden recht gegeben. Zunächst der Mutter, deren Beliebtheit bis zu ihrem Tode anhielt, dann auch dem Sohne, der um die Mitte des Jahrhunderts sich endlich des späten, dafür aber dauerhaften Ruhms erfreuen durfte, der Johanna versagt blieb«, schreibt Stephan Koranyi in einem Nachwort zu Johanna Schopenhauers Roman ›Gabriele‹. Er erscheint 1819-1820*.

Diesem Roman ist die Widmung an drei Weimarer Hofdamen, Caroline Freifrau von und zu Egloffstein, Henriette von Pogwisch und Caroline Gräfin Egloffstein, vorangestellt:

»Meinen lieben und treuen Freundinnen zur Erinnerung an froh und traurig, aber immer treuer Liebe durchlebte Tage freundlich gewidmet …«

Drei Jahre nach Erscheinen des Romans publiziert Goethe seine Rezension der ›Gabriele‹ in seiner Zeitschrift über ›Kunst und Altertum‹.

Johanna Schopenhauer führt die Tradition klassischer Frauenromane fort, die mit der ›Geschichte des Fräuleins von Sternheim‹ von Sophie von La Roche und ›Corinna oder Italien‹ von Mme. de Staël am Ende des 18. Jahrhunderts einsetzt.

1823 beginnt sie zu kränkeln. Die abendlichen Soireen werden seltener. Ein neuer gesellschaftlicher Mittelpunkt bildet sich heraus: Es ist der Kreis um Ottilie, die Schwiegertochter Goethes und enge Freundin Adele Schopenhauers.

1829 verläßt Johanna Schopenhauer, inzwischen von finanziellen Sorgen belastet, vor allem auf Drängen ihrer Tochter das so vertraut gewordene Weimar. Der weitere Lebensweg führt über Unkel am Rhein nach Bonn, bis sie sich schließlich 1837, nachdem ihr Großherzog Carl Friedrich eine standesgemäße Rente bewilligt hat, in Jena niederläßt. Hier geht am 16. April 1838 ihr reiches Leben zu Ende.

»*Der weibliche Geist ergreift jetzt jede Blume im Gebiet der schönen Literatur, betrachtet alles und behält das Beste, mit nicht minderem Gelingen und nicht minderer Auswahl als der männliche.*«

Johanna Schopenhauer

CAROLINE FALK

»Hier ruhet in Gott
neb. ihrem jüngst. 16j. Sohn
Bernhard,
Frau Caroline Falk
geb. d. 14. Febr. 1778
gest. d. 21. Sep. 1841

Während Gott ihr sieben der eignen Kinder nahm, ward sie
fremden Kindern eine Mutter. Gott wird abwischen alle Thrä-
nen von ihren Augen.«

Diese Inschrift auf der Grabtafel läßt die an Opfern reiche
Liebe, aber auch die Schmerzen ahnen, die ihren Lebensweg
begleitet haben.

Caroline Falk, geborene Rosenfeld, ist verheiratet mit dem
aus Danzig stammenden Sozialpädagogen, Schriftsteller, Politiker und Satiriker Johannes Daniel Falk, Dichter des
Weihnachtsliedes ›O du fröhliche ...‹, 1806 als Festtagslied
geschrieben: eine Strophe für Weihnachten, eine für Ostern,
eine für Pfingsten ... , Patriot in Weimars schwerer Zeit,
Gründer der ›Gesellschaft der Freunde in der Not‹ und Vor-
denker zur Einführung der sozialen Fürsorge in Deutschland.

»Ja – ich fand in Caroline Rosenfeld die Frau, die seitdem mein
Leben erst ganz glücklich und sinnvoll machte. Mit ihr zog ich
dann nach Weimar. Das ist nun bald zehn Jahre her«, erinnert
sich Falk in einer Unterhaltung mit Johanna Schopenhauer
im Jahre 1806: *»... schon in früher Jugend zog es mich nach Wei-*
mar. Als dann Wieland auf mich aufmerksam geworden und in
seiner Zeitschrift ›Der Teutsche Merkur‹ meine Arbeiten aner-
kennend beurteilt hatte, knüpften sich bald die Fäden der
Freundschaft ... Der alte Herr bestärkte mich in meinem Ent-
schluß, nach Weimar überzusiedeln, was ich bis heute auch noch
nie bereut habe.«

Das war im Jahre 1797, als Falk in die thüringische Residenz
übersiedelte, um sein literarisches Schaffen nach Weimar zu
verlegen. Jahre später meint er verunsichert:

Caroline Falk

»Nein – es wird nichts – ich kann nichts mehr! Die Gedanken gehorchen nicht, und die Feder sträubt sich gegen all die läppischen Verse, die mir gerade noch einfallen ... wenn ich mein Geschreibsel gegen eine Zeile von Goethe oder Herder halte – ach, es ist zum Verzweifeln!«

Caroline spricht ihm Mut zu:

»Was hast du nur, Hannes? ... Da höre ich dich nun schon eine ganze Weile herumlaufen wie ein Tiger in seinem Käfig – hat es dich wieder einmal gepackt, dieses unnütze Mißtrauen gegen das eigene Können?«

Er glaubt wieder an sich selbst.

In der ersten Nummer der Zeitschrift ›Elysium und Tartarus‹ nutzt Falk alle beruflichen Mittel, besonders zwischen 1806 und 1813, seine Landsleute wachzurütteln und zu patriotischer Tat gegen Frankreich aufzurufen.

Am 24. September 1806 brandmarkt er das Unrecht an dem erschossenen Nürnberger Buchhändler Palm und schreibt seiner gedenkend:

»Frankreich, zittre den Posaunentönen,
Frankreich, fürchte den Vergeltungstag.
Deutsches Blut wird deutschen Ruhm versöhnen,
Deutsches Blut wird rächen Deutschlands Schmach!«

Am 14. Oktober 1806, die Franzosen stehen bereits vor den Toren Weimars, richtet er noch einmal scharfe Angriffe gegen diese heranrückende Macht. Nach der Schlacht bei Jena bleibt Falk in Weimar, obwohl seine Frau Caroline ihm die Flucht nahelegt, ihn dabei inständig bittend.

»Fliehen, daß die Welt mit Fingern auf mich zeigt, dem Helden mit dem großen Maule und dem kleinen Herzen? Hier ist mein Platz, und ich denke, an Arbeit wird's nicht fehlen«, entgegnet Falk.

Über diese grauenvollen Tage notiert sie:

»Welche Feder vermöchte die schreckensvollen Auftritte zu schildern, die unser armes, sonst blühendes Städtchen seit kurzem betroffen haben ... Fast kein Haus in der Stadt und auf dem Lande ist von den Plünderungen verschont geblieben ... Das Plündern währte drei Tage und drei Nächte fort.«

Entgegen allen Ratschlägen, Erlebnissen und Erduldungen bleibt ihr Mann. Er verdingt sich als Dolmetscher des französischen Stadtkommandanten. Es geht ihm vor allem darum, auf diesem Wege manche Not und manches Elend zu lindern.

Caroline:

»Unser Haus ist wie eine Akzise. Mein Mann ist früh noch nicht aus dem Bette, so stehen die Leute schon auf den Treppen und auf dem Saal; ihnen allen soll er helfen; schrecklich ist ihr Klagen.«

Falk geht seiner Berufung nach. Er schreibt sein ›Kriegs-büchlein. Darstellung der Kriegsdrangsale Weimars in dem Zeitraum von 1806 bis 1813‹. Danach erkennt selbst Friedrich Wilhelm Riemer, der selten etwas Gutes an ihm ließ, an:

»Falks brillanteste Zeit fiel in die Jahre von 1806 bis 1814, wo er ein öffentliches für Stadt und Land ersprießliches Leben führte, sich auch persönlich zu einer ansehnlichen, früher ihm ganz und gar abgehenden Erscheinung herausgebildet hatte und für eine der literarischen Nobilitäten Weimars gelten konn-te …«

1813 … Inzwischen kehrt der Herbst ein. Mit einem über-wältigenden Sieg der verbündeten Armeen Preußens, Österreichs und Rußlands setzt die ›Völkerschlacht bei Leip-zig‹ der napoleonischen Herrschaft ein Ende. Unter dem Jubel der Einwohner halten die siegreichen Truppen auch Einzug in Weimar. Die Stadt ist festlich geschmückt, die Glocken verkünden den Sieg.

Nur im Falkschen Haus herrscht die Stille des Todes. In einer erschütternden Anzeige im Wochenblatt ist zu lesen:

»Den 3. November 1813 endete Guido Falk, geboren den 1. Juli 1810, am Scharlachfieber. Acht Tage früher hauchte unsere sanfte Eugenia, ihres Alters sechs Jahre, ihre stille Engelsseele aus. Acht Tage vor ihr starb Cäcilie Falk, ebenfalls am Scharlachfieber. Drei Monate früher verloren wir nach dreimonatigem schweren Leiden unser viertes und jüngstes Kind Roderich. Wir bitten unsere Freunde und Bekannten, wenn ihnen dieses Leidens-verzeichnis zu Gesicht kommt, von ihrer innigsten Teilnahme bei so harten Schlägen des Schicksals überzeugt, um Schonung in unserem nur allzu gerechten namenlosen Schmerz.

Die gebeugten Eltern.«

Caroline Falk, am Ende ihrer Kräfte, findet in der fas-sungslosen Trauer eine aus mütterlichem Herzen kommende Antwort:

»Wir begreifen oft unter der schweren Last unseres Leides nicht gleich, weshalb das Schicksal uns so harte Prüfung bereitet. Aber es geschieht wohl nichts ohne tieferen Sinn in unserem Leben. Sollten wir nicht die Liebe, die wir unseren eigenen Kin-

Der Lutherhof, Radierung um 1830.
Die sechs Säulen im 1. Obergeschoß wurden 1850 beseitigt,
um »die leeren Räume in Stuben verwandeln zu lassen«.

dern schenkten, für immer auf die armen, verwaisten und verwahrlosten Geschöpfe übertragen ...«

Die im Mai 1813 von Johannes Daniel Falk gegründete ›Gesellschaft der Freunde in Not‹ erhält eine völlig neue Bedeutung. Caroline steht ihm ebenbürtig zur Seite.

Alle von den Mitgliedern eingegangenen Beiträge und Spenden werden für Saatgutaufkauf der im Krieg verarmten Bauern und für die Erziehung verwahrloster und elternloser Kinder verwendet. Die älteren Schützlinge bringt Falk vor allem in Handwerkerkreisen unter, die jüngeren nimmt seine Frau in die eigene Wohnung auf. Aus dem Falkschen Haus wird ein Kinderheim.

Als ›Mutter der fremden Kinder‹ opfert Caroline Falk ihre Mitgift und ihren Familienschmuck, um die aufgenommenen Zöglinge ernähren zu können. Ihr Mann verkauft seine Manuskripte.

1822 erwerben die Falks den baufälligen ›Lutherhof‹, ein Eckgebäude an der Einmündung der Marstallstraße zum Unteren Graben.

Mit all ihren Kindern, Knaben und Mädchen, Maiden und Burschen – im Jahr 1814 sind es immerhin 277 an der Zahl – erfolgt unter der liebevollen Aufsicht von Caroline und Daniel Falk der Ausbau und die Erweiterung des Lutherhofes zu einem Erziehungsheim für ihre Zöglinge.

Den Mitgliedern der Vereinigung der ›Freunde in der Not‹, ist es zu danken, daß jene Kinder und Jugendliche dem *»bürgerlichen Tod der Criminalgefängnisse und Zuchthäuser … glücklich entzogen …«* worden sind.

14. Februar 1826.

Der Tod ruft Johannes Daniel Falk von seinem segensreichen Wirken ab. Es ist der 48. Geburtstag seiner Frau. Caroline führt die Anstalt mit 69 Zöglingen vorbildlich weiter. Sie stirbt am 21. September 1841.

Während Johannes Daniel Falk als ›Thüringer Pestalozzi‹ in die Weimarer Geschichte eingeht, bleibt Caroline Falks beispielhaftes menschliches Tun weitgehend im Verborgenen.

Neben dem Goetheschen Familiengrab
die letzte Ruhestätte der Caroline Falk, Erbbegräbnis.

Das Komödienhaus

Auf der Bühne dieses Hauses standen:

CORONA SCHRÖTER

*»Die reizendste, anmutigste und geistvollste Künstlerin,
die in Deutschland jemals die Bühne betreten hat.«*

CAROLINE JAGEMANN

*»Nach wenigen Wochen war diese Zauberin
die angebetete Göttin von ganz Weimar.«*

CHRISTIANE BECKER-NEUMANN

*»Die schönste Blume im Kranz ihrer Tugend
war stille, anspruchslose Bescheidenheit!«*

Das Komödienhaus, rechts das Wohnhaus von C.M. Wieland

*»Mir ist am 15. dieses [Monats] in der Komödie von der
Kasse bis ins Parterre ein Taschentuch abhanden gekommen,
mit der roten Kante C. A. No. 6 gezeichnet. Der ehrliche Fin-
der wird gebeten, es gegen ein angemessenes Douceur
in der Expedition des Wochenblatts abzuliefern.«*
Weimarisches Wochenblatt, 22. Dezember 1810

Dame der Weimarer
Hofgesellschaft

Dame der Weimarer
Hofgesellschaft
in Straßenkleidung

CORONA SCHRÖTER

»Die reizendste, anmutigste und geistvollste Künstlerin, die in Deutschland jemals die Bühne betreten hat.«

Der 9. Januar 1777 ist für sie ein Tag von besonderer Bedeutung: Goethes satirisches Lustspiel ›Die Mitschuldigen‹ hat Premiere. Corona Schröter soll – dem Wunsche des Dichters folgend – erstmals auf der Weimarer Bühne stehen. Am Ende der Vorstellung wird das Stück als *»ganz unmoralisch«* beurteilt. Corona dagegen vom Publikum gefeiert.

Ein Leben für die schönen Künste ist bereits in ihrer Wiege zu ahnen. Am 14. Januar 1751 in einer Gubener Musikerfamilie geboren, verlebt sie ihre frühe Jugend in Warschau, ständig umgeben von Musik nahezu aller Instrumente, denn dem Vater schwebte vor, aus jedem seiner Kinder einen Solisten zu machen.

Vierzehnjährig, die Eltern wohnen inzwischen in Leipzig, singt sie bereits als Solistin im ›Großen Konzert‹, dem späteren Gewandhaus. In öffentlichen Auftritten bewundert, erhält Corona immer mehr Einladungen in begüterte Leipziger Familien, die die Tradition der Hausmusik pflegen und sich am zauberhaften Klang ihrer Stimme erfreuen. Mit zunehmender Konzerttätigkeit wächst aber auch die Zahl ihrer Verehrer, zu denen Schillers Freund, Christian Gottfried Körner, der Weimarer Jurist, Schriftsteller, Verleger und Kaufmann Friedrich Justin Bertuch sowie der durch die Vertonung Goethescher Gedichte bekannte Komponist Johann Friedrich Reichardt bis hin zum späteren Bürgermeister der Messestadt, Dr. Müller, gehören. Doch sie schlägt alle verführerischen Verlockungen und ernst gemeinten Anträge aus.

Sie liebt ihr Leben in Geselligkeit, Tanz und Spiel und entdeckt dabei immer mehr ihre Neigung zum Theater. Während einer Aufführung im Leipziger Bürgerhaus Breitkopf, der junge Jurastudent Goethe ist auch anwesend, begeistert sie ihre Zuhörer durch das gesprochene Wort.

Corona Schröter

»Sie würde eine unserer ersten Schauspielerinnen sein, wenn sie sich entschließen könnte, aufs Theater zu gehen«, sagt eine ihrer Zuhörerinnen voraus.

In Weimar hat sich der junge Goethe inzwischen so weit etabliert, daß er der Herzogin seine Vorstellungen über das weitere Spiel im Liebhabertheater, wo das dilettantische Auftreten der Hofdamen und Hofherren vorherrscht, nahebringen kann. Er will das Schauspiel künstlerisch niveauvoller gestalten. Dabei erinnert er sich an jene Auftritte der Corona Schröter im Hause Breitkopf in Leipzig. Kurzerhand beauftragt Herzogin Luise den zum ›Geheimen Legationsrat‹ ernannten Goethe, die junge Schauspielerin für den Weimarer Hof zu gewinnen. Es gelingt ihm!

Als sie am 16. November 1776 in Weimar eintrifft, ist sie die einzige Berufskomödiantin am Liebhabertheater, das im einstigen Redoutenhaus an der Esplanade spielt.

Seine Gedanken über die erneute Begegnung mit Corona Schröter schildert Goethe gegenüber Charlotte von Stein:

»Die Schröter ist ein Engel, wenn mir Gott doch so ein Weib bescheren wollte, daß ich Euch könnt in Frieden lassen ...«

Schon kurze Zeit nach ihrer Ankunft wird sie Kammersängerin der Herzoginmutter Anna Amalia und erobert sich durch ihre jugendliche Frische und Schönheit, ihr sicheres und majestätisches Auftreten, ihren hingebungsvollen Vortrag und den klaren Klang ihrer Stimme schon bald die Herzen des Publikums. Man rühmt an ihr das *»schön gemäßigte Spiel«*, das Junonische ihrer Gestalt, Majestät und Anstand, Wuchs und Gebärden, nebst so vielen anderen ernsteren Vorzügen, die sich in ihr vereinigten. Diese Vorzüge haben sie *»vor vielen anderen zu einer Priesterin Dianens berufen«*. Goethes Gedanken scheinen nur noch um sie zu kreisen:

»Sie öffnet ihren Mund, und lieblich fließt der weiche Ton, der sich ums Herz ergießt.«

Mit Corona Schröter erlebt die Weimarer Liebhaberbühne eine Renaissance. Die Aufführungen alter und neuer Bühnenwerke lassen das Theater zum Mittelpunkt des gesellschaftlichen Lebens in Weimar werden.

Einen Höhepunkt ihrer künstlerischen Laufbahn stellt die Rolle der Iphigenie in der Uraufführung der Prosafassung am 6. April 1779, mit Goethe als Partner, dar. Ihr erster Biograph, Robert Keil, berichtet darüber:

»Von dem Augenblick an, wo der Vorhang sich hob, und sie, die hohe schlanke Gestalt, in der griechischen Tracht, welche sie gerade am besten kleidete, mit ihrem reizenden, geistvollen Gesicht, ihren leuchtenden Augen, ihrer unnachahmlichen Grazie in jeder Bewegung, heraustrat in die Schatten des alten, heiligen, dicht-belaubten Haines vor Dianens Tempel, bis zu ihrer flehenden, rührenden Bitte an Thaos um ein holdes Wort des Abschiedes und zu dem Lebewohl des Königs, war sie in ihrer ganzen Erscheinung, in ihrer ganzen idealen, wahrhaft hellenischen Schönheit, in ihrem seelenvollen Spiel die hohe, edle, reine Seele, wie sie dem Dichter bei den Gestalten seines Meisterwerkes vorgeschwebt, wie er sie sich gedacht hatte, war sie die feinsinnige Repräsentantin sittlicher Wahrheit, weiblicher Größe und

Corona Schröter, gezeichnet von Goethe, im Gartenhaus
am Morgen des 19. Juli 1777.

*reiner Jungfräulichkeit. Sie stellte Iphigenie nicht nur dar – sie
war Iphigenie.«*

Ein ebenso einmaliges Ereignis ist die Uraufführung der
›Fischerin‹ am 23. Juli 1782, am Ufer der Ilm, im Tiefurter
Park.

Corona Schröter und Johann Wolfgang von Goethe,
in ›Iphigenie auf Tauris‹, 1779

»*Unter dem Gewölb der Nacht*« zwischen Bäumen und
Gebüsch nimmt Goethes »*Wald- und Wasserdrama*« seinen sze-
nischen Lauf. Corona spielt nicht nur die Hauptrolle, sie
komponiert außerdem eigens zu dieser Aufführung die Lieder
und singt zum ersten Male den ›Erlkönig‹.

Corona Schröter erfreut sich immer größerer Beliebtheit.
Wieland nennt sie »*Die schöne Schröterin*« in einem Brief an
Johann Heinrich Merck und ist entzückt von der »*attischen
Eleganz ihrer Gestalt*«. Falk vergleicht sie mit einer Juno.

Corona Schröter

Mit Carl August ist es anders: Er, der so manchen Schönen den Hof macht, wird vom ›Geheimen Rat‹ ziemlich energisch auf die Folgen einer Beziehung zu Corona hingewiesen. Das Verhalten des Großherzogs hatte in der Stadt bereits Aufmerksamkeit erregt; der Tratsch schien seinen Lauf zu nehmen, daß zwei Frauen, die Herzogin und Corona, unglücklich werden könnten. In seiner Tagebuchaufzeichnung vom 10. Januar 1779, lange versteckt, verrät der Dichter:

»Abends nach dem Konzert eine radikale Erklärung mit dem Herzog und Corona. Meine Vermutung von bisher teils bestätigt, teils vernichtet. Endet gut für uns alle, die ihr uns am Gängelbande führt.«

Carl August zieht sich zurück mit dem Bemerken: *»Marmorschön, aber marmorkalt.«*

1783 hört das Liebhabertheater auf zu bestehen. Ein Anlaß für Corona Schröter, Abschied zu nehmen.

Sie bleibt als Kammersängerin in Weimar, schließt Freundschaft mit Johannes und Caroline Falk sowie mit Charlotte und Friedrich von Schiller.

Ihre Glanzzeit auf der Bühne ist vorüber, verstärkt sucht sie jetzt ihre Bestätigung als Malerin und Komponistin. Auf einer Gemäldeausstellung 1787 erfahren ihre Bilder höchste Anerkennung. Ebenso finden ihre Kompositionen große Beachtung. 1786 und 1794 erscheinen die von ihr vertonten Liedersammlungen, wozu auch ›Der Taucher‹ gehört.

Ein schweres Brustleiden führt sie nach Ilmenau, wo sie ihre schöpferische Arbeit fortsetzt. Bis zuletzt auf Linderung durch die frische Waldluft hoffend, stirbt sie hier, in ihren letzten Lebensjahren bereits von der Welt gelöst, am 23. August 1802 *»ohne Schmerz, voll Sehnsucht und Wärme«* in den Armen ihrer Freundin Wilhelmine Probst.

Goethes Anteilnahme steht in den ›Annalen‹ von 1802:

»Corona starb; und da ich mich nicht gerade in der Verfassung fühlte, ihr ein wohlverdientes Denkmal zu setzen, so schien es mir angenehm wunderbar, daß ich ihr vor so vielen Jahren ein Andenken stiftete, daß ich jetzt charakteristischer nicht zu erreichen gewußt hätte. Es war ebenmäßig bei einem Todesfalle, bei dem Abscheiden Miedings, des Theaterdekorateurs, daß in ernster Heiterkeit der schönen Freundin gedacht wurde. Gar wohl erinnere ich mich des Trauergedichts auf schwarzgerändertem Papier, für das Tiefurter Journal reinlichst abgeschrieben. Doch für Corona war es keine Vorbedeutung; ihre schöne Gestalt, ihr munterer Geist erhielten sich noch lange Jahre; sie hätte wohl noch länger in einer Welt bleiben sollen, aus der sie sich zurückgezogen hatte.«

Ein Denkmal setzt ihr Goethe schon 1782 in seiner Ode ›Auf Miedings Tod‹:

»Ihr Freunde, Platz! Weicht einen kleinen Schritt!
Seht, wer da kommt und festlich näher tritt!
Sie ist es selbst; die Gute fehlt uns nie;
Wir sind erhört, die Musen sendet sie.
Ihr kennt sie wohl; sie ist's, die stets gefällt;
Als eine Blume zeigt sie sich der Welt;
Zum Muster wuchs das schöne Bild empor,
Vollendet nun, sie ist's und stellt es vor.
Es gönnten ihr die Musen jede Gunst,
Und die Natur erschuf in ihr die Kunst.
So häuft sie willig jeden Reiz auf sich,
Und selbst dein Name ziert, Corona, dich.«

Mitten im Tiefurter Park, am Ufer der Ilm, wo sie so oft auf der Naturbühne stand, erinnert ein Stein mit der kleinen Statue eines Amors an die begnadete Schauspielerin, deren Gesang Goethe verewigte:

»Dich hat Amor gewiss o Saengerin fuetternd erzogen
Kindisch reichte der Gott dir mit dem Pfeile die Kost
Schluerfend saugtest du Gift in die unschuldige Kehle
Und mit der Liebe Gewalt trifft Philomele das Herz.«

143

Caroline Jagemann

»Nach wenigen Wochen war diese Zauberin die angebetete Göttin von ganz Weimar«

»Meine theatralische Laufbahn wurde am 18. Januar 1797 mit ›Oberon‹ eröffnet, und die Direktion hegte eine so hohe Meinung von meinen Talenten, daß sie die Eintrittspreise erhöhte. Das Haus war zum Erdrücken voll. Wieland saß in der ersten Reihe des Parterres und war entzückt, die Figuren seiner Imagination mit seinem physischen Auge zu sehen. Ein über das andere Mal rief er aus: ›Das ist mein 'Oberon', so habe ich ihn mir gedacht!‹ Ich war aber auch in meinem damaligen Alter kein unwürdiger Repräsentant des kleinen Gottes, meine Erscheinung brachte eine allgemeine Erregung hervor, vielleicht deshalb, weil das Publikum so sehr mit der Mittelmäßigkeit hatte vorlieb nehmen müssen, auch meine beiden anderen Debüts als ›Prosper‹ in den ›Wilden‹ (1. März) und die Konstanze in der ›Entführung‹ (11. März) erregten enthusiastischen Beifall. Die Herzogin ließ mich zu sich kommen, um mich mit dem Ausdruck ihres Beifalls und dem Geschenke eines Kolliers und eines wunderschönen Kleides zu erfreuen ...« (Aus ihrer Erinnerung an den großen Einstand.)

Hofkapellmeister Eberwein meint über ihr Debüt:
»Als die Jagemann in der Vorstellung im Wolkenwagen erschien, glaubte man einen Engel zu sehen, der vom Himmel herniedersteige, um der Welt Friede und Freude zu verkünden.«

Caroline, ein Weimarer Kind, wird am 25. Januar 1777 als älteste Tochter des Bibliothekars der Herzogin Anna Amalia, Christian Joseph Jagemann, in einem kleinen Haus im Winkel der Luthergasse geboren. Kaum lesen gelernt, singt sie schon die schönsten Kinderlieder, hörbar bis in die Nachbarschaft.
»Der Herr Legationsrat ist empört. Durch laute Kinderstimmen ist er unsanft aus seiner Ruhe aufgeschreckt worden. So glockenhell und silberrein die Stimme der 10-jährigen Karoline

Jagemann auch klingen mag, einen hohen Staatsbeamten (Karl Kirms) in seinem wohlverdienten Mittagsschläfchen zu stören, ist unverzeihlich …«

Caroline Jagemann

Nach ihrem ersten Gesangsunterricht in der Vaterstadt empfiehlt und fördert Anna Amalia die weitere Ausbildung bei Iffland in Mannheim, wo Caroline bereits mit 15 Jahren öffentlich auftritt und sofort einen Vertrag erhält.

Zwanzigjährig kehrt Caroline Jagemann in ihre Heimatstadt zurück, wird mit dem Titel einer Kammersängerin ausgezeichnet und an das Hoftheater verpflichtet. In der Oper wie im Schauspiel stets vom Publikum bewundert und gefeiert *»... als die angebetete Göttin von ganz Weimar«.*

Am Freitag, 20. November 1801, notiert der englische Schriftsteller Henry Crabb Robinson:

»Es wurde ›Wallenstein‹ gegeben. Meine gespannten Erwartungen wurden durchaus nicht enttäuscht. Graff spielte den Wallenstein mitunter mit großem Affekt, besonders im Monolog im ersten Akt. Vor allem gefiel er mir durch sein Aussehen. Seine Haltung war so melancholisch und gedankenvoll, daß er Mitgefühl aufkommen ließ, wenn er nicht sprach. Voß als Max Piccolomini interessierte mich nicht besonders. Mlle. Jagemann als Thekla bezauberte mich durch ihre Person, ich glaube, ich habe nie zuvor eine so anmutige Gestalt gesehen; ihr Auge ist strahlend und lebendig, und ihre Stimme ist klar; ihr Spiel schien durchaus einstudiert zu sein und ermangelte nicht der Anmut, aber sie schien keine Seele zu haben.«

Der wohl wenig frauenfreundliche Arthur Schopenhauer schreibt im Jahre 1808 seiner Mutter:

»Dieses Weib würde ich heimgeführt haben, und wenn ich sie beim Steineklopfen an der Landstraße gefunden hätte ...«

›Die Erinnerungen der Caroline Jagemann‹ zeugen von der Selbstsicherheit, mit der sie in Weimar auf die Bühne geht:

»Zu Goethe trat ich nach dem Abschlusse meines Engagements in dieselbe Stellung, die ich in Mannheim dem Intendanten gegenüber eingenommen hatte. Die Unterhandlungen waren zwischen dem Hofkammerrat und meinem Vater geführt worden, wobei sich Goethe so steif und gerade verhalten hatte, wie er sich in seiner äußeren Erscheinung zeigt. Ich glaube auch nicht, daß ihm meine Akquisition besonders angenehm war, denn meine Stellung, mein Talent und meine Neigung entzogen sich der

sklavischen Unterwürfigkeit, in der er die Theaterdamen sich gegenüber zu sehen wünschte, doch war sein Empfang, als ich ihn als engagiertes Mitglied zum ersten Mal besuchte, überaus freundlich und verbindlich ... Ich gestehe mit Beschämung, daß damals nur gemütliche Eindrücke über meine Handlungen ent- schieden und daß ich den nächsten Schritt nicht überlegte, auch will ich nicht verhehlen, daß ich von Goethes besten Werken damals noch nichts kannte, was mich hätte veranlassen können, ihm die gewohnte Huldigung darzubringen ... Jetzt fiel es mir nicht ein, mich wie das übrige Theaterpersonal bei Goethe dadurch zu insinuieren, daß ich der Vulpius den Hof machte, so gut ich ihr auch war.«

Sie steht nicht nur auf der Bühne im Blickpunkt. Noch im ausgehenden 18. Jahrhundert entschließt sich Carl August zu einer festen Liaision mit ihr.

Seine eheliche Gemeinschaft war längst zerbrochen.

Die gefeierte Schauspielerin und Sängerin bewohnt das Deutschritterkomturhaus am Herderplatz. Durch die Vor- werksgasse ist es nur ein kurzer Weg zwischen dem Schloß und Carolines Haus.

Das Deutschritterkomturhaus

Im Jahr 1809 erhebt er sie als Frau von Heygendorf in den Adelsstand. Längst ist es in der Stadt kein Geheimnis mehr, daß die Primadonna die Geliebte des Landesregenten ist und ihm bereits drei Kinder gebar.

Ganz offiziell steht in der Chronik vom 8. August 1809:

»Auch in diesem Jahr schenkte der Herzog von Weimar der Demoiselle Caroline Jagemann, welche einige Jahre Schauspielerin und Hofsängerin war, und 1807 einen Sohn geboren hatte, demselben ein Gut bei Allstedt, namens Heygendorf. Er nannte ihn Herrn Baron Wolfgang von Heygendorf, auch erhielt Demoiselle Jagemann den Adel als Frau von Heygendorf.«

Der Klatsch blüht. Selbst Frau von Stein schließt sich dem Sog des Stadttratsches an:

»Demoiselle Jagemann hat die fürstliche Familie wieder mit einem Töchterchen vermehrt; man sagt, sie werde das Palais von der Herzoginmutter künftig beziehen oder bekommen. Man hatte Stroh in die Straße gestreut, wo sie in Wochen lag, um den Lärm der Fuhren zu dämpfen; darauf fand man ein Pasquill an ihrem Haus ›Huren müssen auf Stroh sterben‹. Die Polizei nahm es geschwind ab. Dieser kleine Hof soll mehr kosten wie der große; es macht im allgemeinen einen bösen Eindruck.«

Goethe schätzt nach wie vor das Können Caroline Jagemanns, leidet aber immer mehr unter ihrer selbstherrlichen und herrischen Art, mit der sie, die Gunst des Großherzogs nutzend, auf die Direktion und Regie des Theaters Einfluß nimmt.

Gegen des Dichters ausdrücklichen Wunsch setzt sie durch, daß in der Aufführung eines anspruchslosen Stückes ein Pudel seine Dressur zeigt.

1817 entledigt sich Goethe seiner Theaterintendanz. Ob die Hundeaffäre oder weitere Intrigen der Frau von Heygendorf ihn zu diesem Schritt veranlaßt haben, bleibt offen; denn gegenüber Eckermann äußert er:

»Sie bedurfte meiner Lehre nicht, sie tat instinktmäßig das Rechte, vielleicht ohne es selbst zu wissen.«

Auf der Bühne wird sie weiterhin bewundert, doch im Alltag steht das Publikum auf der Seite der duldenden Herzogin.

Nach dem Tode des Großherzogs nimmt die Primadonna Abschied von der Weimarer Bühne. Sie stirbt am 10. Juli 1848 in Dresden.

Caroline Jagemann als Sappho, 1822

Nach ihrem Ableben schreibt der Großherzog von Mecklenburg an ihren Sohn:

»Ich habe Ihre Mutter seit ihrem vierzehnten Lebensjahr gekannt und sie in dieser langen Reihe von Jahren immer gleich edel, liebenswürdig und im höchsten Grade ausgezeichnet gefunden.«

CHRISTIANE BECKER-NEUMANN

*»Die schönste Blume im Kranz ihrer Tugend war stille,
anspruchslose Bescheidenheit«*

Christiane Becker-Neumann

Sie gehört zu den Schauspielerinnen, die Goethes Bemühungen
als Regisseur und Intendant in der darstellerischen Schauspielkunst am wirksamsten unterstützt und seinen Vorstellungen von einem neuen Theaterstil zum Durchbruch verhilft.

Sechsjährig kommt sie, die am 15. Dezember 1778 in Kros-
sen geborene Christiane Luise Amalie Neumann, mit der
Bellomoschen Theatergruppe, der auch ihre Eltern angehören,
in Weimar an. Allein durch ihren Vater für den Theaterberuf

150

bestimmt, steht sie schon mit neun Jahren auf der Bühne. Ihre natürliche Anmut und schauspielerische Begabung erwecken beim Publikum lebhafte Aufmerksamkeit. Und Goethe verzeichnet 1791 in seinen Annalen: *»Kurz vor der Veränderung – der Begründung des neuen Weimarer Hoftheaters – starb ein sehr schätzbarer Schauspieler, Neumann; er hinterließ uns eine vierzehnjährige Tochter, das liebenswürdigste, natürlichste Talent, das mich um Ausbildung anflehte.«* Auch Anna Amalia kümmert sich mit mütterlicher Liebe um ihre weitere Förderung. Unter der Obhut Corona Schröters wird Christiane sehr rasch der Liebling des Weimarer Theaterpublikums.

Goethes Unterstützung soll schon bald Früchte tragen.

Ihre erste große Rolle spielt Christiane am 29. November 1791 als Prinz Albert in Shakespeares › König Johann ‹.

Anton Genast hinterläßt seine Eindrücke, die ahnen lassen, welchen Anteil der Dichter an der jungen Schauspielerin nimmt. Selbst auf den Proben hat sie *»wunderbare Wirkung«*, und Goethe hat Mühe, *»alle übrigen mit ihr in Harmonie zu bringen«.*

Und weiter schreibt er:

»Bei der Hauptprobe von König Johann zeigte Christiane nicht genug Entsetzen vor dem glühenden Eisen; ungeduldig hierüber riß Goethe dem Darsteller des Hubert das Eisen aus der Hand und stürzte sich mit solch grimmigem Blick auf das Mädchen zu, daß dieses entsetzt und zitternd zurückwich und ohnmächtig zu Boden sank. Erschrocken kniete nun Goethe zu ihr nieder, nahm sie in die Arme und rief nach Wasser. Als sie die Augen wieder aufschlug, lächelte sie ihm zu, küßte seine Hand, und bot ihm dann den Mund; eine schöne und rührende Offenbarung der väterlichen und kindlichen Neigung beider zueinander.«

Christianes Rollenfach ist vielseitig. Sie spielt Minna von Barnhelm und Emilia Galotti, Prinzessin Eboli in › Don Carlos ‹, Luise in › Kabale und Liebe ‹ und Amalie in › Die Räuber ‹. Sentimentale Mädchenrollen und eckige Knabenrollen beherrscht sie gleichermaßen wie das übermütige Lustspiel oder die große Tragödie.

Das Euphrosyne-Denkmal

Iffland meint:

»*Sie kann alles.*«

Wieland geht noch weiter in seiner Vorstellung über Christianes frühvollendete Schauspielkunst:

»*… wenn sie nur einige Jahre so fortschritte, würde Deutschland nur e i n e Schauspielerin haben.*«

Das Schicksal meint es anders. Erst fünfzehnjährig schließt sie mit dem Schauspieler Heinrich Becker die Ehe und bringt kurz hintereinander zwei Töchter zur Welt. Ihr zarter Körper ist offensichtlich den Anstrengungen des Berufs und der frühen Mutterschaft nicht gewachsen.

Am 14. Juni 1797 spielt sie zum letzten Male die Ophelia im ›Hamlet‹. Drei Monate später, am 22. September 1797, ist ihr kurzes Leben, geprägt von ununterbrochenen Erfolgen und Triumphen, vollendet.

Nach der Trauerfeier im Theater werden nur noch diese schlichten Worte gesprochen:

»Die schönste Blume im Kranz ihrer Tugend war stille, anspruchslose Bescheidenheit.«

Die Nachricht von ihrem Ableben erhält Goethe in der Schweiz. Tief betrübt schreibt er an Gymnasialdirektor Böttiger:

»Wenn sich manchmal in mir die abgestorbene Lust, fürs Theater zu arbeiten, wieder regte, so hatte ich sie gewiß vor Augen ... Es kann größere Talente geben, aber für mich kein anmutigeres. Liebende haben Tränen und Dichter Rhythmen zur Ehre der Toten, ich wünschte, daß mir etwas zu ihrem Andenken gelänge.«

In der Tat gelingt ihm die erhabene Elegie, der er den Namen ›Euphrosyne‹ gibt. In jener Rolle der Euphrosyne aus Weigels Zauberoper ›Das Petermännchen‹ sah er sie zum letzten Male. In dem großen elegischen Gedicht klagt der Dichter:

»nimmer bewegt sich Euphrosyne hervor, dir zu erheitern den Blick.«

Die Grabstätte von Christiane Becker-Neumann, auf dem Jakobsfriedhof in Weimar.

LOUISE SEIDLER

»Die Menschen, die sie malte und zeichnete, erschienen lebendig und unmittelbar«

Louise Seidler, Selbstbildnis, um 1815

»*Dieser Tage habe ich mir von Krausen die hiesige Zeich-nungsakademie zeigen lassen, wo ich gegen 30 junge Frauen-zimmer, viele vom Stande und alle wenigstens von den besten Bürgerlichen, beschäftigt fand. Einige, selbst von den kleinsten, zeichneten schon recht drollig.*«

Als Friedrich Schiller am 18. August 1787 diese mit einem Schuß von Humor oder auch Ironie gewürzten Zeilen an Christian Gottfried Körner schreibt, ist Louise gerade erst ein Jahr alt. Über drei Jahrzehnte später wirkt sie als berufene Hof-malerin und Kustodin der Gemäldesammlung in Weimar.

Am 15. Mai 1786, als Tochter des Jenenser Universitäts-Stallmeisters geboren, der seine Amtswohnung im Schloß hat, lernt sie bereits als Kind Goethe kennen, der meist bei ihren Eltern wohnt, wenn er sich in Jena aufhält. Bald erkennt der › Geheime Rat‹ dieses junge Talent und fördert ihre Liebe zur Malerei.

Nach dem ersten Zeichenunterricht bei Roux in Jena und Döll in Gotha geht Louise 1811 nach Dresden, wo sie bei Vogel und Kügelgen unter bester künstlerischer Anleitung arbeiten kann.

Im Jahre 1830 schreibt jemand aus Dresden:

»*Im Geiste sehe ich Louise mit ihrer Freundin Solger über den Markt gehen, im eindringlichen, aber immer ruhigen Ge-spräch, oft stille stehend, die Schultern in einen schönen, bunten Schal gehüllt, den sie anders als alle Damen etwas nachlässig malerisch, aber auf ihre völlig natürliche Art, trug, wie sie denn immer selbst war und nie etwas anderes sein wollte. Das blieb ihr auch im Verkehr mit den verschiedenartigsten Menschen eigen, unter denen sie nur das Gemeine mied.*«

Angetan von ihrem Fleiß, ihrem Wesen und ihrer Beschei-denheit wird sie für Goethe recht bald die »*liebe, sanfte Freundin*«, die »*liebe Undine*«, die »*liebe Schwester*« bis hin zur »*liebsten Louise*«.

Noch während der Dresdner Ausbildung erhält sie von Goethe die Erlaubnis, ihn zu malen. Sie erzählt darüber:

»*Das Original sprach sich – zu meinem höchsten Stolze – befriedigt darüber aus. Das Bild durfte mein Eigentum bleiben, damit es mir nützlich würde.*«

Carl August, inzwischen auf das talentvolle und kunstbe-
geisterte Mädchen aufmerksam geworden, ermöglicht der
jungen Louise nicht nur in Dresden die Fortführung der Por-
trätmalerei, sondern vielmehr folgt ein Stipendium für einen
einjährigen Aufenthalt in München und für weitere fünf
fruchtbare Studienjahre in Rom, Neapel und Florenz.

1823 wieder nach Weimar zurückgekehrt, erhält sie vom Hof
im Jägerhaus ihr Atelier mit freier Wohnung sowie ein kleines Gehalt. Befreundet ist Louise Seidler mit Friedrich Preller,
dem sie vor allem in seinen schweren Anfangsjahren als Kunstmaler verständnisvoll beisteht. In ihrem Schaffen ist sie
unermüdlich. Sie malt in Öl, Aquarell und Pastell. Ihre Bild-

Großfürstin Maria Paulowna nach ihrer Ankunft in Weimar,
gemalt von Louise Seidler

Goethes Enkelin Alma
Pastellbild von Louise Seidler, 1834

nisse, vor allem der Frauen aus Goethes Weimar, aber auch ihre Kinderbilder, sind das Schönste von ihr.

Die Malerin gibt neben ihrem bildkünstlerischen Werk dem klassischen Weimar noch mehr. Es sind ihre Memoiren, die sie im hohen Alter, fast erblindet, diktiert. Sie schildert die Menschen, wie sie ihr in ihrer Zeit erscheinen. Besonders innig wird sie, wenn sie von Goethe erzählt. Über seine Ehe mit Christiane Vulpius:

»Auch hier bewährte sich des großen Dichters Neigung für das Natürliche, wenn dasselbe auch nur tüchtig war.«

In den ›Erinnerungen der Malerin Louise Seidler‹ steht im Nachwort:

»Die Menschen, die sie malte und zeichnete, erschienen lebendig und unmittelbar. Die Künstlerin lauschte ihnen liebevoll-behutsam ihre Eigenschaften ab, ohne in das Einmalige der jeweiligen Individualität zu stark einzudringen. Sie versuchte eher, auszugleichen, abzurunden und liebenswürdig zu verklären.«

An ihrem Todestag, es ist der 7. Oktober 1866 in ihrem geliebten Weimar, ist Walther von Goethe bei ihr. Er spielt – auf ihren Wunsch – trostreiche Melodien für sie. Sie sagt noch, daß sie dadurch einen Vorgeschmack des Himmels habe, und schließt unter diesen Klängen die Augen für immer.

∂ ∂ ∂

Grabstätte der Louise Seidler
auf dem historischen Friedhof

∂ ∂ ∂

Louise Seidler, ›Römische Skizze‹

»Sie war unpraktisch wie ein kleines Kind …«

Gerade, als die Entscheidungsschlacht zwischen Napoleon und den Preußen bei Jena tobt, wird sie am 14. Oktober 1806 als Tochter des Medailleurs und Steinschneiders Friedrich Wilhelm Facius in Weimar geboren. Ein Anlaß, ihr den zweiten Vornamen ›Bellonata‹ zu geben.

Vor den einmarschierten und plündernden Franzosen flüchtend, finden ihre Eltern Aufnahme und Schutz bei Johanna Schopenhauer.

Nach den Wirren des Krieges nimmt ihr Vater die Atelierarbeit wieder auf. Angelica, ›eine wilde Hummel‹, wie sie sich auch später noch nennt, zieht es schon als Kind vor, lieber dem Vater beim Modellieren zuzuschauen als Schularbeiten zu machen. Mit zwölf Jahren fertigt sie ihre erste Medaille an.

Aufmerksam geworden auf sie durch den Weimarer Hofbildhauer Kaufmann, veranlaßt Goethe ihre baldige Ausbildung bei Louise Seidler. Zuvor hatte sie bei Baurat Steiner die ›Kunst der Perspektive‹ erlernt.

Als sie herangereift ist zum jungen Mädchen, kann Großherzog Carl August den Berliner Bildhauer Christian Daniel Rauch dazu bewegen, Angelica in die Lehre als Bildhauerin aufzunehmen. In der Berliner Prägeanstalt Lyos kann sie außerdem ihre Fähigkeiten im Stempelschnitt vervollkommnen. Unterkunft findet sie bei Carl Friedrich Zelter, dem Berliner Komponisten und Freund Goethes.

Offensichtlich durchläuft sie mit Bravour die Lehre. Vom *»geschickten und wundersamen«* Mädchen schreibt Zelter an Goethe, der aus einer kleinen Büste, die ihm Angelica schickt, erkennt:

»Wie sie das Glück hat … von des Meisters belebender Sonne erleuchtet und gefördert zu werden.«

Das für Zelter kleine *»Faciuschen«*, das ihm als ein *»gar freundliches Kind«* so nahe gekommen ist, kehrt 1835 zutiefst selbstbewußt nach der Ausbildung in ihre Heimatstadt Weimar zurück.

»*Fremden Menschen gegenüber*«, meint Adelheid von Schorn, »*benahm sich Angelica wie ein scheuer Vogel, der sich am liebsten stumm in einer Ecke verkriechen möchte. In Wirklichkeit war sie eine enthusiastische, feurige Person, die freilich von der Welt nichts wußte und sich nicht helfen konnte, denn sie war so unpraktisch wie ein kleines Kind …*«

Wieder in Weimar lebend, wendet sie sich in ihrem Schaffen dem Stein- und Stempelschnitt, der Kunst des Medallierens und der Bildhauerei zu. Auch sie wohnt, wie viele ihrer Künstlerkollegen, im Jägerhaus.

Sie hat das seltene Glück, drei Weimarer Großherzoginnen zu erleben: Unter Herzogin Luise verbringt sie ihre Kindheit, Jugend und Ausbildung. Unter der Großfürstin Maria Paulowna gelangt sie zum Höhepunkt ihres künstlerischen Schaffens. Ihren Lebensabend verbringt Angelica, als Großherzogin Sophie die Geschicke der Stadt und des Landes mitgestaltet.

Ihre bedeutendsten Arbeiten sind die Büsten der beiden russischen Zaren Nikolaus und Alexander. Für die Dichterzimmer im Schloß schafft sie die Bronze-Reliefs und die Figuren an den Türen nach Zeichnungen des Malers Bernhard Neher.

Ihrer einstigen Lehrerin Louise Seidler setzt sie das Grabdenkmal auf dem historischen Friedhof.

Fast unbemerkt stirbt Angelica Facius am 15. April 1887.

Grabstätte der Angelica Facius auf dem historischen Friedhof

MARIA PAULOWNA

»Die Großherzogin habe auch eine entschieden praktische Richtung, große Aufmerksamkeit auf alles und vorurteilsfreie Auffassung der menschlichen Verhältnisse«
(Goethe 1827 zu Kanzler von Müller)

Großfürstin und Großherzogin Maria Paulowna

Maria Paulowna, Tochter des Zaren Paul I. von Rußland und der Zarin Maria Feodorowna, einer württembergischen Prinzessin, am 16. Februar 1786 geboren, wird den Traditionen folgend der Mann für das Leben bald vorbestimmt: Der spätere Großherzog Carl Friedrich von Sachsen-Weimar-Eisenach.

Am 9. November 1804 trifft das junge Prinzenpaar in Weimar ein.

Über die langen Vorbereitungen zum Empfang schreibt Karl August Böttiger am 13. August 1804:

»In Weimar erwartet man jetzt mit spekulativen, langen Hälsen den trousseau der Großfürstin, der auf fünfzig Wagen auf dem Wege ist, und Ende Oktober das neue Ehepaar.«

Es sollen aber 80 Wagen gewesen sein, die vor der Ankunft des jungen Paares einfuhren. Sie bringen die Aussteuer der russischen Zarentochter, werden von Kosaken geleitet und von deren kleinen zottigen Pferden von Petersburg bis Weimar gezogen.

Die Russen in Weimar

Großherzogin Luise, die Prinzenmutter, hält die Vorbereitungen zum Empfang des jungen Paares im November 1804 selbstverständlich in der Hofsprache fest:

»L' idée d'aller à Naumbourg était une des mieux conçues de toute ma vie.

Je me tirais assez bien de ce part et le lendemain je fus ›unbefangen‹ à l'arrivée du jeune couple.

La femme est une charmante personne, remplie d'esprit, d'agréments et de grâce. Je n'en ai jamais vu de cet âge se mouvoir

avec tant de justesse et de facilité, ce qui prouve que sa tête est
fort bien arrangée, et avoir autant d'aisance de parler à un
chacun. Elle est assez jolie, et a l'air fort spirituel et fin et avec
cela pourtant quelque chose de bon.«

Die Herzoginmutter, Anna Amalia, Großmutter des Prinzen, sieht das Ereignis für Weimar bereits im September 1804 überaus erhaben und mit der ihr eigenen Strenge und Güte:

Der Einzug des Erbprinzenpaares am 9. November 1804

»Der Herzog ist dem jungen Ehepaar bis Küstrin entgegengegangen, die Herzogin wird bis Naumburg gehen, und ich werde sie in Geduld und Demut an der letzten Stufe der Treppe erwarten.«

Friedrich Schiller widmet seinen Epilog zur ›Glocke‹ am 9. November 1804 dem jungen Paar:

> »Ein frisches Glück erschien; im Hochgesange
> Begrüßten wir das junge Fürstenpaar;
> Im Vollgewühl, in lebensregem Drange
> Vermischte sich die tätge Völkerschar,
> Und festlich ward an die geschmückten Stufen
> Die Huldigung der Künste vorgerufen.«

Nicolas de Saint-Aignan schreibt acht Jahre danach:

»Die junge Erbprinzessin hat Geist und ist sehr gut erzogen. Aber trotz ihrer außergewöhnlichen Freundlichkeit merkt man, daß sie meint, man schulde ihr besondere Rücksicht. Herzog und Herzogin behandeln sie viel eher als eine russische Großfürstin denn als ihre Schwiegertochter.«

Ein gespanntes Verhältnis, wie einst zwischen Anna Amalia und Luise, gibt es aber nicht.

Darüber aus den Betrachtungen über das nachklassische Weimar von Adelheid von Schorn:

»… So sehr die Herzogin an ihrer Gabe, die Herzen der Menschen zu gewinnen, zweifelte, so fest war die Großfürstin von ihrer eigenen Unwiderstehlichkeit überzeugt.

Sie hatte von ihrer Mutter Pflichtgefühl gelernt und war darauf hin erzogen, eine fürstliche Stellung mit Pracht und Würde auszufüllen und ihre reichen Mittel zum Besten ihres Landes zu verwenden. Sie hat dieser Erziehung Ehre gemacht. Sie wollte gefallen – und es gelang ihr meistens; sie wollte sich populär machen – und es gelang ihr immer.«

Bis zur Übernahme der Regierung durch das Erbprinzenpaar sollten noch vierundzwanzig Jahre vergehen. Nach dem Tode Carl Augusts werden die Geschicke des Landes in ihre Hände gelegt.

Über die Feierlichkeiten zur Huldigung schreibt Franz David Gesky:

»1828, 12. August, Dienstag:

Um elf Uhr desselben Tages begann die Huldigung für den Großherzog auf dem Schloß. S. Exzellenz, der Wirkliche Geh.Rat und 1. Staatsminister, Freiherr von Fritsch, hatte den Vortrag. Herr von Conta, 1. Referendar, verlas die Akten. Sodann mußten die Landstände, Räte, Beamte und dergleichen ihren Eid schwören ... Mittags war große Tafel im Schloß und abends große Cour. Es wurden auch einige hundert Billets an Hofbeamte ausgegeben auf die Galerie des Schlosses.«

Cour am Weimarer Hof, unter der Regentschaft von
Großherzog Carl Friedrich

»Der einst geschlossene Bund«, meint Adelheid von Schorn, *»wurde ein segensreicher, denn die Gatten ergänzten sich auf das Schönste. Maria Paulowna war ihrem Gemahl an Geist, Tatkraft und Initiative überlegen, aber der vortreffliche Charakter des Großherzogs ersetzte, was ihm an Schärfe des Verstandes fehlte ...*«

Nach wie vor bleibt Maria Paulowna die russische Großherzogin und verfügt damit über nicht unerhebliche Geldmittel und politischen Einfluß, womit sie auch ihre karitative Wirk-

samkeit erhöhen kann. Darüber schreibt Eleonore von Bojanowski:

»Maria Paulowna hatte in einem genialen Erfassen der For-
derungen der Zeit die weiblichen Kräfte zum gemeinsamen
Dienst an der sozialen Not aufgerufen und in jenen Jahren des
Notstandes nach dem Kriege in Weimar das ›patriotische Insti-
tut des Frauenvereins‹ gegründet.«

Hier schließen sich die Frauen zusammen, um im Krieg
Hilfe zu bringen, später gilt es, gegen soziale Armut aufzutreten.

Aber auch in der Gestaltung des Stadtbildes und des Parkes um das Schloß Belvedere gehen erhebliche Impulse von
ihr aus. Ihr bildkünstlerisches Empfinden wird besonders
deutlich beim Aufbau des Westflügels des Schlosses, wo sie den
großen Dichtern der Klassik ein Denkmal setzt.

Der Hoftradition folgend besucht Maria Paulowna auch
nach dem Tode ihrer Schwiegermutter den Dichterfürsten, wie
Heinrich Peucer Anfang 1831 berichtet:

»Großherzogin Maria Paulowna hat die Sitte der verstorbe-
nen Herzogin Louise, Goethe wöchentlich am bestimmten Tag mit
einem Besuch zu beehren, aufgenommen und fortgesetzt …«

Selbst in ihren letzten Lebensjahren erinnert sie sich an
diese Zeit, wie W. Jahn im Herbst 1857 hinterläßt:

»Bei einer Festlichkeit in Weimar erzählte mir die Großherzo-
gin von ihrem Besuche, den sie bei Goethe acht Tage vor seinem
Tod gemacht, aber ohne daß beide die Nähe des Todes geahnt.«

Nach Goethes Tod schreibt Karl Leberecht Immermann, der
1837 als Gast in Weimar weilt, besorgt über das Goethehaus:

»Betrüben mußte es zu erfahren, daß bei der Majorennität der
Enkel vielleicht die Gefahr bevorstehe, dieses Heiligtum zer-
splittert zu sehen. Doch nur einen Augenblick dauerte die
Besorgnis. Die Großherzogin erklärte in meiner Gegenwart, sie
werde äußerstenfalls sich ins Mittel schlagen.«

Die Großherzogin strebt an, Tradition zu bewahren, der
Gegenwart feste Konturen zu verleihen, Zukünftiges umsichtig zu fördern. Im Mittelpunkt steht dabei die Musikpflege.
Sie wird zur Fürsprecherin der Berufung Franz Liszts zunächst
als ›Hofkapellmeister in außerordentlichen Diensten‹ und
bereitet ihm den Weg zum ersten Aufenthalt in Weimar vor.

Einzug der Gartenbaugesellschaft in der neu gegründeten Gartenschule

Einzug der Schü... denks...

Tischschmuck im Saale des Büchsen-Schützenhauses d.d. Schützen-Comp?.

Kirchgang der Bürger...

Anbau der Bürgerschule.

Blätter, Blüth...
Weimars Ju...
Mit dem Wuns...
Heil CARL ...
Ge...

Druck der lith. Anst. v. Fr. Walther, sen. das.

Erin...

Feier des 25 jährigen Regierungsju...
CARL ...
von Sachsen-...
am 15. ...

Pflanzung der ersten Bäume der Gartenbauschüler.

Ehrenschmuck in der Stahl u. Arm Brust Schützen Gesellschaft.

Groſsherzogl. Resi ...
Thr.

Schloſs d. Groſsherzogl
jungen Massen

Kinderfest in der Allee des

Büchsenschieſshauses

Eigenthum u. Selbstverlag von Wilh. Mauge in Weimar.

sehen,
ien,
lechten
dem

r Köniǵl. Hoheit des Groſsherzogs
ICH
isenach

Am 30. Oktober 1829 erlebt sie Niccolò Paganini in seinem einzigen öffentlichen Konzert in Weimar – der Anfang zur Einführung ständiger musikalischer Aufführungen.

Der 1856/57 entstandene Plan, für Wagners Opern-Tetralogie im Weimarer Park, am ›Stern‹, ein Festspielhaus zu bauen, scheitert. Ebenso das Bemühen, diesen Komponisten amnestieren zu lassen und nach Weimar zu berufen. Bei allem Wohlwollen zur Bewilligung dieser Vorhaben durch Maria Paulowna und ihren Sohn, dem regierenden Großherzog Carl Alexander, gehen diese Wünsche nicht in Erfüllung.

Dafür wird weiter mit ›parlamentarischen Granaten‹ geworfen. Provozierend schreibt der Mitbegründer der Deutschen Schillerstiftung, Karl Gutzkow:

»Die regierende Großherzogin, eine Zarentochter, lud, so hieß es, alle vierzehn Tage weimarsche und jenaische Elemente zum Tee ein. Aber es wollte nichts mehr von Weimar recht ausgehen, nichts mehr zünden, die Stadt war als Deutschlands delphisches Orakel in Verfall gekommen ...«

Adelheid von Schorn, inzwischen hochbetagt, schreibt dagegen im Jahre 1910:

»Vergessen wir nicht, daß Carl Friedrich und Maria Paulowna das Erbe einer schöpferisch großen Zeit antraten, deshalb war es nicht leicht, etwas Neues zu schaffen; solche Menschen, wie sie hier vereinigt gewesen waren, gab es überhaupt nicht mehr, es war also vergeblich, sie zu suchen. Aber auf dem Gebiet praktischer Kunstpflege und sozialer Fürsorge ließ sich auch ohne geniale Schöpferkraft weiterbauen. Und hier setzt die Tätigkeit des Fürstenpaares ein.«

Fünfundzwanzig Jahre haben Carl Friedrich und Maria Paulowna gemeinsam regiert. Am 8. Juli 1853 stirbt der Großherzog.

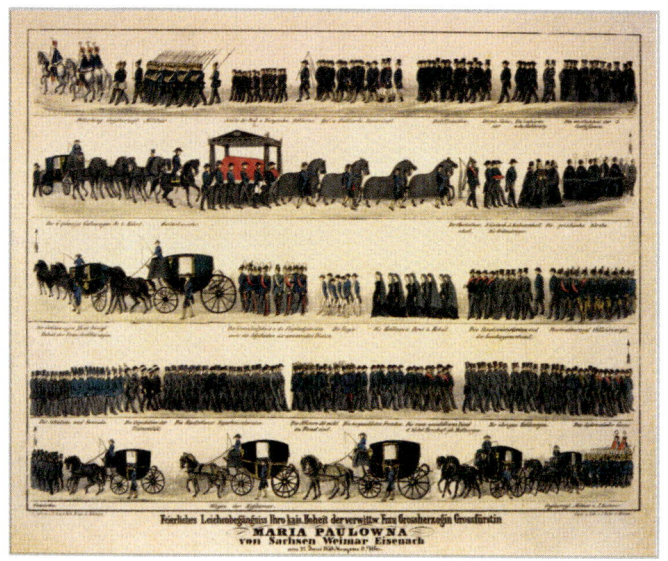

Trauerzug für Maria Paulowna

Im Herbst 1854 sind es fünfzig Jahre, seit die junge Großfürstin in Weimar eingetroffen ist. Den 9. November, den Einzugstag, begeht die alternde, schwerhörige Frau mit wehmütiger Freude.

Am 23. Juni 1859 erlischt auf einem ihrer Lieblingsplätze, im Schloß Belvedere, ihr Lebenslicht.

Über den Trauerzug berichtet die damals achtzehnjährige Adelheid von Schorn:

»Am 27. Juni wurde die sterbliche Hülle der Zarentochter zur Ruhe bestattet. Früh um acht Uhr setzte sich der Leichenzug von der griechischen Kirche an der Ackerwand, wo die Leiche aufgebahrt war, in Bewegung und zog über den Fürstenplatz und den Markt nach dem Friedhof …«

Die Fürstin wird in der Gruft der russisch-orthodoxen Kapelle beigesetzt. Ein Mauerdurchbruch zur Fürstengruft ermöglicht, daß ihr Sarg neben dem ihres Ehegatten steht, doch jeder im Gebäudegewölbe seiner Konfession, der Fürstengruft und der russisch-orthodoxen Kapelle.

171

Der ›letzte Wille‹ der Großherzogin:

»Diejenigen, denen ich Ärgernis bereitet und Unangenehmes zugefügt habe, mögen mir verzeihen. Meine Absicht war stets nur darauf gerichtet, Gutes zu stiften, aber, wie jedermann weiß, auch hinter dem besten Willen bleibt die Erfüllung weit zurück. Ich trage niemandem etwas nach, lebe, wie ich zu sterben hoffe in dem Bewußtsein herzlichster Liebe und innigen Wohlwollens für meine Kinder und Angehörigen, wie für all diejenigen, die ich geschätzt und gekannt habe, und danke allen für die vielen Beweise von Liebe und Anhänglichkeit, die sie mir gegeben haben.

Ich segne das geliebte Land, in dem ich gelebt habe, ich segne auch mein russisches Vaterland, das mir so teuer ist, und besonders meine dortige Familie. Ich bitte Gott, daß er hier und dort alles zum besten lenken, das Gute erhalten und erblühen lassen möge, und meine hiesige, wie meine russische Familie stets unter seinen mächtigen Schirm nehmen wolle.«

Die ›Russisch-Orthodoxe Kapelle‹
auf dem historischen Friedhof

Schloßpark Belvedere,
im ›Russischen Garten‹

»Belvedere konnte sich nach allen botanischen Richtungen hin sehen lassen und zog darum auch manchen dahin, welcher sonst wohl kaum das anspruchslose Lustschloß aufgesucht hätte. In dieser Beziehung erstieg es im Jahre 1835, d.i. zu einer Zeit, wo die Versammlung deutscher Naturforscher und Ärzte in Jena tagte, seinen Höhepunkt. Zu einem dieser Versammlungstage nämlich war durch die Huld der regierenden Großfürstin MARIA PAULOWNA, die ganze Versammlung zu einem Festessen in die Gewächshäuser eingeladen. Nie hat Belvedere einen so großen Kreis hochberühmter Männer wieder gesehen; und wer diesen Tag erlebte, wird sicher beistimmen, wenn ich sage, daß er in der Geschichte Belvederes als ein hochbedeutsamer angesehen werden mußte.«

(Karl Müller: Erinnerungen an Belvedere.)

173

AUGUSTA

Von der Weimarer Prinzeß zur Deutschen Kaiserin

Augusta, zusammen mit ihrer Mutter

»Am 30. September 1811, als schon das Morgenrot der Befreiung Deutschlands aus tiefster Erniedrigung am Himmel stand und der große Komet seine Flammenzeichen zunächst zwar wohl als Kriegsverkünder, doch zugleich auch als Herold besserer Zeiten über das Firmament zog, – da öffneten sich zwei große, blaue Augen dem Lichte des dämmernden Tages: A u g u s t a , die zweite Tochter des Erbprinzen Carl Friedrich von Sachsen-Weimar und der Erbprinzessin Maria Paulowna, Großfürstin von Rußland, ward geboren … , umgeben von einem Prestige, welches sie vor allen anderen auszeichnete: daß sie eben in Weimar geboren war an den Stufen eines Thrones, von dem aus der Geist die ganze gebildete Welt beherrschte …«

Mit diesen Worten leitet Gräfin Eufemia von Adlersfeld-Ballestrem das Lebensbild der Kaiserin Augusta ein.

174

Kaiserin Augusta

Fast bescheiden dagegen wird dieses Ereignis in den ›Bruchstücken einer Chronik zwischen 1806 und 1835‹ in Weimar erwähnt.

»1811

29. September, Sonntag: [richtig: 30. September]

Des Nachts wurde I. Kaiserl. Hoheit, Frau Erbprinzessin, glücklich mit einer gesunden Prinzeß entbunden. Gegen drei Uhr früh wurde mit allen Glocken geläutet, aber nicht geschossen, und gleich nach drei Uhr ertönte die Musik auf dem Stadtturm.

6. Oktober, Sonntag: Im ganzen Lande wurde die glückliche, frohe Entbindung gefeiert und abend sieben Uhr wurde nach dreimaligem Läuten die Prinzeß getauft ... Ihr Name ist Marie Luise Augusta Katarina ...«

Prinzessin Augustas frühe Kinderjahre verlaufen in einer politisch schwerbewegten Zeit.

Der Feldzug Napoleons und des alliierten Deutschlands gegen das eigene Vaterland lastet drückend auf Sachsen. Erst der Einzug der Verbündeten am 9. April 1814 in Paris führt zur Abdankung Napoleons.

Unabhängig von diesen Zeitereignissen wird am erbprinzlichen Hof in Weimar mehr als sparsam gelebt. Das bezieht sich nicht nur auf Kleidung und Luxus, sondern auch auf die Ernährung. Auf dem Speiseplan stehen vorwiegend Schwarzwurzeln. Die Kaiserin erzählt darüber später, »*daß die schlechte Ernährung in den zarten Tagen der Kindheit wohl die Schuld trage an der mangelnden Widerstandsfähigkeit ihres Körpers ...*«

Inzwischen ist die Zeit herangereift, eine Erzieherin für die kleine Prinzessin zu benennen.

Die glückliche Wahl für diese verantwortliche Stellung fällt auf eine Frau Amalie Batsch, eine Professorenwitwe. Ein ganzes Leben lang soll Frau Batsch ihrem Zögling die »*geliebte Bata*« bleiben.

Noch mit der Orthographie ringend, schreibt die knapp Zehnjährige:

»*An der Frau Professorinn Batsch in Belweder.*

Liebe Bata.

Wie befinst Du Dich, ich habe gehört Du wärst noch nicht wohl das hat mich recht gedauert, aber ich hoff das es besser werden wird. Frau von Hopfgarten läßt Dich vihlmal grüßen und Dir auch Gesundheit wünschen. Grüße mir die Crako, die Sakalo und die übrige Gesellschaft.

Übriens bitte ich Dich mir recht oft zu schreiben.

Adieu liebe gute Bata

Deine Auguste«

Ihre weiteren Lehrer werden unter dem Einfluß Goethes ausgewählt. Dazu gehören der Kunstmaler Heinrich Meyer, die Hofmalerin Louise Seidler, Kapellmeister Hummel, Goethes Sekretär Professor Riemer, Konsistorialrat Horn sowie der Altphilologe und Hellenist Professor Hand.

1822 darf Augusta erstmals ihre Eltern zum Seebad Wangeroog und nach Pilsen begleiten, um *»… die junge Prinzessin an andere Horizonte und andere Menschen heranzuführen«*, schreibt Großherzog Carl Alexander von Sachsen später und fügt hinzu: *»… Das Lernen wurde ihr nicht schwer, aber nicht leicht das zu Erlernende, soweit sie nicht eine besondere Vorliebe dafür hegte … Die geistige Atmosphäre, die sie in Weimar gewöhnt war, entfernte sie von dem Kleinlichen …«*

Vom Oktober 1824 bis Juni 1825 dauerte ihre erste wirklich große Reise nach St. Petersburg. *»Damit nichts vergessen werde«*, wird Professor Hand als Lehrer mitgenommen, und die gute alte Frau Professor Batsch selbst aus der Ferne nicht vergessen:

» St. Petersburg
Liebe gute Bata.
Verzeihe mir, daß ich schon so lange her Dir nicht geschrieben habe. Ich erkenne meine Schuld ganz und will es jetzt wieder gut zu machen suchen …«

Zurückgekehrt aus Rußland, soll das Jahresende 1825 die Zukunft ihres jungen Lebens entscheidend bestimmen. Anläßlich der Verlobung ihrer Schwester Maria mit dem Prinzen Carl von Preußen begegnet sie zum ersten Mal dessen Bruder, Prinz Wilhelm von Preußen, der allerdings zu dieser Zeit eine enge Herzensbeziehung zu Prinzessin Elise Radziwill, durch deren Mutter ihm blutsverwandt, hegt. Die Staatsraison trennt jedoch beider Wege. Über diese erste Begegnung mit Augusta teilt er seinem Freunde, dem General von Natzmer, ein Jahr später, am 21. Dezember 1826, mit:

»In Weimar habe ich eine sehr angenehme Zeit passiert, – obgleich es Momente für mich gab, die höchst schmerzlich sein mußten, da ich ein Glück erstehen sah, wie ich es erst vor Monaten verloren hatte! – Der Befehl zu dieser Reise ist ein Beweis, daß mir das Leben nicht leicht gemacht wird.«

Daß man von nun an die Aufmerksamkeit des Prinzen auf die junge Prinzessin lenkt, darf als sicher angenommen werden.

Am Bekenntnis der Urgroßmutter Anna Amalia, etwa 70 Jahre zuvor: *»Man verheiratete mich so, wie gewöhnlich man Fürstinnen vermählt …«*, hatte sich nichts geändert.

Im Februar 1827 kommt der Prinz zu einem mehrwö-
chentlichen Aufenthalt nach Weimar. Noch nicht ganz eingeführt in die Welt, nimmt Augusta, gerade sechzehn Jahre alt,
an einem Hofball teil, den ihre Mutter aus gegebenem Anlaß
vorbereitet. Danach schreibt Heinrich von Gagern an den
Freiherrn vom und zum Stein:

*»Prinz Wilhelm ist die edelste Gestalt, die man sehen kann ...
immer voll Würde. Unsere Prinzessin Augusta schien ihn sehr
anzuziehen. Die Berliner träumen schon von einer zweiten Verbindung.«*

Die Wege sind geebnet.

Darüber in den Aufzeichnungen von Franz David Gesky:

»1828

*24. Oktober, Freitag: Prinz Wilhelm von Preußen erhielt von
seiner Königl. Hoheit, dem Großherzog, das Ja-Wort wegen der
Anwerbung um I. Königl. Hoheit, der zweiten Prinzeß, Augusta
von Weimar. Diese Feierlichkeit wurde auf dem Schloß vollzogen.*

1829

*13. Februar, Freitag: S. Königl. Hoheit, der Großherzog, neben
der Großfürstin und der verwitweten Großherzogin, hat in fei-
erlicher Privataudienz den besonders beglaubigten Königl. Preuß.
Wirklichen Geh. Rat, außerordentlichen Gesandten und bevoll-
mächtigten Minister, Herrn von Jordan, Exzellenz, empfangen.
Er überbrachte die förmliche Anwerbung S. Majestät, des Königs
von Preußen, um die Hand der Prinzeß Augusta, Herzogin von
Sachsen-Weimar, für den Prinzen Wilhelm von Preußen, den
zweiten Sohn des Königs von Preußen, die mit freudiger Zustimmung empfangen wurde.*

*Den 16. erfolgte die feierliche Verlobung des durchlauchtigsten
Brautpaares.*

*25. und 26. Mai: Die Mitgabe ihrer Hoheit, der Prinzessin Her-
zogin Augusta, wurde auf dem Schloß in den Zimmern ihrer
Hoheit, der verwitweten Frau Großherzogin, ausgestellt. Jeder
anständigen Person, sowohl von Bürgern als auch den Landbe-
wohnern, wurde der Zutritt gestattet. Sechs Zimmer nacheinander
waren ausgeschmückt von allerhand Kostbarkeiten, welche der
teuren Braut mitgegeben wurden.*

Symbol der Ehe

3. bis 7. Juni: Abschied und Abreise ihrer Hoheiten, der Prinzeß Marie Luise Augusta Catharina, Herzogin von Sachsen-Weimar-Eisenach, als Braut und S. Königl. Hoheit, des Prinzen Wilhelm von Preußen, als Bräutigam.

Am Pfingstsonntag, dem 7. Juni, hielt Horn seiner Schülerin beim Gottesdienst die Abschiedsrede und unter strömendem Regen setzte sich der Zug in Bewegung, welcher Prinzeß Augusta ihrer alten Heimat entführte ...«

»*Am 11. Juni 1829 wurde abends 7 Uhr die Vermählung mit Entfaltung aller traditioneller Pracht des preußischen Königshauses gefeiert ... Im Moment des Ringwechsels dröhnte der erste von 72 Kanonenschüssen ...«*, berichtet Gräfin Adlersfeld-Ballestrem.

Einen Tag später bezieht das jungvermählte Paar das Palais Unter den Linden.

Durch ihre geistigen Vorzüge, ihren Kunstsinn, ihre edle Humanität und Wohltätigkeit gewinnt Prinzessin Augusta bald eine überaus große Achtung und gefeierte Stellung am Hof.

Die Erziehung ihrer beiden Kinder, des späteren Kaisers und Königs Friedrich III. – er starb 1888 nach einer Regierungs-

Palais Unter den Linden

zeit von 99 Tagen – und der Prinzessin Luise, nachmalige Großherzogin von Baden, überwacht die junge Mutter mit verständnisvoller Sorgfalt.

1849 wird Prinz Wilhelm von Preußen zum Generalgouverneur der Rheinlande und Westfalens mit überwiegend ständigem Aufenthalt in Koblenz ernannt. Augusta verbindet schnell ein liebevolles Verhältnis zu dieser Stadt. Sie achtet und schätzt die Einwohner ebenso wie das ländliche Volk. Die Ereignisse der jüngsten Vergangenheit mögen gerade hier viel dazu beigetragen haben, daß sich ihre liberale Gesinnung immer mehr auf das Handeln ihres Mannes überträgt. Die Kluft zwischen ihm und der konservativen Regierung seines zunehmend geistig erkrankenden Bruders wird spürbar größer.

Aber auch nach der Krönung zum König von Preußen am 2. Januar 1861 nehmen die Konflikte mit der Landtagsmehrheit zu. Augusta wird aus ethischen Gründen zur regelrechten Gegnerin der Politik Otto von Bismarcks. Ihm gelingt es, ihren bisherigen Einfluß auf die Regentschaft erheblich einzuschränken. Trotzdem übernimmt der König in den Kriegen gegen Dänemark, Österreich und Frankreich den Oberbefehl. Augusta widmet sich der Pflege verwundeter und erkrankter Krieger und hat nicht geringen Anteil am Zustandekommen der Genfer Konvention. Sie wird Mittlerin der über ganz Deutschland verbreiteten Vereine, die für die Truppen im Felde und für die Verwundeten sorgen.

Auf ihre Art ist sie aber auch ›soldatisch‹. Sie komponiert den Armeemarsch Nr. 102. Ihren Namen trägt das Königin-Augusta-Garde-Grenadier-Regiment Nr. 4 in Berlin.

Ihre Zeit als Königin von Preußen schildert Jenny von Gustedt:

»Je größer Preußens Bedeutung wurde, desto größer wurde auch ihr, der Königin Wirkungskreis. Sie hatte es sich zum Ziele gesetzt, die Wunden, welche die Politik schlug und schlagen mußte, mit der weichen Hand der Frau zu heilen, und auch das ist ihr vielfach zum Vorwurf gemacht worden. Immer wieder wollte sie zeigen, daß die Politik eines Menschen uns falsch, ja sogar verderblich erscheinen kann, ohne daß der Mensch selbst deshalb verdammenswert ist … Was sie mit dieser Gesinnung Gutes gestiftet hat, ist unberechenbar, das geistig Kleinliche mit dem politisch Kleinlichen verschwinden zu lassen.«

So ist es auch ihr Verdienst, daß Wilhelm I. erst nach dem Sieg über Frankreich und nach der Zustimmung aller Landesfürsten in die Proklamation zum deutschen Kaiser einwilligt.

Am 18. Januar 1871 wird die einstige Weimarer Prinzeß Deutsche Kaiserin.

Symbol der Kaiserwürde

Das Brandenburger Tor in Berlin

»Nicht sichtbar, wie am 2. Januar 1861 zu Königsberg, senkte die neue Krone sich herab auf das demütig geneigte Haupt der ersten deutschen Kaiserin … Während in Versailles die Luft von den Hurrarufen der siegreichen Truppen erzitterte, beteten im Berliner Dom die Lippen der Kaiserin: Nun danket alle Gott …«

Zur gleichen Stunde wird im Spiegelsaal des Versailler Schlosses die Proklamation ›An das deutsche Volk‹ verlesen, *»… allzeit Mehrer des Deutschen Reiches zu sein, nicht an kriegerischen Eroberungen, sondern an Gütern und Gaben des Friedens auf dem Gebiet nationaler Wohlfahrt, Freiheit und Gesittung«*.

Fünfzehn weitere Jahre regiert Kaiser Wilhelm I. das geeinte Vaterland.

»Über den Glanz und den unbeschreiblichen Enthusiasmus, der des Kaisers 90. Geburtstag begleitete, begann aber schon der schwarze Schleier sich herabzusenken. Durch die Schicksalsschläge, die seine nächsten Angehörigen am Abend seines Lebens treffen, vor allem durch die schwere Erkrankung seines Sohnes, Kronprinz Friedrich Wilhelm, wird der Kaiser tief erschüttert, und seine körperliche Frische leidet sichtbar. Am 6. März beginnen seine Kräfte bedenklich zu sinken.«

Am 9. März 1888 stirbt Kaiser Wilhelm I. im gesegneten Alter von 91 Jahren.

Die Kaiserin zum Hinscheiden ihres Gemahls:

»Was Mir an Kräften verbleibt, soll dem Vorbild und dem Vermächtniß Dessen geweiht sein, dem zur Seite zu stehen Mir vergönnt gewesen ist.«

Dem Rufe ihres Herzens folgend, kehrt die Witwe noch einmal, zum letztenmal, in ihre Heimat zurück. Hier schreibt sie ihren Abschiedsbrief an den Magistrat von Weimar:

»Ich kann Meine alte Heimat nicht verlassen, ohne Meinem herzlichsten Dank für alle die Beweise von Symphathie und Güte, welche Mir von allen Seiten dargebracht wurden, Ausdruck zu geben. Die Schatten, welche Mein Leben verdunkelt haben, berechtigten Meine starke Sehnsucht, das Haus Meiner Vorfahren aufzusuchen und Erinnerungen wachzurufen an vergangene Tage, welche Ich nie aufgehört habe zu hegen und welche Mir hier auf jedem Schritte wieder begegnen.

Doch interessiert Mich darum der Fortschritt der Gegenwart nicht minder und es erfreut Mich aufrichtig, die Entwicklung von Stadt und Land zu verfolgen, welche Gutes für die Zukunft verheißt. Indem Ich Ihnen die beifolgende Gabe für die Armen übersende, möchte Ich Meinem innigen Wunsche Ausdruck geben,
daß die Wohlfahrt Meines Vaterlandes stets wachsen und sich mehren möge.

Augusta
Schloß Belvedere bei Weimar, d. 10. Sept. 1888.«

Am 7. Januar 1890 stirbt die 1. Deutsche Kaiserin.

Als am Todestag, gegen 8 Uhr morgens, ihr Kabinettsrat von dem Knesebeck an ihr Lager tritt, da fragt sie ihn:

»Glauben Sie, daß ich morgen wieder mit Ihnen arbeiten kann?«

CAROLYNE VON SAYN-WITTGENSTEIN

»... dort wohnt die edelste und verständnisvollste der Frauen«

»… Fürstin Carolyne Sayn-Wittgenstein. Polin von Geburt und der russischen höchsten Aristokratie angehörend, verließ sie, von Liszts Erscheinung unwiderstehlich angezogen, Familie und Vaterland, um mit ihrer Tochter gemeinsam in seiner Nähe zu sein …«

Im Jahre 1848, die Fürstin ist 29 Jahre alt, beziehen beide – ihre Tochter, Prinzessin Marie, sie soll übrigens ein überaus hübsches Mädchen gewesen sein – dieses von Großherzogin Maria Paulowna als Wohnsitz für den Weimarer Aufenthalt zur Verfügung gestellte Gebäude, die Altenburg.

Die Altenburg

»Wer zählt die Künstler, nennt die Namen,
die alle hier zusammenkamen!«
Ausruf eines Gastes

In der Weimarer Hofgesellschaft findet die Fürstin recht bald ihren Platz. Freundlich ist die Aufnahme. Liszt wohnt noch im Hotel ›Zum Erbprinz‹, doch als die Scheidung Carolynes sich unabsehbar verzögert, bezieht er 1850 die ihm zugedachten Räume der Altenburg und verwirklicht für sich

»*Sammlung und Arbeit*«, wie er später die Zeit bis 1861 überschreibt.

An die Vorbereitungen zum Einzug erinnert sich Hoffmann von Fallersleben:

»Die Fürstin hatte die Zimmer zum Teil fürstlich herrichten lassen. Es waren darin kostbare, geschmackvolle Möbel und Kunstsachen aller Art. Sie waltete wahrhaft durch ihre Gastfreundschaft und die Art und Weise, wie sie ihre Gäste empfing, und zu beehren verstand. Sie war geistreich, vielseitig gebildet, belesen, eine Kunstkennerin, hatte in vielen Dingen ein richtiges Urteil, war immer bereit, jedes edle Streben zu fördern, erwies sich gegen andere freundlich, teilnehmend, unterstützte Arme und Kranke und wußte diejenigen, die sie ehrte und liebte, bei allen Gelegenheiten auszuzeichnen.«

Hier konnte Liszt auch, wie von La Mara beobachtet, seine Schüler in das ›Geheimnis‹ des Klavierspiels einführen:

»... Wohl hauptsächlich die Rücksicht auf seine Schüler war es, die Liszt zur Einführung seiner musikalischen Matinéen veranlaßte, die allsonntäglich in seinem Hause, auf der ›Altenburg‹ stattfanden, und zu einer Quelle lautersten Genusses für Weimar wurden. Einheimische und fremde Künstler und Kunstfreunde bildeten das Auditorium, das des Meisters und seiner Schüler Spiel, wie häufig auch jenen namhaften Künstlern lauschte.«

Ob Friedrich Hebbel mehr dem Klavierspiel zuhört oder mehr die junge Prinzessin ansieht, geht aus seinen Aufzeichnungen nicht hervor:

»Abends auf der Altenburg große Gesellschaft, wo Liszt spielte – Zigeunerrhapsodien. Am Klavier ist er ein Heros; hinter ihm in polnisch-russischer Nationaltracht mit Halbdiadem und goldenen Troddeln die Prinzessin, die ihm die Blätter umschlug und ihm dabei zuweilen durch die langen, in der Hitze des Spiels wild flatternden Haare fuhr.«

Friedrich Preller, der wahrscheinlich jüngste Gast im Hause, stellt bald fest:

»Kein bedeutender Mann reiste durch Weimar, ohne bei Liszt und seiner Freundin vorzusprechen.«

Verehrerinnen für Liszt und Verehrer für Carolyne stehen

dicht beinander. Da wird sogar Großherzog Carl Alexander eifersüchtig, wie er Liszt schreibt:

»Zum Teufel mit den Frauen, besonders wenn sie schön und in Ihren Augen liebenswürdig sind. Sie berauben mich Ihrer Gesellschaft. Ich bin weder das eine noch das andere, wohl aber bin ich ein Freund, der furchtlose Anstrengungen macht, Sie zu sehen, da Sie immer beschlagnahmt sind. Ich rufe also jetzt Ihre Freundschaft an, daß Sie einmal zu Hause bleiben und mich heute Montag zwischen zwölf und ein Uhr erwarten. Komponieren Sie inzwischen eine Elegie auf die Geduld.«

Die Altenburg hat für das kulturelle Europa bald den Rang eingenommen, den Jahrzehnte zuvor das Goethehaus am Frauenplan in Anspruch nahm. Trotzdem ist das Haus vom Tage des Einzugs der Fürstin überschattet. Der Grund:

»Im Bürgertum erregte das Verhältnis Franz Liszts zu der Fürstin aber von Anfang an großes Mißfallen, und bald nahmen die Bürger am genialen Treiben auf der Altenburg Anstoß, wobei in die Entrüstung natürlich auch Heuchelei und Philistertum einflossen ...«, berichtet die Chronik.

Ihre Beziehung beginnt sich unter diesem Druck im Jahr 1857 zu verändern und zerbricht schließlich. 1860 verläßt Carolyne von Sayn-Wittgenstein Weimar so schnell wie sie es seinerzeit eroberte und geht nach Rom.

Zu den großen Verehrern der Fürstin gehört auch der Dichter des Dramas ›Ziška‹, Alfred Meißner. In Gedanken sie vor sich sehend, schreibt er:

»Mai 1859
Welche Bewegung in mir, wenn mich etwas wieder an die Altenburg mahnt! Dort wohnt die edelste und verständnisvollste der Frauen und ein zweites Frauengebild, ideal wie Dantes Beatrice!«

An ihrem Schicksal weiter teilnehmend, äußert er:

»Prag, 4. März 1860
Sie verlassen also Weimar! Ich denke, damit wird Weimar auf die Linie von Meiningen, Gera etc. herabsinken. Welch ein Ort wird das sein, wenn die Altenburg öde steht!«

Guy de Pourtalès in seiner Liszt-Biographie:

»Nachdem die Fürstin Wittgenstein die [N]achricht [von Liszts Tod] erhalten, ward sie bettlägerig, weigerte sich, irgend jemand zu empfangen und beantwortete keine Briefe mehr. Den ganzen Winter über blieb sie im Bett, ohne sich die mindeste Arbeitspause zu gönnen. Am 23. Februar 87 signierte sie die letzte Seite ihres Riesenwerkes. Zwei Wochen später fanden sie ihre Tochter und Kardinal Hohenlohe, als sie eines Abends bei ihr eintraten, tot im Bette. Sie war jenem Ausspruch treu geblieben, den sie einst getan: ›Sollte ich ihn jedoch nicht mehr sehen können – dann werde ich ihm meine Engel schicken!‹«

Franz Liszt

188

Die Altenburg, um 1855

Auf der Altenburg
Im September 1854

»Auf den Bergen wohnt die Freiheit«
Eine Burg ist uns bekannt,
Wo die Freiheit fand und findet
Allezeit ihr Vaterland.

Frei im Dichten, frei im Trachten
Läßt die Burg ja jeden sein,
Darum kehren alle freudig
Auf der Burg da droben ein.

Wir auch haben dort genossen
Manche Lust und Fröhlichkeit,
Unvergessen soll uns bleiben
Jene hohe Gastfreiheit.

Altenburg, die ewig neue,
Lebe hoch auf immerdar!
Was sie ist, das soll sie bleiben,
Und stets werden: was sie war!

Heinrich Hoffmann von Fallersleben

»Liszt ist in Wahrheit der in seiner Kunst Einzige geblieben bis auf den heutigen Tag. Gleich Paganini, seinem großen Kunstverwandten, der das dämonische, aber nicht das göttliche Element mit ihm theilte, steht auch Franz Liszt einsam auf den Höhen seiner Kunst.«

So schreibt La Mara im Dezember 1876. Selbst ist sie kein ›Weimarer Kind‹. Ida Maria Lipsius, geboren am 30. Dezember 1837 in Leipzig, ist als musikalische Schriftstellerin und hervorragende Biographin unter dem Namen La Mara in Erscheinung getreten. Aus ihrer Feder sind neben einer Übersetzung von Franz Liszts ›F. Chopin‹, ›Franz Liszts Briefe‹ und ›Briefwechsel zwischen Liszt und Hans von Bülow‹ vor allem die ›Musikalischen Studienköpfe‹ bekannt geworden. Hier hinterläßt sie der Nachwelt vergegenwärtigend das Wirken Franz Liszts in Weimar:

»Weimar, die kleine Residenz am Ufer der Ilm, war es, die des Ruhmes theilhaftig werden sollte, ihn, den ganz Europa bisher mit Stolz als den Seinen betrachtet, fortan ihr eigen nennen zu dürfen. Müde der Triumphe seines ruhelosen Wanderlebens, sich nach einem Daheim, einem concentrirteren Wirkungskreise sehnend, der ihm zugleich die nötige Muße bot, seinem künstlerischen Productionsdrange mehr als bisher genügen zu können, folgte er dem an ihn ergangenen Ruf als Hofcapellmeister des Großherzogs von Weimar und nahm im November 1847 daselbst bleibend seinen Wohnsitz. Seit er im Jahre 1842, von der Großherzogin Maria Paulowna gerufen, gelegentlich der Hochzeit des Großherzogs zum ersten Mal nach Weimar gekommen, war er als willkommener Gast des Hofes öfters dahin zurückgekehrt; mit seiner Übersiedelung an jenen Ort aber begann er eine Thätigkeit, die für Weimar, wie für das gesammte Musikleben der Gegenwart von entscheidendem Einfluß und weittragendster Bedeutung geworden ist. Noch einmal sollte der alte Ruf der ›Musenstadt‹ auf jenem classischen Boden, da einst Deutschlands größte Geister gelebt und gedichtet, neu verjüngt wieder aufleben und mit den Erinnerungen einer glorreichen

Vergangenheit sich die schöne Wirklichkeit einer kunstgeweih-
ten Gegenwart verbinden.«

Über Liszts Auftreten als Dirigent überläßt La Mara ihm das Wort, entnommen aus einem Brief, der sein musikalisches Glaubensbekenntnis enthält:

»Die wirkliche Aufgabe eines Capellmeisters besteht meiner Meinung nach darin, sich augenscheinlich überflüssig zu machen und mit seiner Function möglichst zu verschwinden; wir sind Steuermänner und keine Ruderknechte.«

»Die Anwendung dieses Princips auf die Weimarer Capelle aber hat Resultate herbei geführt, deren Vorzüglichkeit über allem Zweifel steht«, schreibt sie und ergänzt:

»Indessen nicht allein in seinem Verhältniß zum Orchester, auch in der Wahl der aufzuführenden Werke gab Liszt seine ungewöhnliche Auffassung des Dirigentenberufes zu erkennen … Er übernahm es, an Wagner's, des in der Verbannung Lebenden, Statt, die deutsche Nation mit den Erzeugnissen eines Geistes bekannt zu machen, der ebenso eigenartig als gewaltig, ebenso revolutionär als idealistisch sich uns darstellte, und nur dank Liszts Bemühungen Wurzel zu fassen vermochte, auf dem Boden ›dem er entsprungen‹. Erst Liszt hat Wagner eine Heimat inmitten der Heimat gegründet. Allein … um Wagners Opern: ›Der fliegende Holländer‹, ›Tannhäuser‹, ›Lohengrin‹ unter seiner Stabführung zu hören, wanderte die musikalische Welt jahrelang nach Weimar …«

Über das Ausklingen dieser Zeit und Liszts Verhältnis zum Theater berichtet La Mara:

»Das im August 1861 zu Ehren der zweiten Zusammenkunft des Vereins (allgemeiner deutscher Musikverein) in Weimar veranstaltete Musikfest, das gleich dem um wenige Monate vorangegangenen Weimarer Sängerfest, von Liszt organisiert, nicht aber dirigiert wurde, sollte dessen letzte Kundgebung als wei-mar'scher Hofkapellmeister sein … mehr und mehr war er seiner Stellung daselbst müde geworden, seit mit Dingelstedt's Eintritt in die Generalintendantur (im September 1857) das Hauptgewicht des Theaters auf das Drama gelegt ward … Auch das öfter aufgetauchte und von Liszt unterstützte Projekt eines Conservatoriums mußte wegen der Malerschule fallen … Als im

Dezember 1859 die Oper ›Der Barbier von Bagdad‹ von Peter Cornelius, einem Schüler des Meisters, als Opfer einer Coterie, die sich gegen Liszt gebildet hatte, durchfiel, nahm der Letztere dies zur Veranlassung, von der Direction der Oper für immer zurückzutreten.«

Matinée bei Franz Liszt

Sie läßt noch einmal den ersten Aufenthalt Liszts, die Jahre auf der Altenburg, in ihrem vollen Glanz erscheinen:

»Auf tannenbewaldeter Anhöhe, durch die raschen Wasser der Ilm von der Stadt Weimar und dem berühmten, durch Goethe geschaffenen Park getrennt, steht in vornehmer Isoliertheit ein Haus herrschaftlichen Aussehens. Eine breite Auffahrt – die alte Jenaer Poststraße – oder ein im Gehölz emporgeleiteter Treppensteig führen uns hinan: wir stehen vor der Altenburg.

Der laubumsponnene Seitenflügel, der sich den Schattengängen des weitläufigen Gartens zukehrt, umschloß das Reich des großen Tonzauberers.

Hier gaben sich die vornehmsten Geister der Zeit ein Stelldichein. Musikalische, dichterische, literarische, wissenschaftliche Größen, die hervorragendsten Maler, Bildhauer, Architekten,

Das Liszthaus, um 1890

Bühnenkünstler vereinten sich daselbst in den fünfziger Jahren des verflossenen Jahrhunderts zu einem Musenhof, wie die Welt von keinem zweiten weiß ...«

Über seine zweite Ankunft in Weimar:

»Seit 1869 kehrte Liszt wieder als regelmäßiger Gast für drei bis fünf Monate jährlich in Weimar ein, wo sich ihm in der ›Hofgärtnerei‹, in unmittelbarer Nähe des berühmten Parkes, der Goethe's Künstlerhand seine Anlage dankt, ein neues poetisches Heim erschlossen. Seither teilten sich Rom, Weimar und Pest in die Ehre, ihn wechselnd zu beherbergen.

Auch die letzte Zeit weist eine ansehnliche Reihe von Herausgaben neuer, meist umfangreicher Arbeiten auf. Unter diesen wieder mehrere wunderbare Transcriptionen, darunter ein Festspiel für die Vermählungsfeier des Großherzogs von Weimar ...

Der ›Christus‹ erlebte am 29. Mai 1873, vom Komponisten persönlich geleitet, in Weimar seine erste vollständige Aufführung.«

La Mara, eine leidenschaftliche Musikerbiographin ihrer Zeit, mit Franz Liszt und der Fürstin Carolyne von Sayn-Wittgenstein eng befreundet, stirbt am 2. März 1927 in Schmölen, bei Wurzen.

CLARA SCHUMANN

Mehr als eine Begegnung mit Franz Liszt in Weimar?

Clara Schumann, um 1840

Die berühmteste Pianistin des 19. Jahrhunderts, Clara Schumann, Tochter des Musikpädagogen Johann Gottlob Wieck,
am 13. September 1819 in Leipzig geboren, gibt mit 12 Jahren ihr erstes Gastkonzert in Weimar. Ihre nächsten erfolg-
reichen Konzerte in dieser Stadt spielt sie im August 1840 und
im November 1841, wo sie in einer Abendgesellschaft zum
ersten Male Franz Liszt begegnet. Darüber berichtet der
Schauspieler Eduard Genast, ein späterer Mitarbeiter von
Franz Liszt am Weimarer Hoftheater:

»An einem dunklen Abend, während der Nordwind in den ent-
laubten Bäumen, die den Karlsplatz umgeben, unheimlich
rauschte, saß ich mit dem Künstlerpaar Clara und Robert Schumann im Speisesaal des ›Russischen Hofs‹ traulich zusammen,
als ein Mann von hohem, schlanken Wuchs, mit einem aus-
drucksvollen Gesicht und langen, zurückgestrichenen hellbraunen
Haaren hereintrat und sich mit dem Zuruf ›Bon soir, Ihr Lieben!‹ meiner Gesellschaft näherte.

›Liszt!‹ riefen diese wie aus einem Munde aus.

Nachdem Frau Schumann mich ihm vorgestellt hatte …, setzte er sich an ihre Seite und ließ sich in ein eifriges Gespräch mit
ihr ein. Im Verlauf der Unterhaltung fesselte die Genialität des

Hotel ›Russischer Hof‹

Mannes immer mehr meine Aufmerksamkeit, so daß ich zuletzt
nur noch für ihn Auge und Ohren hatte.

Auch von seiner Freigebigkeit sollte ich schon an diesem Abend
Zeuge sein. Frau Schumann bewunderte die geschmackvolle
kostbare Busennadel, die er trug, eine blau emaillierte Weltku-
gel mit Sternen besät, die von einer goldenen Adlerklaue gehalten

wurde. Sofort überreichte ihr Liszt dieselbe mit feiner Galanterie als Andenken …«

Wie die ›Weimarische Zeitung‹ kurz darauf berichtet, »*gab der berühmte Pianofortespieler im Hoftheater ein Konzert, das den ihm vorausgegangenen Ruf vollkommen rechtfertigte …«*

Clara Wieck in ihrem Tagebuch:

»Wir haben Liszt gehört. Er ist mit gar keinem Spieler zu vergleichen – steht einzig da. Er erregt Schrecken und Staunen und ist ein sehr liebenswürdiger Künstler.

Seine Erscheinung am Klavier ist unbeschreiblich … Seine Leidenschaft kennt keine Grenzen, nicht selten verletzt er das Schönheitsgefühl, indem er die Melodien zerreißt … sein Geist ist groß, bei ihm kann man sagen: ›Seine Kunst ist sein Leben‹.«

Könnte es nicht sein, wenn darüber auch nichts nachweisbar geschrieben wurde, daß es Clara Schumann war mit ihrer individuellen Erscheinung, ihrer liebenswürdigen Anmut, ihrer schöpferischen Energie, schließlich ihr anregendes Gespräch an jenem Novemberabend im ›Russischen Hof‹, daß Liszt den Konzerterlös – 526 Taler – niemandem sonst stiftet als dem Weimarer Frauenverein?

In Weimar spielt Clara Schumann erst wieder 1854. Das Konzert am 27. Oktober im Hoftheater ist zwar nicht gut besucht, doch enthält es unter der Leitung von Franz Liszt ein denkwürdiges Programm.: die ›Manfred‹-Ouvertüre, das Klavierkonzert a-Moll und die IV. Sinfonie d-Moll, alles Werke ihres Mannes Robert Schumann.

Clara Schumanns schicksalhaftes Leben endet am 20. Mai 1896 in Frankfurt am Main.

SOPHIE

»... der Stadt und Land unzählig viel Gutes
zu danken haben«

Großherzogin Sophie

Am 8. April 1824 wird Sophie Wilhelmine Marie Luise als
Tochter des Königs Wilhelm II. der Niederlande geboren
und, achtzehnjährig, mit dem Großherzog Carl Alexander
vermählt.

»Im Haag wurde die Hochzeit unseres Großherzogs Karl Alexander mit der Prinzessin Sophie der Niederlande am 8. Oktober 1842 gefeiert. Der 22. Oktober war für den Einzug in Weimar bestimmt und als Festoper wurde im Hoftheater ›Preziosa‹, romantische Oper, Text von E.A. Wolf, Musik von C.M. v. Weber, gegeben. Zu der musikalischen Feier am Hofe hatte man Franz Liszt gerufen …«, berichtet Adelheid von Schorn.

Mag Sophie beim Einzug in die Stadt ähnlich empfinden wie der russische Literat und Weimar-Verehrer Stepan Petrowitsch Schewyrjow vier Jahre zuvor ?

»Weimar macht den Eindruck eines Pompeji: Die Gräberstraße, die in die von den Einwohnern verlassene Stadt führt, ruft in uns die gleiche Verzagtheit hervor, wie heute Weimar: Nur Grabmäler und die verödeten Häuser großer Männer!… das ist das Haus Herders … , dies ist das Haus Schillers … , das ist das Haus Goethes.«

Ein reichliches Jahrzehnt nach der Hochzeit hat das Erbfolgepaar Gelegenheit, sich auf die Übernahme der Regierung vorzubereiten. Carl Alexander nutzt gemeinsam mit seiner Frau diese Zeit für die Nachfolge. Er versteht sich darauf, als ein echt konstitutioneller Fürst zu wirken.

Über den 8. Juli 1853 steht in der Chronik des Weimarer Herrscherhauses:

»Am Todestage seines Vaters trat Großherzog Carl Alexander die Regierung an …

Ihm zur Seite stand als erlauchte Fürstin seine erhabene Gemahlin, Großherzogin Sophie, der Stadt und Land unzählig viel Gutes zu danken haben … Sie hat viel Segensreiches geschaffen. Das Krankenpflegerinnen-Institut (Sophien-Haus), die Kinderheilanstalt zu Sulza, die höhere Töchterschule zu Weimar (Sophienstift), das Goethe-Schiller-Archiv usw. …

An ihrer Seite wußte der Herzog, wie sein Ahne Carl August die Großen der Kunst und Wissenschaft an sich in seinen persönlichen Verkehr und nach Weimar zu ziehen.«

Am 15. April 1885 erlischt mit dem Tode Walther Wolfgang von Goethes das Goethesche Geschlecht. Mit der Testamentseröffnung wird Großherzogin Sophie Miterbin des Goetheschen Nachlasses.

Die Einweihung des Goethe-Schiller-Archivs in Weimar

WEIMAR. — LE NOUVEAU MUSÉE, LES PRINCIPAUX MONUMENT...

1. Le groupe de Schiller et de Gœthe. — 2. La maison de Gœthe. — 3. La statue de Herder. — 4. La Résidence, château grand...

Großher...

...ILLE ET LA WARTBURG; composition de M. H. Hubner. — Voir page 543.

...ole des Beaux-Arts. — 6. La Wartburg. — 7. La maison de Cranach. — 8. La maison de Schiller. — 9. La statue de Wieland.

Museum

Auszug aus Walther von Goethes Testament:

»Eingedenk meiner Sterblichkeit treffe ich folgende letztwillige Verfügungen:

§1

Ich ernenne das Großherzogtum Sachsen (den Staat) zum Erben des aus dem Nachlaß meines seligen Großvaters, des Geheimrats Johann Wolfgang v. Goethe herrührenden, in der Stadt Weimar gelegenen Immobiliarbesitzes.

§2

Der genannte Erbe erhält weiter die ebenfalls aus dem Nachlasse meines Großvaters herrührenden, im Goethehaus verwahrten Sammlungen von Bildern, Medaillen, Mineralien, Kunstwerten aller Art usw., ebenso alles, was in dem von meinem Großvater benutzten Vorzimmer, Studierstube und Schlafzimmer sich befindet.

§5

Von meinem Immobiliarbesitz habe ich noch über den v. Goetheschen Garten mit Gartenhaus im Park Nr. 1293 des Fundbuchs zu verfügen. Ich vererbe diesen Besitz, jedoch mit der Beschränkung, daß der Garten nicht zum Großherzoglichen Park geschlagen werden darf, sondern mit einem Stacket umgeben, für alle Zeit ein abgeschlossenes Ganzes bleiben soll, dem Großherzoglichen Krongut und bestimme ihn zum Spielplatz der Fürstlichen Kinder des Hauses ...
Die Schlüssel zum Gartenhaus sind ihrer Königlichen Hoheit, der Frau Erbgroßherzogin behufs Besitzergreifung desselben mit allen darin befindlichen Gegenständen, ›sowie es geht und steht‹ zu übergeben.

§6

Ich ernenne zur Erbin des v. Goetheschen Familienarchives, wie solches bei einem Tode sich vorfindet: Ihre Königliche Hoheit die Frau Großherzogin Sophie von Sachsen ...
Möge Ihre Königliche Hoheit die Frau Großherzogin dieses mein Vermächtnis, ich sage besser dieses Goethesche Vermächtnis, in dem Sinne empfangen, in dem es höchst derselben durch mich entgegengebracht wird, als ein Beweis tief empfundenen, weil tief begründeten Vertrauens.
Weimar, am 24. September 1883. Gez. Walther von Goethe«

Das Sophienhaus, um 1895

Die Großherzogin handelt sofort: klug und weitsichtig sichert sie die ihr übertragene Bürde einer komplizierten Hinterlassenschaft, öffnet Goethes Haus und übernimmt die Schirmherrschaft über die Erarbeitung der 143-bändigen Weimarer Ausgabe des Dichters, bekannt als ›Sophien-Ausgabe‹.

Aus einer Denkschrift vom 5. Mai 1885 geht hervor, daß Sophie bemüht war, »*Weimar den Vorzug zu sichern, der Mittelpunkt aller Bestrebungen zu sein, welche den großen Namen des Dichters betreffen*«.

Am 23. März 1897, ganz plötzlich, stirbt Sophie. Drei Jahre nach ihrem Tod schreibt Detlev von Liliencron an Alma Holtorf über die Großherzogin:

»*… Es sind aber auch noch Manuskripte von Scheffel, Geibel, Freytag, Hebbel, Otto Ludwig und Storm im Goethe-Schiller-Archiv, die mich auch sehr interessierten. Dies Archiv soll sich allmählich zu einem National-Archiv ausdehnen. Dank der Großherzogin Sophie, die die Millionen dazu hergab.*«

ANGELA BÖCKLIN

»Künstlerisch war Weimar für meinen Gatten nicht sehr fruchtbringend«

Als Säugling verliert Angela Pascucci 1836 in Rom ihre Mutter an die Cholera. Ihr Vater, Maresciallo bei der päpstlichen Garde, kann sich um das Kind nicht kümmern. Die Erziehung übernimmt Tante Carlotta, äußerst streng und religiös. Bei den französischen Nonnen auf der Piazza della Trinita del Monti lernt Angela nähen, stricken und vor allem kochen.

Im Jahr 1850 fällt ihr, gleich unter ihrem Fenster, ein Mann auf mit langen Locken und einer Mappe unterm Arm. Sie sieht ihn öfter, ohne zu ahnen, daß sein Interesse ihr gilt.

Drei Jahre später, mitten im Karneval, fühlt sich Arnold Böcklin von dem schöngeschnittenen Profil des Mädchens derart angezogen, daß er wenige Wochen später bei Tante Carlotta um die Hand Angelas anhält. Die Hochzeit findet ein halbes Jahr später statt.

Für Arnold und Angela Böcklin ist Weimar mehr eine Episode.

Nur zwei Jahre, von 1860 bis 1862, leben sie in dieser Stadt und bewohnen mit dem Lenbach'schen Ehepaar das Haus Amalienstraße 19.

Mit der Gründung der Kunstschule durch den Großherzog Carl Alexander, am 1. Oktober 1860, muß auch die Zusammensetzung des Lehrerkollegiums vorbereitet werden. Der Großherzog beruft zwei der bedeutendsten deutschen Maler des 19. Jahrhunderts für eine Lehrtätigkeit nach Weimar: Franz Lenbach für die ›Reale‹ Landschaftsmalerei und Arnold Böcklin für die ›Ideale‹ Landschaftsmalerei.

Die Böcklins leben zu dieser Zeit noch in München und sind keineswegs begütert. Böcklins Frau Angela muß sogar das Reisegeld nach Weimar von einer Freundin ausleihen.

In ihren Tagebuchblättern berichtet sie später über die Weimarer Verhältnisse:

Angela Böcklin und Arnold Böcklin, 1863

»Ganz unerwartet kam im Sommer 1860 die Berufung meines Mannes nach Weimar. Der kunstsinnige Großherzog Carl Alexander hatte eine Kunstschule gebaut, und er suchte junge und tüchtige Lehrkräfte zu gewinnen …

Die Verhältnisse in der Kunstschule, auch die Art des Unterrichts waren durchaus angenehm. Mein Gatte hatte sein Atelier dort, und er unterrichtete seine Schüler, die meist schon über das erste Stadium des Könnens hinaus waren, indem er täglich mehrere Male durch die Ateliers ging und korrigierte. Wir hatten sehr viel Verkehr, besonders im Hause des Direktors der Kunstschule, des Grafen Stanislaus von Kalckreuth, mit dessen Familie sich allmählich eine recht herzliche Freundschaft anbahnte ...

In der Gesellschaft ging es immer sehr zimperlich zu. Man versuchte, den Hofton nachzuahmen, gab ein wenig Tee, ein wenig kalten Aufschnitt, und zwar so wenig, daß man sich gar nicht getraute, etwas zu nehmen. Eine besondere Delikatesse waren Kartöffelchen in Asche gebraten ...

Mein Gatte mußte sehr oft zu Hofe gehen, denn häufig war Empfang mit Tee, zu dem auch die Professoren Einladungen erhielten. Bei großen Festlichkeiten erschienen die Herren in Uniform, die meinen Mann überall einengte, es war furchtbar für ihn, der so sehr an Freiheit gewöhnt war, sich in Kniehosen zu stecken, Schnallenschuhe anzuziehen und den goldgestickten Frack mit goldenen Knöpfen und Kragen anzulegen, dazu gehörte dann noch ein Degen. Er stand oft vor dem Spiegel, ehe er zu Hofe ging, und verwünschte die Uniform.

Trotzdem sah er mit seiner militärischen Haltung in Uniform sehr schmuck aus, und er machte entschieden eine gute Figur bei Hofe. Aber es war ihm, wie gesagt, schrecklich, und das Hofleben und die Gebundenheit sind hauptsächlich schuld daran gewesen, daß ihm der Aufenthalt in Weimar mit der Zeit unerträglich wurde. Man kann sich denken, wie unangenehm es ihm war, wenn mitten in der Arbeit der Kammerhusar erschien und den Herrn Professor zu Seiner Königlichen Hoheit beschied. Da durfte dann keinen Augenblick gezögert werden, die Arbeit mußte liegenbleiben, denn der hohe Herr pflegte nicht lange zu warten ...

Künstlerisch war Weimar für meinen Gatten nicht sehr fruchtbringend. Es fehlte ihm das italienische Milieu. Er pflegte ja auch stets zu sagen, wenn er von Italien weg sei, fiele ihm nichts ein. ›Und wenn ich nichts zu essen hätte‹, ging immer seine Rede, ›so möchte ich doch nirgendwo anders sein als in Italien‹. So klagte er auch, daß ihm in Weimar die Ideen fehlten, daß er hier förmlich verkomme. Der Verkehr, den er hatte, war an sich sehr anregend. Zugleich mit ihm war Franz Lenbach nach Wei-

mar berufen worden, und sehr bald bemühte sich mein Gatte um die Anstellung von Reinhold Begas. Er meinte, es sei doch dringend notwendig, daß ein Bildhauer berufen würde. Der Großherzog sah das auch ein, und so kam die Berufung zustande …

Die weimarische Landschaft, so schön und groß sie auch war, zog meinen Gatten gar nicht an. Er hatte daher auch während der zwei Jahre nicht eine einzige Studie draußen in der Natur gemacht. Dagegen sind einige sehr interessante Porträts entstanden … Trotzdem er sich in diesem engen Kreis ganz wohl fühlte, so drückten doch das philiströse Leben und die strenge Hofetikette furchtbar auf sein Gemüt. Er konnte sich nicht bewegen und fühlte sich in seiner Freiheit beengt. Wenn er abends einmal mit seinen Freunden kneipen gegangen war, so wußte es am andern Morgen die ganze Stadt. Aus diesem Grunde strebte er danach, einen Ort zu finden, wo er nicht beobachtet wurde und nicht unter der Kontrolle der Weimarer Klatschbasen stand. Er sagte oft, die Luft sei ihm zu eng in dieser schönen Residenz … Das graue Alltagsleben, die unangenehme Bevormundung und Überwachung beeinträchtigten den weit über die Grenzen hinausstrebenden Geist meines Mannes. Trotzdem der Großherzog ihn sehr bevorzugte und alle Gäste, die ihn am weimarischen Hofe besuchten, zu ihm ins Atelier führte oder sie veranlaßte, zu ihm zu gehen, stand es bei meinem Gatten doch fest, Weimar je eher, desto lieber zu verlassen.«

Noch einmal, im Jahre 1876, versucht der Direktor der Großherzoglichen Kunstschule, Theodor Hagen, Böcklin nach Weimar zu holen. Er schreibt ihm:

»Wir würden ja gewiß alles mögliche tun, um Ihnen den Aufenthalt unter uns angenehm zu machen …«

Böcklin telegrafiert zurück:

»Ist mir leider nicht möglich anzunehmen, Brief folgt.«

Der Brief folgt nicht.

Später sagt seine Frau Angela, daß sie *»… an seiner Seite beinahe ein halbes Jahrhundert in Leid und Freud zu stehen das Glück hatte«.*

Neun Kindern hat sie das Leben geschenkt. Sie stirbt 1915, vierzehn Jahre nach ihrem Mann.

MARIE SEEBACH

Ihre Stiftung für Weimars Bühnenkünstler

Marie Seebach

»Eine anmutige Erscheinung, mit schöngeschnittenen Zügen und reichem blonden, lockigen Haar«, schreibt Adelheid v. Schorn.

Auch das Theaterpublikum verehrt Marie Seebach, eine der herausragendsten Schauspielerinnen des 19. Jahrhunderts, die während ihrer triumphalen Theaterlaufbahn mehrere Male am Weimarer Theater gastiert. Sie spielt 1857 das Gretchen im ›Faust‹, 1875 die Titelrolle der ›Stella‹ von Johann Wolfgang von Goethe und die Julia in Shakespeares ›Romeo und Julia‹.

Marie Seebach, am 24. Februar 1829 in Riga geboren, erhält in Köln ihre Ausbildung zunächst als Sängerin, doch früh schon entdeckt sie ihre Neigung zum Schauspiel. Das höhere Drama soll ihre weitere Bühnenlaufbahn bestimmen. Nach kurzem Aufenthalt in Hamburg folgt Marie Seebach einer Einladung an das Wiener Burgtheater. Sie ist gerade erst zwanzig Jahre alt, als sie mit ›Gretchen‹ die Gunst des Publikums, aber auch der Theaterintendanten erobert. Mit festen Engagements am Hoftheater in München, in Hannover und in Berlin beginnt ihre große Zeit der Gastspiele in St. Petersburg, den Niederlanden und in den Vereinigten Staaten von Amerika. Ihre vorzüglichsten Rollen sind zu dieser Zeit Klärchen, Gretchen, Ophelia, Desdemona, Julia und Jane Eyre. Verheiratet ist sie von 1859 bis 1868 mit dem Heldentenor Albert Niemann. Während dieser Zeit tritt sie unter dem Namen Niemann-Seebach auf. Als Mittfünfzigerin beherrscht sie für das ›ältere Fach‹ erneut die Bühne des Berliner Hoftheaters.

Auf dem Höhepunkt ihrer Laufbahn hat sie ein jährliches Einkommen von 5.000 Talern, die Gagen der zahlreichen Gastspiele nicht eingerechnet. Ihre in Armut verbrachte Kindheit vergißt sie nicht und lebt sehr sparsam. Beeindruckt vom Schicksal vieler Schauspieler, mit denen sie auf der Bühne stand, entschließt sich Marie Seebach 1893 zu einer Stiftung von 120.000 Mark für hilfsbedürftige Bühnenkünstler in Weimar. Mit diesem Geld kann der Grundstein zum Bau eines Altenheimes in der Tiefurter Allee gelegt werden:

»Ich will nur vorangehen zu einem Ziel, das durch die Begüterten unseres Standes schon längst hätte ins Auge gefaßt werden müssen und das dereinst, wenn ich lange dahin, seinen vollsten Segen über meine armen Kollegen ausschütten möge.«

Am 2. Oktober 1895 wird das ›Mutterhaus‹, es trägt ihren Namen, feierlich eingeweiht.

»Ein herzlich Anerkennen ist des Alters zweite Jugend«. Diese Goetheworte sind Marie Seebachs Grundgedanke für die Festansprache an diesem Tage:

»Eurer Obhut übergebe ich dieses Haus. Behütet und bestellt es gut, als wäre es das Eigentum jedes einzelnen. Es ist kein

Schauspielhaus. Und doch hat jeder darin eine Rolle zu spielen, seien es Anstandsdamen, Repräsentations- oder Charakterrollen, vor allem komische Alte. Das Fach des Intriganten fällt natürlich aus. Ich bin überzeugt, ihr werdet so vorzügliche Darsteller sein, daß nur Mustervorstellungen zu verzeichnen sind und das Haus künftig im voraus immer ausverkauft ist, ob Winter, ob Sommer, zum Ärger aller Theaterdirektoren, und seinen Ruf auch verbreite durch alle Lande zur segensreichen Nachahmung.«

Marie Seebach ist der leibhafte gute Geist dieser segensreichen Einrichtung: Kurz nach der Einweihung ihrer Stiftung stellt sie sieben der bedürftigsten alten Schauspieler ein möbliertes Zimmer, Verpflegung, Beleuchtung, Wäschepflege kostenlos zur Verfügung. Der kränkelnden, fast siebzigjährigen Hausherrin ist kein Schritt zu viel, um eine harmonische Atmosphäre zu schaffen. Sie schmückt die Fenster mit Vorhängen, stellt Blumen auf, ist immer da, wenn man sie braucht. Ihr schönster Lohn ist, wenn die Hausbewohner sich wohlfühlen.

Marie Seebach stirbt am 3. August 1897 in St. Moritz.

Das Marie-Seebach-Stift

HELENE BÖHLAU

Eine liebevolle Verklärung Weimars im 19. Jahrhundert

Über Goethe zu erzählen, wußte noch ihre Großmutter und so scheint sein Geist hier und da über dem *»leichten, lustigen Gesindel«* in Helene Böhlaus ›Ratsmädelgeschichten‹ zu schweben.

In der Rittergasse 7 erblickt Helene am 22. November 1859 das Licht der Welt.

Helene Böhlau

Ihr Vater, der Verlagsbuchhändler Hermann Böhlau, erwirbt 1853 die im Jahre 1624 gegründete Hofbuchdruckerei in der Kleinen Teichgasse 6. Dieses Gebäude kann als das ›Stamm-haus‹ des berühmten Verlages Hermann Böhlau Nachf.*, der überwiegend philologische und historische Schriften verlegt, angesehen werden.

Die als ›Weimarer Ausgabe‹ bekannten Werke Martin Luthers erscheinen hier in einer Gesamtausgabe. Auch die historisch-kritische Ausgabe der Werke, Tagebücher, Notizen und Briefe Goethes in 143 Bänden wird hier zwischen 1887 und 1919 verlegt, nach der Begründerin dieser Arbeit, der

Großherzogin Sophie von Sachsen-Weimar-Eisenach, als ›Sophien-Ausgabe‹ bekannt.

Was liegt nun der Tochter eines so traditionsreichen Verlages näher, als selbst zur Feder zu greifen?

Aus früher Liebe heiratet sie 1886 in Konstantinopel den vom jüdischen zum islamischen Glauben konvertierten russischen Arzt und Philosophen Friedrich Arnd (Omar al Raschid Bey). Er ist 17 Jahre älter als sie und stirbt 1910.

Während ihrer Ehe erscheinen etwa 15 und danach um die 11 Romane, Erzählungen und Novellen. Helene Böhlau schreibt vor allem Frauenromane, in denen sie sich im Sinne der bürgerlichen Frauenbewegung für die Emanzipation der Frau einsetzt. In ihren Büchern stehen meist Frauengestalten im Vordergrund, die sich in ihrem Streben nach einem natürlichen, von Güte und Schönheit erfüllten Leben mit einer gesellschaftlichen Ordnung konfrontiert sehen, die ihnen Gleichberechtigung verwehrt.

Zu ihren bekanntesten Werken zählen die 1888 erschienenen ›Ratsmädelgeschichten‹, die trotz der unleugbaren provinziell-idyllischen Züge den Gegensatz zwischen den ›Großen‹ und ›Kleinen‹ im Goethe'schen Weimar sichtbar werden lassen und mit unbekümmerter Frische gegen Spießertum und lebensfremde Konvention angehen. Im Mittelpunkt stehen die Töchter des Bergrates Kirsten, deren Streiche sie in liebevoller Verklärung Weimars verewigt. Mit einer Tafel am Haus Windischengasse 13, hier wohnten die Kirsten-Geschwister, wird heute noch an diese Lokalgeschichte erinnert.

1897 erscheint die Novelle ›Neue Ratsmädel- und Altweimarische Geschichten‹. Da gebraucht sie mitunter den Ton sachlicher Ironie:

»Die Weimarer mußten immer etwas zu schwatzen haben und hatten auch gottlob immer etwas; sie waren an die merkwürdigsten Dinge gewöhnt, eine solche Fülle von gesegnetem Klatsch hatte sich seit 1775 auf das graue Rattennest niedergelassen.«

15 Jahre später setzt sie in ihrem Roman ›Isebies‹ der inzwischen hochbetagten Adelheid von Schorn unter dem Namen Magelone von Geldern ein literarisches Denkmal:

»*Magelone war groß und trug sich anders wie andere Frauen, ging nicht nach der Mode gekleidet und hatte etwas von einer stolzen Äbtissin an sich. Es war, als wollte sie sagen: ›Ich bin, wie ich bin‹.*«

Helene Böhlau zählt neben Richarda Huch, der Erzählerin und Lyrikerin Isolde Kurz sowie der Romanautorin und Novellistin Clara Viebig zu den bekanntesten bürgerlichen Schriftstellerinnen.

»*Das einzige, was auf Erden das Herz ruhig und glücklich macht, ist: gut miteinander sein.*«

Dies ist ihre unerschütterliche Lebensphilosophie, die sich wie ein Faden durch ihr Leben und ihr gesamtes Werk zieht.

Am 26. März 1940 geht ihr Leben nach einundachtzig Jahren in Widdersberg bei München zu Ende.

Schlangenstein*, Signet des Böhlau-Verlags

ADELHEID VON SCHORN

Eine Frau, die mit ihren Büchern als Chronistin
das klassische und nachklassische Weimar erhält

Geboren wird sie am 10. Januar 1841 in der einstigen Esplanade Weimars, der heutigen Schillerstraße 10. Ihr Vater ist der weimarische Kunstgelehrte Ludwig von Schorn, der die Nachfolge Johann Heinrich Meyers als Direktor der Zeichenschule antrat.

Schon in früher Jugend ist Adelheid eine geschätzte Zuhörerin und Partnerin in den Kreisen der Künstler, Dichter und Musiker, besonders im Freundeskreis um Franz Liszt.

Im März 1870 bezieht sie ihre neue Wohnung in der Belvederer Allee 2, in unmittelbarer Nähe zum ›Pavillon vor dem Frauentor‹, in dem Liszt wohnt.

Er »*freute sich, daß wir nun so nahe Nachbarn wurden*«, erzählt sie. »*Ich stand zwischen Kisten und Kasten, da öffnete sich meine Tür ganz leise, und durch den schmalen Spalt hielt eine Hand eine schöne rote Rose herein. Es war Liszts Hand, das war sein Willkomm – denn Worte fand er in solchen Momenten nicht.*«

Adelheid von Schorn findet dagegen die Worte beim Schlußkonzert des Weimarer Musikfestes am 29. Mai 1870, auf dem Liszt Beethovens ›Neunte‹ dirigiert. Für sie war er »*... die Seele des Festes ... um ihn drehte sich alles ... Wer diese Aufführung miterlebte, dem ist sie gewiß unvergeßlich geblieben! Ein Rausch der Begeisterung hatte das Publikum, Musiker und Choristen ergriffen; alle Blicke hingen an Liszt, dessen Gestalt wuchs, dessen Augen strahlten. Man erwachte erst, als der Applaus losbrach und Hunderte von kleinen Blumensträußen dem Meister zu Füßen fielen.*«

Die Sonntagsmatinéen, auf der ›Altenburg‹ begonnen und in der ›Hofgärtnerei‹ fortgeführt, schildert sie:

»*Jeder Künstler rechnete es sich zur Ehre an, wenn Liszt ihn aufforderte, sich dabei hören zu lassen. Meist wurden neue Sachen aufgeführt, oft waren Freunde da, oder die besten Schüler durften spielen. Manchmal ließ der Meister sich selbst*

Adelheid von Schorn

am Flügel nieder. Eine kleine Anzahl der intimsten Freunde und Freundinnen Liszts war das ständige Publikum – sonst sah man nur Künstler. Im Salon saß man während der Musik, im Eßzimmer standen meist die Herren ...«

»… *Liszt mochte es nicht, wenn die Damen im Salon sitzen blieben wie in einem Konzert; er selbst ging herum und hatte gern, wenn die Gesellschaft sich zwischen den Musikstücken erhob und unterhielt.*«

In seinem Büchlein ›Zug der Gestalten‹ sieht Karl Linzen eine solche Matinée weitaus lockerer:

»*Ein internationales, dionysisches, apollinisches Musikvolk; fadendünne, geschmeidige Klavierjünglinge mit glattem Mähnenhaar und schönen schmalen Gesichtern, malvenbunte exzentrische Weiblichkeit mit fremdartiger Haut, mit Pagenköpfen, mit Botticelli-Frisuren und präraffaelitischem Lächeln … Ein babylonisches Sprachgewirr erscholl – im Nu war der Meister umringt … An jedem Arm hing sogleich eine bevorzugte phantastische Weiblichkeit, der er durch einen Kuß auf die Stirn oder Wange das Recht hierzu eingeräumt hatte …*«

Liszts Liebenswürdigkeit gegenüber der Weiblichkeit hat aber auch ihre Grenzen. Anläßlich der Probe mit dem großen Chor für seine ›Heilige Elisabeth‹ platzt ihm förmlich der Kragen, als »*die ermüdeten Damen etwas heiser und kratzig sangen, klopfte er auf und rief rot vor Ärger:* ›*Meine Damen, singen Sie wie die Schwäne und nicht wie die Gänse!*‹ *Das erregte heftigen Verdruß, aber Liszt wurde bald seines Unmutes Herr und seine Liebenswürdigkeit hatte die Damen schnell besänftigt …*«

Auch den Unterricht bei Franz Liszt hat Adelheid von Schorn – ähnlich wie schon La Mara – nicht vergessen:

»*Er ging auf und ab und ließ einige spielen, was sie gerade studiert hatten. Seine Bemerkungen konnten sich alle zu Herzen nehmen. Wenn er den Schüler vom Klavierstuhl wegschob und sich selbst hinsetzte, um zu zeigen, wie man es machen und nicht machen solle, dann drängte sich die ganze Schar um den Flügel, so nahe sie nur konnte, um ja keinen Ton, kein Wort, keine Miene des geliebten Meisters zu verlieren. Aber wie war dieser Lehrer auch mit den jungen Leuten! Für diese Güte gibt es keine Worte!*«

Adelheid von Schorns Vertrauen gegenüber Franz Liszt ist bemerkenswert. Gemeinsam reisen sie nach Italien. Während ihres Aufenthaltes in Rom begegnet sie im Januar 1882 dem Maler Paul Joukowsky, »*Sohn des alten Freundes meiner*

Eltern«. Dieser ›alte Freund‹ war der russische Diplomat und Dichter Wassili Joukowsky.

»1812 trat er in das Heer ein und machte die Schlacht bei Borodino mit. Seine Gedichte haben begeisternd auf seine Landsleute gewirkt, und heute noch werden seine Verse – Gott schütze den Zaren, zu denen Lwoff die Musik machte, als russische Nationalhymne gesungen ... Er heiratete erst mit 60 Jahren. In Düsseldorf wurde ihm eine Tochter, in [Frankfurt-] Sachsenhausen ein Sohn geboren, am 14. April 1852 starb er in Baden, wo seine Leiche beigesetzt war, ehe sie nach Petersburg überführt wurde.

In diesen wenigen Stunden unseres Beisammenseins hat sich eine Freundschaft angebahnt, die von da an wie ein roter Faden durch mein Leben gegangen ist, und um die sich jahrelang meine ganze Existenz dreht ... Die zwei Tage, die er in Rom zubrachte, waren wie Sonnenschein, der in eine dunkle Stube fällt ... und die Freundschaft, die unsere Eltern verbunden, lebte in den Kindern wieder auf ...«

Villa Belvederer Allee 2

217

Bereits im September des gleichen Jahres kommt Joukowsky mit einem nicht fertigen Porträt von Liszt nach Weimar. Hier will er die begonnene Arbeit vollenden. Drei Wochen sind dafür vorgesehen.

»Diese Tage haben unsere Freundschaft zu einem festen Band gemacht, das halten wird, so lange wir leben.«

Nach vier Jahren, es war im Februar 1886, wird Paul Joukowsky Mitbewohner der Villa Belvederer Allee 2.

Über die folgende Zeit schreibt Adelheid v. Schorn:

»Von da an lebten wir in der idealsten Gemeinschaft, die es zwischen Menschen geben kann: in der innigsten Freundschaft, wobei einer dem anderen nur zu helfen und das Leben zu verschönern bestrebt ist.«

Mehr als zwei Jahrzehnte eines glücklichen Lebens sind beiden seit dem Tage des Einzugs beschieden.

Paul Joukovsky stirbt 1912.

Am 7. Dezember 1916, sich vom Leben schon zurückgezogen, folgt sie dem Freund und Kameraden in die Ewigkeit.

Als Stiftsdame hatte Adelheid von Schorn einen tiefen Einblick in die Weimarer Hofgesellschaft.

In ihrer zweibändigen Ausgabe ›Das nachklassische Weimar‹ – ein bedeutendes Memoirenwerk – läßt sie das ›Silberne Zeitalter‹ noch einmal aufleben. Mit der Herausgabe der Briefe ihrer Mutter an Carolyne von Sayn-Wittgenstein führt sie zurück bis in das Weimar der Zeit des Großherzogs Carl Alexander und der Großfürstin Maria Paulowna. Ein Nachlaß, der seinesgleichen sucht.

Manche Episode, aufgezeichnet von ihrer Mutter, hält die Chronistin fest:

»Bettina kam nach Weimar und forderte mich auf, sie an das Tempelherrenhaus* zu begleiten, um den ›Goethe‹ von Steinhäuser zu sehen. Ihre und meine Töchter begleiteten uns; Bettina fuhr wie ein kleiner Drache um das Bild her –, ›das soll mein Goethe sein! – das meine Psyche? Schäme dich, Steinhäuser und komme mir nicht unter die Augen – solch ein Monstrum und solch einen Knirps soll ich erdacht haben!‹ – Gisela suchte sie zu beruhigen – sie wurde aber immer wütender, und der Aufseher, welcher uns das Haus geöffnet hatte, schien zu glauben, sie

Das Tempelherrenhaus im Park an der Ilm

habe den Verstand verloren. Meiner Tochter und mir kam aber die Szene so komisch vor, daß wir uns abwendeten. Kaum sah dies der Mann, so stürzte er zur Türe hinaus. Ich fürchtete, es wäre ihm etwas zugestoßen, folgte ihm und fand ihn vor der Türe, sich windend vor Lachen. – Bettina schimpfte, bis wir in die Stadt kamen. Ich ging zu Schöll und schickte ihn zu ihr in den ›Erb-prinzen‹, denn in der Nacht sollte Steinhäuser ankommen; Schöll gelang es, sie zur Vernunft zu bringen und Steinhäuser die Belei-digung durch sie zu ersparen.«

CAROLINE

Das nahende Ende einer großen Zeit

Großherzogin Caroline

»Jetzt regierender Landesfürst ist seit dem 5. Januar 1901, dem Tage des Hinscheidens seines Großvaters, Se. Königl. Hoheit Großherzog Wilhelm Ernst Carl Alexander Friedrich Heinrich Bernhard Albert Georg Hermann, geb. am 10. Juni 1876.

Großherzog Wilhelm Ernst ist getreu den Traditionen seinen großen Ahnen gefolgt.«

Bereits beim Regierungsantritt des Großherzogs äußert sich Henry van de Velde:

»Der junge Fürst war für die Bevölkerung von Sachsen-Weimar wie auch für ganz Deutschland ein unbeschriebenes Blatt … Auch in Berlin stellte man sich in den Kreisen der Gesellschaft wie auch in den Cafes, in denen Schriftsteller, Künstler, Journalisten verkehrten, die Frage, was in Weimar wohl geschehen werde.«

»Wir leben nur von der Tradition, sie wird modrig. Es riecht dumpf nach Mottenpulver«, stellt Adelheid von Schorn schonungslos fest, die Frau, die dem Hof sehr nahe steht und als Mitbehüterin der Weimarer Nachklassik wirkt.

Nach zweijähriger Landesverwaltung als ›Junggeselle‹ heiratet Wilhelm Ernst am 30. April 1903 in Bückeburg Prinzessin Caroline, die als Tochter des Fürsten Heinrich von Reuß ä.L. und der Prinzessin von Schaumburg-Lippe am 13. Juli 1884 in Greiz geboren wurde.

Früh verwaist, wuchs Caroline bei ihren Großeltern in einer offenen, liberalen Atmosphäre auf. Die stolze, würdevolle Haltung ihres Großvaters, dem sie sehr zugetan ist, prägt ihre Gefühlswelt und Denkweise.

Über die Hochzeit schreibt van de Velde, der für diesen Anlaß das Tafelsilber entwarf:

»Der Höhepunkt des Festes war das Hochzeitsmahl, bei dem die junge Großherzogin der Hofgesellschaft vorgestellt wurde … Die Großherzogin erschien wie ein Idol. Schlank, voller Liebreiz, von ungewöhnlicher Schönheit, mit Perlen und Juwelen bedeckt – mit einem in unendliche Ferne gerichteten, verlorenen Blick, wie von einem Abgrund angezogen, aus dem der Tod steigt. Ich war nicht der einzige, der von der Vorahnung einer drohenden Katastrophe betroffen wurde.«

Am 2. Juni 1903 trifft das junge Paar in Weimar ein.

Caroline hat es von Anbeginn schwer, als Großherzogin zu repräsentieren. Sie kommt nach Weimar, als die große Zeit dieser Stadt längst überschritten ist.

Noch scheint am Hof alles in Ordnung. Für Caroline gute Voraussetzungen, namhafte Künstler zu empfehlen und zu fördern. Henry van de Velde und Harry Graf Keßler beeindrucken sie durch ihre Persönlichkeit am stärksten.

Harry Graf Keßler, inzwischen durch den Großherzog zum Direktor des Großherzoglichen Museums für Kunst- und Kunstgewerbe berufen und immer noch auf die Verwirklichung seiner Pläne für ein neues Weimar hoffend, schreibt am 6. August 1903 an Hugo von Hofmannsthal:

Großherzogin Caroline bei ihrer Ankunft in Weimar am 2. Juni 1903

»Bitte stellen Sie sich nur nicht Weimar, den Hof, als ein Museum mit lauter toten Erinnerungen vor. Es ist im Gegenteil so lebendig, so animiert und rerum novarum cupidus* wie wohl kein anderer Ort jetzt in Deutschland.«

Ganz anderer Meinung ist Keßler drei Jahre danach in einem Brief aus Berlin, nachdem er seinen Rücktritt infolge persönlicher Brüskierung durch den Großherzog eingereicht hatte:

»Die Wahrheit ist, daß die Verhältnisse in Weimar, Intrigen hin, Intrigen her, schon seit Monaten so verworren sind, daß ich es fast Tag um Tag, irgend eine Klärung erwartend, aufgeschoben habe, an Dich zu schreiben …«

Zu einer denkwürdigen Begegnung zwischen der Großherzogin und Henry van de Velde kommt es anläßlich der Vorstellung seines Projekts zum Bau einer Schule für Kunstgewerbe und Kunstindustrie. Die Großherzogin erkundigt sich nach den Lehrgängen für junge Mädchen. Vorgesehen sind die Lehrfächer für Weberei, Stickerei, Batik, Emaille und Buchbinderei. Weder Snobismus noch Dilletantismus sollten

Eröffnung im Großherzoglichen Museum für Kunst und Kunstgewerbe
anläßlich der Ausstellung ›Max Klinger‹ (Juli 1903).
Im Mittelpunkt des Bildes Caroline und Großherzog Wihelm Ernst,
Harry Graf Keßler, Museumsleiter in Uniform, 3. Garde Ulan,
4. von links stehend.

geduldet werden, »*daß auch eine Landesherrin ohne Scheu
dort arbeiten könnte*«.

»*Glauben Sie, Professor, daß mich irgend jemand hindern
könnte, wenn ich eines Tages einen solchen Wunsch hätte?... und
wenn man auch versucht, eine gekrönte Marionette aus mir zu
machen!*«

Caroline, entschlossen, ihre geistige Unabhängigkeit zu
behaupten, sich durch Demütigungen der brutalen Neigungen des Großherzogs nicht schwächen zu lassen und wissend,
daß man ihr am Hofe den kleinsten Fehler nicht verzeiht,
lebt immer mehr isoliert.

Im Winter 1904/05 beunruhigen Gerüchte die Bevölkerung:
Die Großherzogin habe man aus Staatsgründen zur Heirat
gezwungen, obwohl sie einem anderen zugeneigt war. Als leidenschaftliche Reiterin habe sie den Tod als Begleiter gesucht.

223

Am 17. Januar 1905 stirbt die junge Großherzogin, erst zweiundzwanzigjährig, an den Folgen einer Lungenentzündung, die sie sich bei einem Ausritt zugezogen hat. Als letzte Großherzogin findet sie in der Fürstengruft ihre ewige Ruhe.

Großherzogin Caroline
auf der Totenbahre

Die Fürstengruft *

Während ihres kurzen Lebens in Weimar, von wenigen Reisen abgesehen, bevorzugt Caroline Schloß Ettersburg als Wohnsitz. Die Erfolge ihrer Bemühungen, vor allem die Musik- und Orchesterschule zu fördern, erlebt sie nur in den Anfängen.

Heute erinnert der 1908 auf dem Kötsch bei Weimar errichtete Carolinenturm an die so früh verstorbene Großherzogin.

»Hier ist ewige Jugend bei niemals versiegender Fülle,
Und mit der Blume zugleich brichst du die goldene Frucht.«

Friedrich Schiller*

Feodora

Die letzten Jahre des Großherzogtums

Fünf Jahre nach Carolines Tod regiert Großherzog Wilhelm Ernst als Witwer, bevor er am 4. Januar 1910 die zweite Ehe eingeht. Feodora, Prinzessin von Sachsen-Meiningen, am 29. Mai 1890 in Hannover geboren, wird seine Frau.

Trauung in Meiningen, am 4. Januar 1910

Feodora, die 4 Kindern das Leben schenkt, engagiert sich erfolgreich in der Säuglings-und Kinderfürsorge im Großherzogtum. Durch ihre Förderung kann im Jahre 1912 die einst von Maria Paulowna erbaute Kleinkinderbewahranstalt als Kinder- und Fürsorgeheim in unmittelbarer Nähe des Jakobskirchhofes eröffnet werden. Diese nach ihr benannte Einrichtung schließt erstmals eine praktische Ausbildung für Kinderpflegerinnen ein und soll bald Vorbild für weitere Einrichtungen in Thüringen werden.

Nur vier friedvolle Jahre begleiten das Leben Feodoras als Großherzogin, bis der erste Weltkrieg ausbricht. Mit

Großherzog Wilhelm Ernst

Begeisterung zieht es den Großherzog, der schon seit seiner Jugend Freude am Militär hatte, als Preußischen General der Infanterie ins Feld.

Geschlagen heimgekehrt, dankt er am 9. November 1918 nach Verhandlungen mit dem Volksbeauftragten August Baudert unter der Bedingung, für sich und seine Familie *»für alle Zeit auf den Thron und die Thronfolge im bisherigen Großherzogtum Sachsen-Weimar-Eisenach«* zu verzichten, ab.

Die Weimarische Landeszeitung ›Deutschland‹ stellt dazu fest: *»Mit Verwunderung blickten am Sonntagmorgen noch gar viele Weimarer um sich und wollten es gar nicht glauben, was geschehen war!*

Der Großherzog, abgedankt und doch alles so ruhig!«

Die großherzogliche Familie zieht sich auf das schlesische Besitztum in Heinrichau zurück. Hier stirbt der Großherzog mit 47 Jahren. Feodoras Leben erlischt am 12. März 1972 in Freiburg im Breisgau.

LOUISE DUMONT

*Ihre Vorstellungen vom ›Bayreuth des Schauspiels‹
in Weimar*

*»Louise Dumont kam in närrischer Zeit zur Welt. Im Karneval
1862, am 22. Februar, um vier Uhr früh. Das Wetter war über-
raschend mild in Köln. Gerade an diesem Samstag, an dem die
Zurüstungen zum Trubel der drei tollen Tage alles Leben mit-
rissen ...«*

Ihre Jugendjahre verlaufen allerdings weniger karnevali-
stisch. Sie besucht das Lyceum, lernt Weißnäherin und hat vor
allem für ihre 11 Geschwister, einschließlich den um ein Jahr
älteren Bruder, mit zu sorgen.

Theaterbesuche kennt sie kaum. Die wenigen Aufführungen,
die sie gesehen hat, sind enttäuschend und reichen nicht an
die Bilder ihrer Phantasie heran.

Auf einen Klostereintritt verzichtet Louise Dumont. Sie
befürchtet ein zu geringes Avancement. Den Verzicht be-
klagt sie wie das verlorene Paradies:

*»Fern von allem Erdenstreit, erhoben in eine vollkommenere
Welt.«*

Ihr Entschluß zum Schauspielberuf kommt spontan: *»Nicht
ich faßte den Entschluß, er faßte mich und erzwang die Verwirklichung.«*

Sie sieht im *»Amt der Frau als Schauspielerin«* – höchste
Erfüllung – *»im blitzhaften Eintauchen in die göttliche Sphäre, im Heranführen in die Welt des Geheimnisses«*.

Frühling 1882: Bei einem Gang durch die Berliner Frie-
drichstraße erblickt Louise Dumont ein Theaterplakat und für
sie steht nun endgültig und unwiderruflich fest:

*»Ich gehe zum Theater! Die Anzeige, die für ein klassisches
Stück wirbt, soll meine Zukunft bestimmen!«*

Ihre Laufbahn beginnt auf Berliner Vorstadtbühnen, setzt
sich fort über das Theater in Hanau, dem ein neues Berlin-
Engagement folgt, bis hin zu den Bühnen in Reichenberg,
Karlsbad und dem Burgtheater Wien.

Louise Dumont

Schon sieben Jahre nach ihrem Debüt ist sie Erste Schauspielerin des Königreiches Württemberg. Ihr bisheriger karrierehafter Aufstieg kommt in St. Petersburg und Moskau voll zum Durchbruch und soll in Berlin seinen Höhepunkt erfahren. Louise Dumont ist nun eine der berühmtesten Tragödinnen zu Beginn des 20. Jahrhunderts. Doch nicht nur das. Sie wird inzwischen auch eine überaus erfolgreiche und bekannte Regisseurin.

Mit Max Reinhardt und Friedrich Kayssler gründet sie in Berlin das ›Kleine Theater‹. Zuvor hatte sie auf ihren Reisen mit der ›Internationalen Ibsen Tournee‹ den Regisseur und Intendanten des Berliner Schauspielhauses, Gustav Lindemann, kennengelernt.

»1905 aber, in den Wochen der Schauspielhauseröffnung in Berlin, ging die Rede: Das Intendantenpaar hat geheiratet … man habe, aus Gründen des Taktes, auf Schleier und Öffentlichkeit verzichtet. Dies war, trifft es zu, tatsächlich Spiel: Vorbeugung dem Klatsch, die die Theaterarbeit selbst hätte gefährden können …«

So schildert ihre Biographin Wolf Liese jene Wochen.

Der Ehevertrag zwischen Louise Dumont und Gustav Lindemann wird aber bald geschlossen.

Im biographischen Bericht ›Leben für das Theater‹ offenbart sich erneut ihre Berufung zum Schauspiel. Dieses Mal nicht auf der Bühne, sondern für eine neue Bühne:

»Im Kunstbereich kamen sich Louise Dumont und Gustav Lindemann nahe, vor aller persönlichen Vertrautheit. Das Primat des Geistigen entschied. Die ideelle Theaterarbeit trug die Partner über Klippen. Sie blieb das Wesentliche in den Jahren ihrer Lebensgemeinschaft.

Nicht für Düsseldorf, für Weimar war zunächst ein Festspielhaus geplant. In der thüringischen Residenz des jungen kunstinteressierten Großherzogs Wilhelm Ernst von Sachsen-Weimar hatten sich Maler, Dichter und Architekten angesiedelt. Künstler, die fern dem ›wilhelminischen Berlin‹ in der vertrauten Atmosphäre klassischen Geistes an ihrer Selbstverwirklichung arbeiteten. Unter ihnen: die Schriftsteller Wilhelm von Scholz und Johannes Schlaf. Paul Ernst war im Sommer 1903 von Berlin nach

Weimar gezogen. Vor allem aber lebte hier der belgische Archi-
tekt Henry van de Velde. Der gebürtige Antwerpener, ein
hervorragender Mit-Schöpfer des deutschen Jugendstils, leite-
te von 1902 bis 1914 das Kunstgewerbliche Seminar der Ilmstadt.

In den Tagen ihres Weimarer Tourneegastspiels, Ende Novem-
ber 1903, trafen Dumont und Lindemann im Nietzsche-Archiv
mit Paul Ernst, Harry Graf Kessler, Wilhelm von Scholz und
Henry van de Velde zusammen. Die Gründung des Festspiel-
hauses wurde beschlossen.

In jedem Sommer sollte nach monatelanger Probenarbeit
große Dichtung in erster Besetzung gespielt werden. Elisabeth För-
ster-Nietzsche erhoffte ›ein Fest der höchsten Kultur‹. Die
Internationale Tournee aber wollte die in Weimar erarbeiteten
Inszenierungen in ganz Europa zeigen. Großherzog Wilhelm
Ernst förderte das Projekt. Er schenkte ein Grundstück nahe
Goethes Gartenhaus am Weg nach Belvedere. Henry van de
Velde zeichnete die auch baukünstlerisch wegweisenden Thea-
terentwürfe.

Während der Gastfahrt Anfang 1904 begann, wie Gustav
Lindemann die Anfeindung etablierter Kreise nannte, das ›Wei-
marer Satyrspiel‹. Der Intendant des Hoftheaters, Freiherr von
Vignau, war ein Hüter alten Theaterspiels. Er fürchtete die
Konkurrenz. Es gab Parteien für und wider. Ernst von Wilden-
bruch, Gegner der Moderne, unterstützte Weimars
›Stammtischkünstler‹. Der am Gendarmenmarkt geschätzte
Autor historisierender Hohenzollerndramatik – in Berlin nahm
ihn sonst kein Mensch mehr ernst – stand mit ›Fanfaren wilder
Entrüstung‹ gegen den Angriff auf ›alt geheiligte Traditionen‹.
Paul Ernst mahnte, das neue Theater werde in ein dauernd gei-
ferndes Hornissennest gebaut. Man sollte nie vergessen: ›Leute,
die nichts können, sind unversöhnliche Gegner!‹

Nicht nur Konkurrenzangst war Ansporn zu diesem ›Satyrspiel‹.
Gegen Dumont und Lindemann sprach auch Judenfeindlichkeit.«

Nach der Aufgabe des Projektes bleibt Louise Dumont weiter nichts übrig, als die Weimarer Festspielidee, die unter
dem Schlagwort ›Bayreuth des Schauspiels‹ bekannt geworden war, abzuschreiben.

Perspektive des Entwurfs für das Dumont-Theater in Weimar
nach den Plänen Henry van de Veldes

Der beauftragte Architekt Henry van de Velde äußert sich zum geplanten Vorhaben:

»Das ›Theater‹ bedeutete in meinem Leben eine Folge schwerer Enttäuschungen. Sie begannen mit der Weigerung des Großherzogs, der Schauspielerin Louise Dumont ein Terrain für das von ihr geplante ›Dramatische Nationaltheater‹ zur Verfügung zu stellen.

Es gab im Großherzogtum und in ganz Deutschland keine Gegner dieses schönen Projektes, abgesehen von einigen deutschen Kollegen, die mich um diesen Auftrag beneideten.

Aber der Intendant des Weimarer Hoftheaters und seine Freunde bei Hof bekämpften es aufs heftigste, weil es ihren eigenen Plan der Errichtung eines neuen Theaters in den Hintergrund drängte, der den Abbruch des alten, zu Goethes Zeit erbauten Theaters voraussetzte. Und ich wurde der Möglichkeit eines Beitrages beraubt, den ich für die Architektur des ›neuen Stils‹ zu Beginn des 20. Jahrhunderts hätte leisten können …«

Louise Dumont gründet dafür mit ihrem Mann im Jahre 1905 das Düsseldorfer Schauspielhaus.

Ganz unerwartet stirbt sie am 16. Mai 1932.

Pfingsten 1932: Der Montag ist schön und sonnig.

»Möge der Pfingstgeist über unser Volk, über die Menschheit kommen! …

Dein Wille geschehe. So habe ich es im Leben gehalten, so sage ich es auch im Tode«, sind ihre letzten Worte.

Ihr Grabmal auf dem Düsseldorfer Friedhof wird von Ernst Barlach geschaffen.

»Könnte man die Schar der deutschen Diener am Geiste, die durch die Zeiten gingen, zusammenrufen und fragen: Warum ist's bei uns so trostlos dunkel, obwohl ihr unter uns gelebt, obwohl euer Gedanke, Wort und Werk den deutschen Genius einmal aufleuchten machte über die Erde hin? – Sie würden antworten: ›Dunkel ist's, weil der Deutsche aufgehört hat, zuerst und vor allem dem Geiste zu dienen‹.«

Louise Dumont
›Vermächtnis‹

THERESE ELISABETH ALEXANDRA FÖRSTER-NIETZSCHE

*Ihr Gedanke an eine neue, dritte Epoche
weimarischer Kultur*

Selbstbewußt, repräsentationssüchtig, ehrgeizig und geschäfts-
tüchtig tritt sie auf. Umstritten ist sie schon zu Lebzeiten: Die
Schwester des weltbekannten Philosophen Friedrich Nietzsche, Elisabeth, geboren am 10. Juli 1846 in Röcken bei
Lützen, wo der Vater als lutherischer Pfarrer wirkt.

Verheiratet ist sie mit dem Pädagogen und führenden Anti-
semiten Bernhard Förster, der am 3. Juni 1889 Selbstmord
begeht. Beide errichteten noch zwei Jahre zuvor die arische
Kolonie ›Nueva Germania‹ in Paraguay.

Aus diesem Lande zurückgekehrt, gründet sie 1894, fünf
Jahre nach dem geistigen Zusammenbruch ihres Bruders, in
Naumburg das erste Nietzsche-Archiv als private Einrichtung. Der Erwerb der Gesamtrechte über das Werk Nietzsches
soll bald folgen.

Im September 1896 übersiedelt Elisabeth Förster-Nietzsche mit ihrem Naumburger Archiv nach Weimar in die
Wörthstraße (heute Thomas-Müntzer-Straße). Kurze Zeit
danach nimmt sie bei Rudolf Steiner, dem Begründer der
Anthroposophie, er wohnt an der Ackerwand, Privatunterricht
in Philosophie.

Im Mai 1897 kauft die schweizerische Lyrikerin und Frauenrechtlerin Meta von Salis-Marschlins die ›Villa Silberblick‹
in der Luisenstraße (heute Humboldtstraße), am südlichen
Stadtrand von Weimar gelegen. Dieses Anwesen stellt sie
Elisabeth Förster-Nietzsche für die Unterbringung des Archivs
und zur Pflege des kranken Nietzsche zur Verfügung.

Das Auftreten der schnell ›stadtbekannten Schwester des
weltberühmten Philosophen‹ ist für die Weimareingesessenen
bald Anlaß, nur noch von der ›Villa Sonnenstich‹ zu sprechen.

Über seine Honneurs bei Elisabeth schreibt Detlev von
Liliencron an Alma Holtorf:

Therese Elisabeth Alexandra Förster-Nietzsche

»*Weimar, den 7. März 1900*

Na, nun wollen Sie gewiß, hochverehrtes Fräulein und unser liebes Fräulein Rehburg, a bißl hören, wie's mir hier geht …

Ich sehe und sah fast alle Hofdamen und ›Damen, die zu Hof gehen‹, und Exzellenzen und Kammerherrn und Grafen und Barone, bei meiner himmlischen, ja himmlischen Frau Dr. E. Förster-Nietzsche in ihrer wundervollen Villa, wo ich täglich einige Stunden das Glück habe, verweilen zu dürfen (dieser letzte Satz eben war schon ›Hofsprache‹ in seiner höfischen und höflichen Ausdrucksweise) …

Himmel, was kostet das alles! Sofort mußte ich mir telegraphisch von meinem Schneider Günther einen Frack kommen lassen, weiße Westen, Hosen, neuen Zylinder, Lackstiefel usw.«

Bei all ihrer Lebensüppigkeit sind dem Bruder Friedrich dagegen nur noch drei Jahre gegeben, in dieser wilhelminischen Villa zu wohnen. Er stirbt am 25. August 1900.

Bereits kurze Zeit nach seinem Tode finden sich immer mehr Nietzsche-Verehrer nicht nur in Weimar, sondern vor allem auch bei seiner Schwester Elisabeth ein. Für sie sind das willkommene Gäste, von denen sie sich finanzielle Unterstützung zur Errichtung eines Nietzsche-Archivs, ähnlich dem Goethe-Schiller-Archiv, erhofft.

Das Nietzsche-Archiv
nach dem Umbau von Henry van de Velde

1902 geht die ›Villa Silberblick‹ in den Besitz von Elisabeth Förster-Nietzsche über. Sie beauftragt Henry van de Velde sowie den Maler und Bildhauer Max Klinger mit der Umgestaltung des Gebäudes zu einer Nietzsche-Gedenkstätte. Sie selbst begibt sich auf Reisen. Nach ihrer Rückkehr steht sie vor einem Jugendstilhaus mit neugestaltetem Eingang, mit Bibliotheks- und Archivraum zur Nutzung für Vorträge,

Lesungen und Hauskonzerte. Die Einweihung des Archivs findet am 15. Oktober 1903 statt.

Vortragsraum im Nietzsche-Archiv
(Raumgestaltung Henry van de Velde;
Nietzsche-Büste Max Klinger)

Frau Dr. Therese Elisabeth Förster-Nietzsche hat nunmehr ihre Residenz als Nachlaßverwalterin der Werke ihres Bruders. Unterstützt wird sie dabei durch Heinrich Köselitz (bekannt als Peter Gast, Komponist), der als Kustos des Archivs bis 1908 wirkt. Zum engsten Freundeskreis der Archivarin gehören als Mäzen Harry Graf Keßler, Max von Münchhausen und Walter Graf von Kielmannsegg. Ein unmittelbarer Einzug in die Hofgesellschaft gelingt ihr allerdings nicht. Dort duldet man sie gerade mal als Frau Oberförster Nietzsche, ein Titel, den ihr der Hofmarschall bei Vorstellungen zuerkennt.

So kann denn, geschmückt mit dieser Auszeichnung, auch am 10. Juli 1906 ihr 60. Geburtstag gebührend begangen werden, der einen Monat zuvor mit einem Spendenaufruf der Freunde der Jubelfeier eingeleitet wurde. Nicht im Protokoll vorgesehen waren die Verse:

Die Übermenschin

Nietzsches Schwester sechzigjährig.
Aktus. Feiert sie gehörig
Jubel-Dame, Bild geschenkt,
Festlich ins Archiv gehängt.

Im Hotel ist unterdessen
Großes Gala-Nietzsche-Essen.
Oben um den Lüster schwebt
Friedrich. Hätt' er's doch erlebt.

Komplimente. Wundersame
Blumenspenden. Telegramme,
Toaste. Reden. Dank. Sperenzchen.
Übermenschenkaffeekränzchen.

Alfred Kerr

Ein Jahr nach diesen Feierlichkeiten zerfällt der Künstlerkreis um das Nietzsche-Archiv. Der Lyriker Richard Dehmel gibt seine Absicht, nach Weimar zu gehen, wieder auf. Thomas Mann, Hugo von Hofmansthal, Gerhart Hauptmann und andere ziehen sich aus dem einstigen Wallfahrtsort deutscher Schriftsteller zurück.

Zur Vergabe des Nobelpreises für Literatur im Jahre 1908 an Elisabeth Förster-Nietzsche setzen sich die Philosophen Hans Vaihinger, Alois Riehl und Max Heinze ein. Nach dem Scheitern wird dieser Antrag für 1915 und 1923 erneut gestellt, abermals erfolglos.

1926 hält Hitler seinen ersten Parteitag in Weimar ab. Überzeugt, seinem Ziel näher gekommen zu sein, fügt er in einer Neuauflage von ›Mein Kampf‹ (1. Auflage 1925) eine Passage über dieses Ereignis ein:

»Ein Feuer war entzündet, aus dessen Glut dereinst das Schwert kommen muß, das dem germanischen Siegfried die Freiheit, der deutschen Nation das Leben wiedergewinnen soll. … neben der kommenden Erhebung fühlte ich die Göttin der unerbittlichen Rache schreiten …«

In ihrem Übereifer scheut sich Elisabeth Förster-Nietzsche nicht, den auch in Weimar immer wirksamer werdenden Nationalsozialisten den Hof zu machen.

Ende Januar 1932 empfängt sie Hitler, der aus Anlaß der deutschen Uraufführung von Mussolinis Napoleonstück ›Die 100 Tage‹ in Weimar weilt, in ihrem Archiv. Am 2. November 1933 überreicht sie ihm den Degenstock ihres Bruders und eine von ihrem Ehemann etwa 50 Jahre zuvor verfaßte antisemitische Petition an Bismarck. Zur gleichen Zeit setzt sie sich aber auch für ihre jüdischen Freunde, den Bildhauer Richard Engelmann und den Dirigenten Ernst Praetorius, ein.

Durchdrungen vom Nietzsche-Kult des Nationalsozialismus stirbt Elisabeth Förster-Nietzsche am 8. November 1935. Drei Tage später findet im Archivsaal unter Anwesenheit Adolf Hitlers und des Reichsjugendführers Baldur von Schirach die Trauerfeier statt.

In der ›Geschichte meines Leben‹, die Henry van de Velde 1947 beginnt, läßt er, inzwischen 84 Jahre alt, Elisabeth Förster-Nietzsche noch einmal aus der Sicht seines begnadeten Alters aufleben:

»Alles wäre zweifellos ohne jede Konsequenz für mich geblieben, wenn sich nicht drei Menschen zusammengetan hätten mit der Absicht, die verantwortlichen Kreise in Weimar an die Bedeutung der Tradition zu erinnern und den jungen Fürsten auf die Möglichkeit hinzuweisen, die Tradition in würdiger Weise fortzusetzen.

Diese drei Menschen waren Elisabeth Förster-Nietzsche, Graf Werthern, der nach dem Tod seines Vaters das Haupt einer der angesehensten thüringischen Familien geworden war, und als jüngster Harry Graf Keßler. Ihr Gedanke war, eine neue, dritte Epoche weimarischer Kultur in die Wege zu leiten, in deren Mittelpunkt der ›neue Stil‹ stehen sollte, dem ich mich verschrieben hatte. Elisabeth Förster-Nietzsche hatte dem Staatsminister Rothe, Harry Keßler, dem Grafen Werthern, dem Schwager des Hofmarschalls General Palézieux, den Plan vorgetragen: die dritte Epoche sollte – in gehöriger Distanz zu den früheren – die Wiederbelebung des Kunsthandwerks wie der industriellen Kunst bringen und den Weg für einen architektonischen Stil und eine Ästhetik unserer Zeit frei machen. Sollte mich, dachte ich, das Schicksal nach Deutschland gerufen haben, um eine Aufgabe zu erfüllen, die für jene, die sie ins Auge gefaßt hatten, ebenso kühn war wie für mich vermessen? …

Nach verhältnismäßig kurzer Zeit wurde ich offiziell von Staatsminister Rothe und Hofmarschall General Palézieux zu einer Unterredung in einem der großen Hotels am Potsdamer Platz aufgefordert. Es sollte mein Programm besprochen und die Aufgabe umschrieben werden, die ich am Hof des Großherzogs und in Weimar zu erfüllen hatte.

Elisabeth Förster-Nietzsche hatte den beiden Herren offenbar nur Lobenswertes über mich gesagt; sie war vom Wunsch beseelt, die Atmosphäre der Mittelmäßigkeit zu verscheuchen, die Weimar seit dem Verschwinden Liszts erstickte. Sie träumte von einem ›dritten Weimar‹, in dessen Zentrum das ›Nietzsche-Archiv‹ stehen sollte, dem sie alle Dokumente aus Nietzsches Leben und die gesamten Einkünfte aus seinen Werken überließ …«

Trotz aller Streitigkeiten über ihre Verfälschung der Schriften ihres Bruders, ist es Elisabeth Förster-Nietzsche zu danken, daß sein Lebenswerk im Friedrich-Nietzsche-Archiv in Weimar im Original vorliegt.

Eingangstür zum
Nietzsche-Archiv

KATHARINA KIPPENBERG

Ihre Empfehlung an Rainer Maria Rilke,
Weimar etwas näher kennenzulernen

Katharina Kippenberg

Aus Hamburg holt sich der Leiter des Insel-Verlags, Anton Kippenberg, die am 1. Juni 1876 geborene Katharina nach Leipzig. Sie wird ihm über vierzig Jahre zu einer unverzichtbaren Lebensgefährtin. Als Lektorin und Herausgeberin der berühmten ›Insel-Almanache‹ hat sie maßgeblichen Anteil am Welterfolg ihres Mannes.

Mit der ihr angeborenen Selbständigkeit weiß sie das pflichtgebundene Leben als Behüterin des Verlages, als Mutter und Hausfrau stilvoll und bewundernswert zu gestalten.

Sie selbst schreibt eine dichte, unverwechselbare Prosa, indem sie Wirklichkeit und Märchen verschmilzt.

Viel Zeit widmet sie neben dem deutschen geschriebenen Wort der englischen Literatur.

Angebotene Manuskripte prüft sie genau und schenkt den Autoren ihre Aufmerksamkeit, wo starke Begabung zu erkennen ist. Sie ermutigt und berät.

Aber auch Rainer Maria Rilke hat ihr viel zu verdanken. Aus dem Briefwechsel mit ihm sprechen ihr unermüdliches Anregen, freundschaftliche Fürsorglichkeit, ihre Beständigkeit und Güte. Sie vermittelt ihm seine Wohnungen, schickt ihm Heilkräuter und versucht sogar, ihn vom Militärdienst im 1. Weltkrieg zu befreien.

Rainer Maria Rilke besucht Weimar dreimal. Sein erster Besuch vom 1. zum 2. März 1910 gilt dem Ehepaar Alfred und Helene von Nostitz in der Tiefurter Allee. Darüber schreibt er an Klara Rilke-Westhoff:

»Gestern zu einem ganzen Frühlingstag kam ich herüber und fand Weimar sehr schön. Abends, bei Harry Graf Keßler, las Hofmannsthal, seine ›Spieloper‹, zu der Strauß Musik macht … Zuhörer waren außer K. und Nostitzens Ludwig von Hofmanns … Van de Velde, Frau Osthaus (Hagen), Frau Förster-Nietzsche. … Ich kann mir denken, daß es möglich wäre, hier eine Zeit lang zu wohnen und zu arbeiten.«

Seinen zweiten Weimar-Besuch verbringt er vom 22. zum 23. August 1911 gemeinsam mit dem Fürsten und der Fürstin von Thurn und Taxis. Zur Einstimmung auf diese Tage gibt ihm Katharina Kippenberg folgenden Rat:

»Also ... gleich ins Goethehaus und seine Zimmer sehen, durch die Sammlungen nur durchgehen, den Führer möglichst abschütteln, einen Blick vom Silhouettenzimmer in den Garten werfen. Dann ins Wittumspalais, es sehr liebevoll ansehen, sich den Saal bei Kerzenlicht, rauschenden Seiden und etc. denken. Dann über den Schloßplatz an der herrlichen Bibliothek, Charlotte Steins Haus vorbei und wieder zurück, – zum ›Archiv‹. Essen? Wir gehen ja immer in den Elephanten, wo es sympathisch gekochte, etwas altmodische Hausmannskost gibt, Russie ist berlinerischer, mit Keßler und van de Velde aßen wir einmal dort harte Beefsteaks. Nach Tisch zu Fuß in den Park zum Gartenhaus, aber an etwas Wunderbarem mit grünem Rasen vorbei, ich glaube, es nennt sich Reitschule. Am Gartenhaus ins Auto und nach Tiefurt, entweder hin durchs Webicht oder dadurch zurück. In Tiefurt Tee trinken, Schloß besehen, das Kötschau reformiert hat, und durch den Park gehen. ›Dich hat Amor gewiß, o Sängerin, fütternd erzogen‹ und andere Steine finden sie auf dem Weg am Wasser. Mehr können sie, glaube ich, nicht leisten, ev. kann das Auto noch rasch nach Belvedere fahren, dessen Park einzig, dessen Schloß innen nebensächlich ist.«

Beim dritten Weimar-Besuch wird Rilke von seinem Leipziger Verleger Anton Kippenberg am 22. und 23. Juli 1913 begleitet. Diesmal befolgt er den Rat Katharina Kippenbergs, die legendäre Tafelrunde nicht zu vergessen, und besucht das Wittumspalais. Darüber schreibt er später an Helene von Nostitz:

»Überdies sah ich Tiefurt, das bescheidene, – und sah Belvedere wieder und empfand auf das Unmittelbarste im Wittumspalais, was noch an Nachklang gemeinsamer Lesestunden um den großen Abendtisch der Herzogin Anna Amalia verschwingen mag. Dort widerfuhr mir ein kleines Erlebnis, als wir oben in den blauen Salon (neben dem Ballsaal) eintraten, entfernte ich mich von der am Eingang vor einem Bild sich zusammenhaltenden Gruppe von Leuten und hatte die Überraschung, aus einem der verhängten, gedämpft scheinenden Fenster einen großen schönen dunkeln Schmetterling irgendwie bedeutsam und ausdrücklich auf mich zukommen zu sehen (Ich wandte mich unwillkürlich um, niemand hatte ihn bemerkt); er bewegte sich

langsam und gefällig, wendete sich, zögerte in einer sonnigen Stelle der Luft und zog dann, so recht allein und hinreichend, mitten durch die offene Flügeltür in den schönen Tanzsaal ein (schwer in seinem Leichtsein, wie der Blick eines dunkeln Auges) bog nach einiger Zeit dort entschlossen ab, verschwand nach links –, und war, als wir in einer Weile alle dort herumtraten, nirgends zu sehen. Das alles ging so seltsam ausführlich vor sich, verging in einem bißchen Zeit so langsam, daß es ebenso zeitlos wie vertraulich war, lieblich-ernst, voll besonderer Mitteilung –, ich wollt es Ihnen erzählen, vielleicht läßt sich Weimar drinnen erkennen und grüßt Sie so.«

Diese Erlebnisschilderung ist Katharina Kippenberg zu verdanken.

Sie selbst wirkt eher zurückhaltend, jeden Schritt wohl überlegend. Darüber schreibt Hans Carossa:

»Wir wissen im Grunde nicht allzuviel Persönliches von Katharina Kippenberg. Es war nicht ihre Art, von sich selbst zu reden … auch wann sie begonnen hat, ihre Fähigkeit in den Dienst unseres Schrifttums zu stellen, können wir nur vermuten, da sie sich ja spät und verhältnismäßig selten entschlossen hat, als Urheberin ihrer Arbeiten zu zeichnen …«

So handelt sie auch in einem ergreifenden Nachruf auf Rilkes Tod.

»Unter den leidenschaftlich trauernden Nachruf an Rainer Maria Rilke, der um Ostern 1927 in dem Gedächtnisheft des Inselschiffs erschien, setzte sie nicht ihren Namen; aber in den Worten schwang ein Ton wie von einer stark gespannten Saite, ein Ton, der es unmöglich machte, die Verfasserin zu verkennen.«

Dem Dichter sich wahlverwandt fühlend, schreibt sie in zwei Büchern tiefgreifend über seine Entwicklung in allen Lebensabschnitten.

Hans Carossa:

»Durch die Art, wie sie andere rühmt, fällt ein Licht auf sie selbst.«

Ihr Mann, Anton Kippenberg, wird Präsident der Goethe-Gesellschaft (1938-1950) und mietet von 1936-1942 das Pogwisch-Haus in einem Gartengrundstück im Park an der Ilm.

Der in ihrem Besitz befindliche Leipziger Insel-Verlag fällt dem Bombenangriff am 3./4. Dezember 1943 zum Opfer. Wie durch ein Wunder bleiben ein Teil des Hauseingangs mit dem Spruch »*In deo spes mea*«*, Katharinas Wappenspruch, und das in Sandstein gemeißelte Schiff, das Wahrzeichen des Hauses, stehen.

Für Anton und Katharina Kippenberg erhalten die Worte des unsichtbaren Chors aus ›Des Epimenides Erwachen‹ eine völlig neue und unfaßbare Bedeutung:

> *»Hast du ein gegründet Haus,*
> *flieh die Götter alle, daß es,*
> *bis man dich trägt hinaus,*
> *nicht zu Schutt zerfalle«*

Anton und Katharina Kippenberg stellen die größte private Goethesammlung zusammen, die sie durch den ›Katalog der Sammlung Kippenberg‹ und das ›Jahrbuch der Sammlung Kippenberg‹ erschließen.

Am 12. Juni 1947, dem Todestag ihres Vaters, wird Katharina Kippenberg, die seit langem kränkelte, in Marburg zur letzten Ruhe gebettet.

❧ ❧ ❧

Katharina Kippenberg in ihrem letzten Buch:
»Die Verstorbenen wecken die Lebenden zu höherer Bestimmung: sie, die nur noch lauter Ewigkeit sind, ziehen sie empor. Ihr verklärtes Andenken leuchtet wie ein Stern über ihren Wegen. Wer Tote liebt, liebt sie als schöner Lebendige. Wir brauchen den Schmerz überhaupt; unter seiner bitteren Berührung wird das Herz süß, und an seiner Hand wird der Mensch zu seinen inneren Tiefen geführt.«

❧ ❧ ❧

ERIKA VON WATZDORF-BACHOFF

Eine Urururenkelin der Charlotte von Stein

Erika von Watzdorf-Bachoff

Herzensgüte und Feinsinn zeichnen sie als alleinerziehende Mutter aus. Sie ist Hausfrau und Schriftstellerin zugleich. Die Bediensteten ihres Hauses erfahren Zuwendung und Liebenswürdigkeiten. Sie ermöglicht ihnen sogar eine ihren Neigungen entsprechende Fortbildung. Das Hofleben liegt ihr fern. Sie schätzt dafür den Adel des Herzens und des Geistes und sucht die ruhigen Stunden.

In der Schönheit der Natur und im Lauf der Jahreszeiten liegt der Klang ihrer Verse:

> *Durch der Bäume schwarzen Winterschlaf*
> *müssen grüne Träume tröstlich ziehn …«*

Die gebürtige Altenburgerin bezieht dreißigjährig mit ihrem Mann, dem Rittmeister a.D. und Legationssekretär Kurt von Watzdorf, im Jahre 1908 die eben erst erbaute Jugendstilvilla in der Gutenbergstraße 8. Ein Blumengarten ziert die Umgebung des Hauses.

Das von der Baronin so innig gehegte Familienglück währt jedoch noch nicht einmal ganze vier Jahre. Die ständig zunehmenden erotischen Intermezzi ihres Ehegatten geben den Anlaß zur Scheidung.

Über ihr bisheriges Leben nachdenkend schreibt sie die Verse:

> *»Still und weise*
> *laß im Kreise*
> *alle Schmerzen um dich sein*
> *Lautes Leiden ist gemein*
> *leide leise.«*

Inneres Erleben und Empfinden begleiten ihre schriftstellerische Arbeit vor allem durch die Weimarer Zeit.

Bereits 1909 erscheint der erste Gedichtband ›Zwischen Frühling und Herbst‹. 1911 folgen die lyrischen Tagebuchblätter ›Das Jahr‹.

Das Werden und Vergehen der Natur und des Menschendaseins setzt sie in den Mittelpunkt.

Die Dichterin Maria von Ebner-Eschenbach schreibt dazu:
»… Diese Gedichte sind aller-allerersten Ranges. Ich las sie mit Hochachtung und freudiger Bewunderung.«

In der ›Täglichen Rundschau‹, Berlin, aus dem Jahre 1911, heißt es:

»… Und daß hier in einer Ururenkelin Charlotte von Steins der Geist Goethes spürbar waltet, das schlägt eine schöne Brücke zu wundersamen Zeiten, die uns fast wie goldene Märchen bedünken. Die Dichterin hat in ihrem Herzen seltsam klingende Bürden des Leides, die wie feinste Kristallbecher

aneinanderläuten. Viel edle Sehnsucht, der Muttererde Schmerz entsprossen, lebt in ihren Versen.«

1913 erscheint der ihrer Altenburger Heimat gewidmete Prosaband: ›Maria und Yvonne‹, die Geschichte einer Freundschaft.

»… Das Werk steht so fest im Boden der Heimat, daß es ein Kulturdokument ist … Maria und Yvonne sind im Altenburger Ländchen daheim und der liebenswürdige Zauber dieser fruchtreichen Erde ist mit großer Neigung für die Landschaft geschildert …«

Mit ›Nachklang‹ finden die Weimarer Jahre 1921 ihre Krönung.

»Nirgendwo ist die Stadt Goethes schöner im Liede auferstanden, als in der Reihe ›Weimar‹, in der jede Zeile Erlebnis beseligendster Art ist«, schreibt man nach dem Erscheinen.

> *»Der Rotdorn blüht in Weimars Straßen, –*
> *und du bist nicht mehr da.*
> *Nun sehnt mein Herz sich ohne Maßen*
> *nach jenem Blütenglück, das ihm geschah.*
> *Und sehnt sich krank, mit welchem Schlage,*
> *als wäre alles Qual*
> *und das Geleucht der Rotdorntage auf Erden*
> *nur noch dieses eine Mal.«*
>
> Aus: Erika von Watzdorf-Bachoff, ›Nachklang‹

Was hat sie so an Weimar gebunden, die Ururururenkelin der Charlotte von Stein? Keiner kann diese Frage besser beantworten als sie:

> *»Mein tiefstes Heimatgefühl heißt ›Weimar‹,*
> *denn hier sprach die Landschaft zum*
> *erstenmal so reinen Klanges zu mir,*
> *daß ich selber zu klingen begann,*
> *hier fand ich im Licht Goethes*
> *den inneren Weg zu meiner Heimat.«*

1927 kehrt Erika von Watzdorf zum Pohlhof, dem Familiensitz im Altenburger Land, zurück.

Sie stirbt im Dezember 1963, im 85. Lebensjahr.

Vor Goethes Gartenhaus –
bei Frühlingsanfang

»Noch braun und kahl am Gartenhaus die Hecke,
in scheuen Knospen nur der alte Flieder.
Ich geh im Sonnenscheine auf und nieder
und warte, daß er ganz den Frühling wecke.

Doch ziert den Abhang schon mit blauer Decke
das Sternenheer lenzerster Blümchen wieder –
und diesen Boden weihten ewge Lieder – –
Hier schritt Er, froh der stillen Gartenecke.

Hier bannte er Dämonen und Gespenster
im Segenslichte mächtiger Gedanken.
Vielleicht auch einmal, da er träumend blickte,

hob er die Augen dort zu jenem Fenster
und sah wie heut den leichten Vorhang schwanken,
den Lotte Stein mit feinen Händen stickte.«

Erika von Watzdorf-Bachoff, ›Nachklang‹

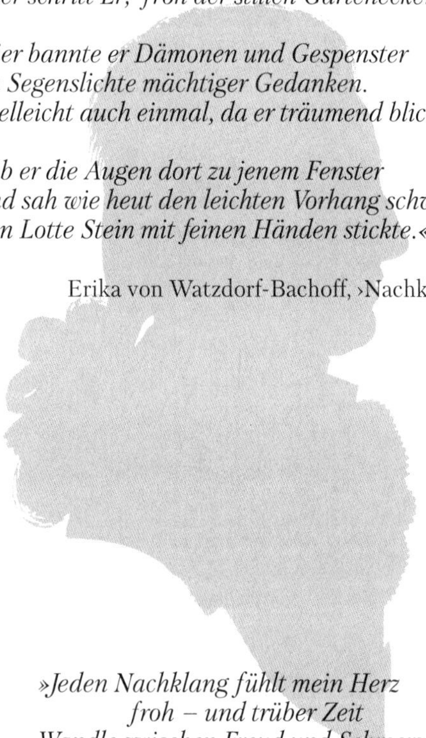

»Jeden Nachklang fühlt mein Herz
froh – und trüber Zeit
Wandle zwischen Freud und Schmerz
in der Einsamkeit.«

Johann Wolfgang von Goethe

250

Der

Frau Herzogin
von Sachsen – Altenburg
mit ehrerbietigen Paßhofs.
grüssen diesen Nachklang
aus dem treuen Altenburger
Herzen   der

Verfasserin
Erika Waldhof Bachhoff.

Paßhof, Altenburg,
Juni 1943.

HELENE VON NOSTITZ

»Aus dem alten Europa«

»*Jamais plus beau navire n'a quitté le port*«*, schreibt Auguste Rodin.

»*Im Herbst 1904 entließ sie das elterliche Haus aus seiner Obhut, ausgerüstet mit der Sicherheit und Grazie, mit der sie schon in jungen Jahren neben vier europäischen Sprachen die Spielregeln weltläufiger Geschichte beherrschte und zur grande dame jüngst vergangener deutsch-europäischer Geschichte emporsteigt*«, heißt es in einem Nachruf auf Helene von Nostitz, die am 18. November 1878 in Berlin unter dem Mädchennamen von Beneckendorf und von Hindenburg geborene Nichte des späteren Reichspräsidenten Paul von Hindenburg.

Von 1908 bis 1910 bewohnt sie mit ihrem Mann, dem Kammerherrn Alfred von Nostitz-Wallwitz, im Weimarer Staatsdienst tätig, die wilhelminische Villa in der Tiefurter Allee. Es ist ein Haus, in dem der gesellschaftliche Umgang mit bedeutenden Männern und Frauen gepflegt wird.

Helene von Nostitz ist es, die diesen gastlichen Mittelpunkt umsichtig führt, uneingeschränkt und mit feinsinniger Atmosphäre, die vor allem Schriftsteller, bildende Künstler und Schauspieler anzieht: Gerhart Hauptmann, Rainer Maria Rilke, Hugo von Hofmannsthal, Richard Dehmel und Alfred Walter Heymel. Sie gehören zum engeren Kreis.

Es ist aber auch ein Haus, in dem die Weimarer Freundesrunde ihre Feste feiert: Der Mitstreiter für die neue romantische Dichtung, Ernst Hardt, der Maler dekorativer Jugendstilbilder, Ludwig von Hofmann, der Direktor der Großherzoglichen Kunst- und Kunstgewerbeschule und Mitbegründer des Jugendstils, Henry van de Velde, und der souveräne Vermittler in der modernen Kunst, Harry Graf Keßler. Alle tragen, jeder auf seine Art, zur anregenden Geselligkeit bei. Der temperamentvolle Henry van de Velde schon beim Einzug. Helene von Nostitz erinnert sich:

Helene von Nostitz

Das Haus Tiefurter Allee

»Ich weiß noch, wie er meinem Mann bei unserem Einzug in der Tiefurter Allee, als wir über die Aufstellung meiner Büste von Rodin nachdachten und sie auf die Treppe stellen wollten, ganz rasch sagte: ›Mon cher ami, on met sa femme à la porte, mais pas sur l'escalier.‹ * Sein Witz traf den Punkt mit der Schnelligkeit des Blitzes …«

Sie ist aber nicht nur eine anmutige Gastgeberin. Mit ihrer bildhaften und verinnerlichten Sprache schildert sie das ›alte Weimar‹:

»Denn alle Eindrücke in Weimar vertraut man so gern … Bäumen an, die um liebliche Schlösser gruppiert sind und die kleine Stadt von jeder Seite umarmen …«

Das ›Haus Hohe Pappeln‹ ließe sich nicht besser malen, als sie es beschreibt:

»Als ob sich der Boden gewölbt hätte, so wächst unter den großen Kastanienbäumen der Belvedere-Allee van de Veldes Haus, klein, fest und organisch wie eine Pflanze aus der Erde, davor hohe Sonnenblumen und bunte Stauden und das Summen der Bienen …«

Eines der vielen Treffen im Haus Harry Graf Keßlers schildert sie so, als wäre man selbst Gast:

»Ich erinnere mich noch des Abends, als Gerhart Hauptmann mit dem schönen Kopf … eines seiner Dramen vorlas, während Rilke mit uns aufmerksam, ohne Kritik, lauschte.

254

Helene von Nostitz

Ich mußte an das Wort von Eberhard Bodenhausen denken, der mit bewegter Stimme einmal sagte: › Wir wissen gar nicht genug, in welchem Frühling wir leben – überall regt es sich!‹

Hier traf ich auch zum ersten Male Walter Heymel, diese schillernde Gestalt, die alles umspannen wollte und eine Überfülle erlebte, die ihn zu einem frühen Tod drängte …

Auch die Schwester Nietzsches kam öfter abends aus dem Nietzsche-Archiv hinunter. Ihr im Alter noch kindliches Gesicht, von kleinen Locken umrahmt, war voller Bereitschaft mitzufühlen und mitzuschwingen, soweit ihr Gefühl die Welt ihres Bruders dabei bejaht fand, die für sie die Welt war und blieb, der sich alles unterordnen mußte …

Dann erschienen auch Ludwig von Hofmann und seine Frau, die eine eigene verträumte Welt um sich hatten – er, mit dem fernen Blick, der die liebliche Bewegung seiner Vision erschaute, sie, schön und geheimnisvoll lächelnd, mit einem Kopf, der ägyptischen Königinnen nahe verwandt schien; auch Ernst Hardt mit seiner lieblichen, griechischen Frau; dann der Musiker Walter Lampe, der Mozarts unkörperliche Feinheiten wie kein anderer wiederzugeben verstand, und Frau Lampe von Guaita, deren

255

Büchereinbände wie Erzählungen anmuteten, so waren sie dem Inhalt angepaßt oder gingen über ihn hinaus ...

Und van de Velde selbst, der Gestalter dieser Räume, mit seiner blonden Frau, welches bewegte Leben war um ihn und welches Drängen!«

Bleibende Erinnerungen an diese Zeit, an das künstlerisch moderne und literarische Weimar am Anfang des 20. Jahrhunderts, hinterläßt Helene von Nostitz in ihrem Buch ›Aus dem alten Europa‹.

Ihre Nachbarn werden gegenwärtig:

»Die alten Schauspieler! Das war eine Erzählung für sich, diese alten, etwas zerfetzten, verträumten Gestalten, die neben uns in dem hohen, großen Gebäude wohnten, der letzten Zuflucht, die sie der Stiftung Marie Seebachs verdankten.

Nun war in ihrem Alter das Leben erst recht etwas Fernes und Unwirkliches geworden. Unter der großen Kastanienallee, die nach Tiefurt führt, traf ich sie oft ...

Vor dem Hintergrund dieser Allee bekamen alle jene Menschen eine besonders markante und individuelle Silhouette. Wie gerne ging auch Rilke hier auf und ab. Er hatte schon mit einer anderen, inneren Welt zu tun ... Ich sehe uns dort langsam auf der Tiefurter Allee wandern, wo die liebliche Landschaft so verlockend hereinschaut, und dann weiter nach Tiefurt gehen, auf der Höhe sähe man die Eisenbahnen wie Spielzeuge durch die Kornfelder fahren, meinte Rilke.«

Helene von Nostitz stirbt am 17. Dezember 1944. Unter den alten Kastanienbäumen im Schloßpark von Bassenheim findet sie ihre letzte Ruhestätte.

Einen Hauch von Abschied aus Weimar spürt man in diesen Zeilen von ihr:

»Es war ein sonniger Tag in der Tiefurter Allee, als wir Weimar verließen. Durch die dichten Kastanienblätter drangen einige schräge Sonnenstrahlen und fielen auf die noch schöne Gestalt einer alten Dame, die voller Würde und Trauer mit einigen roten Rosen in der Hand dastand. Ihr Kopf hatte die Majestät und Dramatik eines Adlerkopfes, der immer nach der

Höhe und Ferne ausschaut. Frau von Helldorf war eine Bewoh-
nerin des ›Horns‹ und Vertreterin des alten Weimars, das noch
von der Zeit Franz Liszts träumte, dessen Freundin sie gewesen
war. Auch das Neue war sie bereit mitzuempfinden, aber diese
Bereitschaft wurde oft enttäuscht; denn jene Welt voll rau-
schender Biegsamkeit und farbiger Heiterkeit war einer herberen
gewichen, die die Jugend von 1920 doch schon wieder als Roman-
tik empfinden würde. Eine Kühle lag in diesen Anfängen einer
neuen Zeit, der sie oft ratlos gegenüber stand. Und nun war sie
gekommen, um uns in der Tiefurter Allee Lebewohl zu sagen, denn
sie wußte, was Abschied nehmen heißt. So werde ich sie immer
sehen, unter diesen breiten Bäumen, mit der Träne im Auge, den
Rosen in der Hand, wie ein Denkmal zwischen zwei Jahrhunderten
stehend …«

Es ist ein Abschied vom alten Weimar, ein Abschied vom
alten Europa.

»Der letzte Anblick eines Ortes, wo wir lebendige
Stunden verlebt haben, bleibt eingeprägt wie der
letzte Händedruck eines Sterbenden. Nur die,
welche die plastischen Eindrücke solcher letzten
Augenblicke treu in sich tragen, können wir zu
den Lebenden rechnen.«

Helene von Nostitz:
Weimar, in den Jahren 1908-1910, ›Abschied‹

LITERATURVERZEICHNIS

Adlersfeld-Ballestrem, Eufemia von: Kaiserin Augusta. Ein Lebensbild. Berlin 1902.

Bamberg, Eduard von: Die Erinnerungen der Karoline Jagemann. Dresden 1926.

Bode, Wilhelm: Der Musenhof der Herzogin Anna Amalia. Berlin 1908.

Bode, Wilhelm: Charlotte von Stein. Berlin 1910.

Bode, Wilhelm: Damals in Weimar. Weimar 1910.

Bode, Wilhelm: Das Leben in Alt-Weimar. Ein Bilderbuch. Weimar 1917.

Bode, Wilhelm: Der Weimarische Musenhof. Berlin 1925.

Böttiger, Karl August: Literarische Zustände und Zeitgenossen. Hrsg. von Klaus Gerlach und René Sternke. Berlin 1998.

Boy-Ed, Ida: Charlotte von Kalb. Eine psychologische Studie. Jena 1912.

Boy-Ed, Ida: Das Martyrium der Charlotte v. Stein. Stuttgart, Berlin 1919.

Brückner, Christiane: Wenn du geredet hättest, Desdemona. Hamburg 1983.

Burggraf, Julius: Schillers Frauengestalten. Stuttgart 1900.

Deneke, Toni: Das Fräulein von Göchhausen. Weimar 1955.

Dreßler, Roland und Klauss, Jochen: Schloß Tiefurt. Nationale Forschungs- und Gedenkstätten der klassischen deutschen Literatur. Weimar o.J.

Dreßler, Roland und Klauss, Jochen: Weimarer Friedhöfe. Weimar, Köln, Wien 1996.

Falk, Johannes: Kriegsbüchlein. Darstellung der Kriegsdrangsale Weimars in dem Zeitraum von 1806-1813. Insel Verlag Leipzig o.J.

Federn, Etta: Christiane von Goethe. Ein Beitrag zur Psychologie Goethes. München 1917.

Geiger, Ludwig: Charlotte von Schiller und ihre Freunde. Auswahl aus ihrer Korrespondenz. Berlin 1908.

Genast, Eduard: Aus dem Tagebuch eines alten Schauspielers. Leipzig 1862-66.

Geschichte der Stadt Weimar. Hrsg. von Gitta Günther und Lothar Wallraf. Weimar 1975.

Gesky, Franz David: Bruchstücke einer Chronik zwischen 1806 und 1835. Hrsg. von Hubert Erzmann und Rainer Wagner. ›Weimar von unten betrachtet‹. Jena 1997.

Goethes Briefe an Frau von Stein. 4 Bände. Mit einer Einleitung von Karl Heinemann. Stuttgart und Berlin o.J.

Goethe, Johann Wolfgang von: Zeichnungen von J.W. Goethe. Insel-Bücherei Nr. 555. Im Insel-Verlag zu Leipzig 1940.

Gustedt, Jenny von: Aus Goethes Freundeskreis. Erinnerungen. Hrsg. von Lilly von Kretschmann. Braunschweig 1892.

Hecker, Jutta: Corona. Das Leben der Schauspielerin Corona Schröter. Berlin 1970.

Herold, Christopher: Madame de Staël – Herrin eines Jahrhunderts. München 1960.

Hof, Walter: Wo sich der Weg im Kreise schließt. Goethe und Charlotte von Stein. Stuttgart 1957.

Hoffmann von Fallersleben, August Heinrich: Mein Leben. Aufzeichnungen und Erinnerungen. Bd. 5, Hannover 1868.

Jäger, Walter: Zum Handeln geboren. Eine biographische Erzählung um Johannes Falk. Weimar 1955.

Janetschek, Ottokar: Christiane Vulpius. Goethes Freundin und Frau. Berlin 1926.

Kandinsky, Nina: Kandinsky und ich. München 1976.

Keil, Robert: Corona Schröter. Eine Lebensskizze. Leipzig 1875.

Kippenberg, Katharina: Kleine Schriften. Einleitung Hans Carossa. Goethe Museum Düsseldorf, Anton-und-Katharina-Kippenberg-Stiftung.

Kippenberg, Katharina: Zum Gedächtnis. XII. Juni MCMXLVII. Frankfurt am Main. Goethe Museum Düsseldorf. o.J.

Kisch, Egon Erwin: Hetzjagd durch die Zeit. In: Gesammelte Werke in Einzelausgaben. Hrsg. von Bodo Uhse und Gisela Kisch, Bd. 5. Berlin und Weimar 1972.

Kühnlenz, Fritz: Erlebtes Weimar. Rudolstadt 1966.

Kühnlenz, Fritz: Weimarer Porträts. Neue Folge, 2. Aufl., Rudolstadt 1970.

Kühnlenz, Fritz: Weimarer Porträts. Rudolstadt 1970.

La Mara (Lipsius Marie): Liszt, Franz und Carl-Alexander, Großherzog von Sachsen-Weimar-Eisenach. Briefwechsel. Leipzig 1904.

La Mara: Musikalische Studienköpfe. 1. Bd., Leipzig 1876.

Liese, Wolf: Louise Dumont – Ein Leben für das Theater. Hamburg und Düsseldorf 1971.

Menchén, Georg: Romantische Reise durch Thüringen. Leipzig 1985.

Meßner, Paul: Das Deutsche Nationaltheater Weimar. Ein Abriß seiner Geschichte von den Anfängen bis Februar 1945. Tradition und Gegenwart. Weimarer Schriften, Heft 17, 1985.

Mit Goethe durch das Jahr. Zürich und München 1989.

Mosapp, Hermann: Charlotte von Schiller. Ein Lebens- und Charakterbild. Stuttgart 1905.

Müller-Harang, Ulrike: Das Weimarer Theater zur Zeit Goethes. Nationale Forschungs- und Gedenkstätten der klassischen deutschen Literatur in Weimar. Weimar 1991.

Muthesius, Karl: Herders Familienleben. Berlin 1904.

Nostitz, Helene von: Aus dem alten Europa. Menschen und Städte. Im Insel-Verlag. MLCM.

Pretzsch, Alfred u. Hecht, Wolfgang: Das alte Weimar skizziert und zitiert. Weimar 1975.

Raabe, Paul: Spaziergänge durch Goethes Weimar. Zürich 1990.

Ranft, Gertrud: Historische Grabstätten aus Weimars klassischer Zeit. Nationale Forschungs- und Gedenkstätten der klassischen deutschen Literatur in Weimar. Weimar 1990.

Rilke, Rainer Maria: Helene von Nostitz. Briefwechsel. Wiesbaden 1954.

Runkel, Ferdinand: Böcklin-Memoiren. Berlin 1910.

Scheidig, Walter: Das Schloß in Weimar. Hrsg. von der Direktion der Staatlichen Kunstsammlungen in Weimar. Weimar 1962.

Schopenhauer, Johanna: Damals in Weimar. Erinnerungen und Briefe von und an Johanna Schopenhauer. Hrsg. von H.H. Houben, Leipzig 1924.

Schorn, Adelheid von: Das nachklassische Weimar. T. 1-2, Weimar 1911-12.

Schorn, Adelheid von: Das nachklassische Weimar unter der Regierungszeit von Karl Alexander und Sophie. Weimar 1912.

Schorn, Adelheid von: Zwei Menschenalter. Erinnerungen und Briefe aus Weimar und Rom. Einl. von Friedrich Lienhard. Stuttgart 1923.

Schmidt, Werner: Hier wohnte ... Eine Weimarer Chronik von Lucas Cranach bis Louis Fürnberg. Tradition und Gegenwart, Weimarer Schriften, Heft 10, 1976.

Schrader, O.: Kaiserin Augusta. Biographie. Weimar 1890.

Sedlacek, Carola: Das Kirms-Krakow-Haus in Weimar. Weimar 1989.

Seifert, Siegfried: Weimar Stadt der Klassik. Nationale Forschungs- und Gedenkstätten der klassischen deutschen Literatur in Weimar. Weimar 1988.

Staël, Germaine de: Zehn Jahre meiner Verbannung. Leipzig 1822.

Staël, Germaine de: Über Deutschland. In: Jena und Weimar. Ein Almanach des Verlegers Eugen Diederichs. Jena 1908.

Stümcke, Heinrich: Corona Schröter. Bielefeld und Leipzig 1926.

Taxis-Bordogna, Olga: Frauen von Weimar. München 1948.

Thüringische Landeszeitung. Folge: Villen in Weimar. Weimar 1995.

Uhde, Hermann: Erinnerungen an die Malerin Luise Seidler. Weimar 1962.

Velde, Henry van de: Geschichte meines Lebens. Hrsg. von Hans Curjel. München und Zürich 1986.

Voß, Lena: Goethes unsterbliche Freundin (Charlotte von Stein). Braunschweig, Berlin, Hamburg o.J.

Vulpius, Wolfgang: Christiane. Lebenskunst und Menschlichkeit in Goethes Ehe. Weimar 1949.

Wagner, Rainer: Weimar: Historische Photographien. Kassel 1991.

Wagner, Rainer: Straßen-, Platz- und Flurnamen damals und heute, in Zusammenarbeit mit Gitta Günther, Jena 1996.

Wahl, Hans: Das Wittumspalais in Weimar. Leipzig 1927.

Watzdorf-Bachoff, Erika von: Nachklang. Hannover 1921.

Watzdorf-Bachoff, Erika von: Weimars Park. Weimar 1925.

Weber, Christiane: Villen in Weimar. Bd. I. Arnstadt und Weimar 1996.

Weber, Christiane: Villen in Weimar, Bd. II. Arnstadt und Weimar 1997.

Weimar im Urteil der Welt. Berlin und Weimar 1975.

Weimar. Lexikon zur Stadtgeschichte, Weimar 1993.

Weimar. Kulturjournal, Nr. 8. Weimar 1992.

Wollkopf, Roswitha: Chronik des Nietzsche-Archivs. Weimar o.J.

PERSONENVERZEICHNIS

Adlersfeld-Ballestrem, Eufemia von, Biographin der Kaiserin Augusta.

Alexander I. Pawlowitsch (1777-1825), russischer Kaiser 1801-1825, verheiratet mit Luise Marie (Jelisaweta Aleksejewna) von Baden.

Anna Amalia, geb. Prinzessin von Braunschweig-Wolfenbüttel (1739-1807), Herzogin von Sachsen-Weimar-Eisenach 1756-1758, Regentin 1758-1775.

Arnd, Friedrich (vom jüdischen zum islamischen Glauben konvertiert unter dem Namen Omar al Raschid Bey) (1842-1910), russischer Arzt und Philosoph, Ehemann von Helene Böhlau.

Arnim, Achim von (eigtl. Ludwig Joachim von) (1781-1831), Dichter, Schriftsteller, Ehemann der Betttina von Arnim.

Arnim, Bettina von, geb. Brentano (1785-1859), Schriftstellerin.

Augusta, Marie Luise Katharina Prinzessin von Sachsen-Weimar-Eisenach (1811-1890), deutsche Kaiserin und Königin von Preußen 1858-1890.

Bardua, Karoline (1781-1864), Malerin, kam 1805 aus Ballenstedt nach Weimar, Malunterricht bei Heinrich Meyer.

Barlach, Ernst (1870-1938), Bildhauer, Zeichner, Graphiker, Schriftsteller.

Batsch, Amalie Erzieherin von Prinzessin Augusta.

Baudert, August (1860-1942), Staatsminister.

Beaulieu-Marconnay, Karl von (1811-1889), Oberhofmeister, Schriftsteller.

Beck, Heinrich (1760-1803), Schauspieler, Dramatiker.

Becker-Neumann, Christiane (1778-1797), Schauspielerin.

Begas, Reinhold (1831-1911), Bildhauer, 1861-1865 Lehrer an der Kunstschule in Weimar.

Berg, Amalie, Pseudonym für Ludecus, Amalie; Ehefrau von Ludecus, Johann August (1742-1801), Geheimsekretär Anna Amalias.

Bertuch, Friedrich Johann Justin (1747-1822), Kaufmann, Verleger.

Beulwitz, von, erster Ehemann (Ehe im September 1794) der Caroline von Wolzogen.

Bismarck, Otto Eduard Leopold von (1815-1898), Staatsmann.

Bodenhausen, Eberhard Freiherr von (1868-1918), Kunsthistoriker, Kultur- und Wirtschaftspolitiker.

Böcklin, Angela (1836-1915), Ehefrau von Böcklin, Arnold (1827-1901), Maler, 1860-1862 in Weimar als Lehrer an der Kunstschule.

Böhlau, Helene; verh. mit Omar al Raschid Bey (1859-1940), Schriftstellerin.

Böhlau, Hermann Heinrich Eduard (1826-1900), Vater von Helene Böhlau, Verleger.

Böttiger, Karl August (1760-1835), Archäologe, Schriftsteller, 1791-1804 Direktor des Weimarer Gymnasiums.

Bojanowski, Eleonore von (1864-1955), Schriftstellerin.

Brentano, Clemens von (1778-1842), Dichter, Bruder der Bettina von Arnim.

Bronsart (von Schellendorf), Hans (1830-1913), Pianist, Komponist, 1852-1857 Schüler von Franz Liszt, 1887-1895 Generalintendant des Weimarer Hoftheaters.

Bülow, Gabriele von, Tochter des Gelehrten und Politikers Wilhelm von Humboldt.

Bülow, Hans Guido Freiherr von (1830-1894), Dirigent und Pianist.

Bünau, Heinrich von (1697-1762), Staatsmann, Historiker.

Carl Alexander (1818-1901), 1853-1901 Großherzog von Sachsen-Weimar-Eisenach.

Carl August (1757-1828), Herzog, 1775-1815, 1815-1828 Großherzog von Sachsen-Weimar-Eisenach.

Carl Friedrich (1783-1853), 1828-1853 Großherzog von Sachsen-Weimar-Eisenach.

Caroline, geb. Prinzessin Reuß ä.L., (1884-1905), Großherzogin von Sachsen-Weimar-Eisenach, 1903-1905 erste Gemahlin des Großherzogs Wilhelm Ernst.

Caroline (1786-1816), Prinzessin von Sachsen-Weimar-Eisenach.

Carossa, Hans (1878-1956), Lyriker.

Constantin (1758-1793), Prinz von Sachsen-Weimar-Eisenach.

Cornelius, Peter (1824-1874), Komponist, 1852-1859 in Weimar, 15.12.1858 Uraufführung ›Der Barbier von Bagdad‹ unter Liszts Leitung.

Coudray, Clemens Wenzel (1775-1845), Baumeister, 1816 Oberbaudirektor in Weimar.

Dante, Alighieri (1265-1321), Dichter.

Dehmel, Richard (1863-1920), Schriftsteller.

Dumont, Louise (eigtl. L. Heynen), (1862-1932), Schauspielerin, Theaterleiterin.

Dingelstedt, Franz von (1814-1881), Schriftsteller, 1857-1867 Generalintendant am Weimarer Hoftheater.

Döll, Friedrich Wilhelm Eugen (1750-1816), Bildhauer.

Donndorf, Adolf von (1835-1916), Bildhauer.

Eberwein, Alexander Bartholomäus (um 1750-1811), Stadtmusiker in Weimar.

Ebner-Eschenbach, Marie Freifrau von, geb. Gräfin Dubsky (1830-1916), österreichische Schriftstellerin.

Eckermann, Johann Peter (1792-1854), Schriftsteller, Sekretär Johann Wolfgang von Goethes.

Egloffstein, Caroline Gräfin von (1789-1868), Hofdame bei Großfürstin Maria Paulowna, Tochter der Henriette v. Egloffstein.

Egloffstein, Freifrau von, Henriette, 1804 zweite Ehe mit dem hannoverschen Forstmeister Carl von Beaulieu-Marconnay; die Abkömmlinge der Egloffsteins und die der Beaulieu-Marconnays spielten als Beamte in Weimar des 19. Jahrhunderts eine wichtige Rolle.

Egloffstein, Julie Gräfin von (1792-1869), bekannte adlige Malerin ihrer Zeit, Tochter der Henriette von Egloffstein.

Einsiedel, Friedrich Hildebrand von (1750-1828), Geheimrat und Oberhofmeister der Herzogin Luise von Sachsen-Weimar-Eisenach.

Engelmann, Richard (1868-1966), Bildhauer, 1913-1930 Leiter der Bildhauerabteilung an der Hochschule für Bildende Künste in Weimar.

Ernst August II., Constantin (1737-1758), Herzog von Sachsen-Weimar-Eisenach 1755-1758.

Ernst, Paul (1866-1933), Schriftsteller, 1904-1914 in Weimar.

Facius, Angelica Bellonata (1806-1887), Medailleurin, Bildhauerin.

Facius, Friedrich Wilhelm (1764-1843), Stempel- und Steinschneider.

Fahlmer, Johanna Katharina Sibylla (1744-1821), Bekannte der Goetheschen Familie in Frankfurt/M.

Falk, Caroline (1778-1841), Ehefrau von Johannes Daniel Falk.

Falk, Johannes Daniel (1768-1826), Pädagoge, Schriftsteller.

Feodora, geb. Prinzessin von Sachsen-Meiningen (1890-1972), Großherzogin von Sachsen-Weimar-Eisenach 1910-1918.

Fernow, Carl Ludwig (1763-1808), Bibliothekar, Kunstwissenschaftler, seit 1803 Professor in Jena.

Förster, Bernhard (1843-1889), Schriftsteller, Ehemann von Elisabeth Förster-Nietzsche.

Förster-Nietzsche, Therese Elisabeth Alexandra (1846-1935), Schriftstellerin, Schwester von Friedrich Nietzsche.

Freytag, Gustav (1816-1895), Kulturhistoriker, Schriftsteller.

Friedrich II. (gen. der Große), (1712-1786), König von Preußen 1740-1786.

Friedrich III., als Kronprinz Friedrich Wilhelm gen. (1831-1888), deutscher Kaiser und König von Preußen 9.3.1888-15.5.1888, 99-Tage-Kaiser.

Gagern, Wilhelm Heinrich August Freiherr von (1799-1880), Politiker.

Gast, Peter (eigtl. Heinrich Köselitz), (1854-1918), Komponist.

Geibel, Emanuel (1815-1884), Schriftsteller.

Genast, Eduard Franz (1797-1866), 1829-1860 Schauspieler und Sänger mit lebenslanger Anstellung in Weimar.

Genelli, Buonaventura (1798-1868), Maler, Kupferstecher, 1859 nach Weimar berufen.

Gesky (Geske), Franz David (1769-1839), Gerichtsdiener, Gefängniswärter, zeichnete das Geschehen in Weimar zwischen 1806 und 1835 auf.

Gleim, Johann Ludwig Wilhelm (1719-1803), Dichter.

Göchhausen, Luise von (1752-1807), Hofdame.

Goethe, August von (1789-1830), Jurist, Sohn Goethes.

Goethe, Alma Sedina Cornelia von (1827-1844), Goethes Enkelin.

Goethe, Elisabeth Katharina (1731-1808), Mutter von Johann Wolfgang von Goethe.

Goethe, Walther Wolfgang Freiherr von (1818-1885), Enkel von Johann Wolfgang von Goethe, komponierte Opern, Lieder und Klavierstücke.

Goethe, Johann Wolfgang von (1749-1832), Dichter, Staatsminister.

Goertz, Johann Eustachius, Graf von Schlitz (1737-1821), Oberhofmeister.

Goethe, Ottilie, geb. von Pogwisch (1796-1872), Ehefrau des August v. Goethe, führte einen eigenen geselligen Salon und gab 1829/31 die literarische Zeitschrift ›Chaos‹ heraus.

Gore, Charles (1726-1807), Maler, Kaufmann, 1791 in Weimar nach Einladung durch Carl August.

Gore, Elise (1754-1802), Tochter von Charles Gore.

Gore, Emilie (um 1755-1826), Tochter von Charles Gore.

Gretsch, Nikolai Iwanowitsch (1787-1867), Russischer Publizist, Aufenthalt in Weimar 1817.

Grosse, Julius Waldemar (1828-1902), Lyriker, Dramatiker, 1870 General-sekretär der Deutschen Schillerstiftung.

Gründgens, Gustav (1899-1963), Schauspieler, Regisseur, Theaterleiter.

Gunderode, Karoline von (1780-1806) veröffentlichte unter dem Namen *Tian* romantisch-schwermütige ›Gedichte und Fantasien‹ (1804) und ›Poetische Fragmente‹ (1805), eine unglückliche Liebe trieb sie zum Selbstmord.

Günther, Wilhelm Christoph (1755-1826), Pfarrer, Hof- und Garnisons-prediger in Weimar.

Gustedt, Jenny von, Verehrerin der Kaiserin Augusta, Schriftstellerin.

Gutzkow, Karl Ferdinand (1811-1878), Schriftsteller, 1861-1864 General-sekretär der Deutschen Schillerstiftung.

Hagen, Theodor (1842-1919), Maler der Weimarer Malerschule.

Hamann, Johann Georg (1730-1788), philosophischer Schriftsteller, Freund Herders.

Hand, Professor der Altphilologie, Lehrerin der Prinzessin Augusta.

Hardt, Ernst (1876-1947), Schriftsteller, Theaterleiter, Regisseur, 1907-1925 in Weimar, 1919-1924 Generalintendant des Weimarer Theaters, das er am 19.01.1919 zum Deutschen Nationaltheater ausrief.

Hauptmann, Gerhart (1862-1946), Dramatiker.

Hebbel, Friedrich (1813-1863), Schriftsteller, blieb nach mehreren Besuchen nicht in Weimar.

Heinze, Max, Philosoph, Befürworter der Vergabe des Literaturnobelpreises an Frau Förster-Nietzsche.

Helldorf, Frau von, Freundin von Franz Liszt.

Herder, Caroline (1750-1809), Gemahlin Johann Gottfried Herders.

Herder, Johann Gottfried (1744-1803), Philosoph, Theologe.

Heymel, Alfred Walter (1878-1914), Schriftsteller, Verleger.

Hindenburg, Paul von, eigtl. Paul von Beneckendorff und Hindenburg (1847-1934), Generalfeldmarschall (seit 1914) und Reichspräsident (seit 1925).

Hitler, Adolf (1889-1945).

Hoffmann von Fallersleben, August Heinrich (1798-1874), Schriftsteller, Lite-raturwissenschaftler.

Hofmann, Ludwig von (1861-1945), Maler, Graphiker, Kunstgewerbler, 1903-1916 Berufung an die Kunstschule Weimar.

Hofmannsthal, Hugo von (1874-1929), Dichter, Schriftsteller.

Hölderlin, Friedrich (1770-1843), besuchte 1795 Weimar.

Holtorf, Alma, Bekannte Liliencrons aus Altona.

Horn, Karl Friedrich (1772-1852), Prediger, Pädagoge.

Huch, Ricarda (Pseudonym Richard Hugo), (1864-1947), Schriftstellerin.

Humboldt, Wilhelm Freiherr von (1767-1835), Gelehrter und Politiker.

Hummel, Carl (1821-1907), Landschaftsmaler, Radierer, Sohn von J.N. Hummel, seit 1846 in Weimar ansässig.

Hummel, Johann Nepomuk (1778-1837), Komponist, Klaviervirtuose, Diri-gent, 1819/37 Hofkapellmeister in Weimar.

Iffland, August Wilhelm (1759-1814), Schauspieler, Dramatiker, Regisseur, gastiert 1796, 1798, 1810 und 1812 als Charakterdarsteller in Weimar.

Imhoff, Luise von (1752-1803), Schwester Charlotte von Steins.

Immermann, Karl Leberecht (1796-1840), Schriftsteller, in Weimar 1837.

Jacobi, Friedrich Heinrich (1743-1819), Schriftsteller und Philosoph, Freund Wielands.

Jagemann, Caroline (1777-1848), Sängerin, Schauspielerin.

Jagemann, Christoph Jospeh, Bibliothekar der Herzogin Anna Amalia. Vater der Caroline Jagemann.

Jerusalem, Johann Friedrich, Lehrer und Erzieher Anna Amalias..

Jerusalem, Karl Wilhelm (1747-1772), Braunschweiger Legationssekretär; Goethe verflocht sein Schicksal in den Roman ›Die Leiden des jungen Werthers‹.

Jean Paul, eigtl. Johann Paul Friedrich Richter (1763-1825), Dichter, Schriftsteller, wohnte von 1798-1800 in Weimar.

Jordan von, Königlich-Preußischer Minister unter König Friedrich Wilhelm III.

Joukowsky, Paul (? - 1912), russischer Kunstmaler, Freund der Adelheid von Schorn.

Joukowsky, Wassili (1783-1852), Vater von Paul Joukowsky, russischer Diplomat, Dichter, Schriftsteller und Übersetzer.

Kalb, Charlotte von (1761-1843), lebte von 1795-1799 in Weimar.

Kalckreuth, Stanislaus von (1820-1894), Maler, 1860-1875 Direktor der Großherzoglichen Kunstschule.

Katharina II. (1729-1796), die Große, Jekaterina II. Aleksejewna, russische Kaiserin seit 1762.

Kaufmann, Johann Peter (1764-1829), 1817 Ruf als Hofbildhauer nach Weimar.

Kayssler , Friedrich (1874-1945), Schauspieler.

Keil, Robert, Biograph der Schauspielerin Corona Schröter.

Kerr, Alfred, (eigtl. A. Kempner bis 1911) (1867-1948), Schriftsteller.

Keßler, Harry Graf (1868-1937), Diplomat, Schriftsteller, Mäzen, 1903-1906 ehrenamtlicher Direktor des Weimarer Museums für Kunst und Kunstgewerbe.

Kielmannsegg, Walter Graf von, zum Freundeskreis der Elisabeth Förster-Nietzsche gehörend.

Kippenberg, Anton (1874-1950), Verlagsleiter, Ehemann von Katharina Kippenberg.

Kippenberg, Katharina (1876-1947), Schriftstellerin, Verlegerin, Lektorin.

Kisch, Egon Erwin (1885-1948), Schriftsteller.

Klauer, Martin Gottlieb (1742-1801), Bildhauer, durch Anna Amalia zum Hofbildhauer berufen.

Klinger, Max (1857-1920), Radierer, Bildhauer.

Klopstock, Friedrich Gottlieb (1724-1803), Dichter.

Knebel, Karl Ludwig von (1744-1834), Offizier, Prinzenerzieher, Schriftsteller, 1773-1781 in Weimar lebend.

Knesebeck, B. von den, Kabinettsrat der Kaiserin Augusta.

Koranyi, Stephan, Biograph der Johanna Schopenhauer.

Körner, Christian Gottfried (1756-1831), Oberkonsistorialrat in Dresden, Freund Schillers.

Köselitz, Heinrich, s. Gast, Peter.

Kotzebue, August von (1761-1819), Dramatiker, Prosaschriftsteller, Sohn eines Weimarer Legationsrates.

Kraus, Georg Melchior (1737-1806), Maler, Radierer.

Kügelgen, Franz Gerhard von (1772-1820), Historien- und Porträtmaler, malte 1808-1809 in Weimar (Goethe, Schiller, Herder, Wieland).

Kurz, Maria Clara Isolde (1853-1944), Schriftstellerin und Übersetzerin.

La Mara (eigtl. Marie Lipsius) (1837-1927), Liszt-Biographin.

La Roche, Karl (1794-1884), Schauspieler, 1823-1833 am Weimarer Hoftheater.

La Roche, Maria Sophie von (1730-1807), Schriftstellerin.

Lampe, Else geb. von Guaita (1874-1963), Ehefrau von Walter Lampe, Buchbinderin.

Lampe, Walter (1872- ?), Pianist, Ehemann von Else Lampe.

Lassen, Eduard (1830-1904), Komponist, Pianist, Dirigent, 1857-1895 Musikdirektor und Kapellmeister in Weimar.

Lenbach, Franz von (1836-1904), Maler, 1859-1862 Lehrer an der Kunstschule Weimar.

Lengefeld, Oberforstmeister, Vater von Caroline und Charlotte von Lengefeld.

Levin, Rahel s. Varnhagen von Ense.

Liliencron, Detlev von, (eigtl. Friedrich Adolf Axel v. L.), (1844-1909), Schriftsteller.

Lindemann, Gustav (1872-1960), Theaterintendant, begründete gemeinsam mit seiner Frau Louise Dumont das Düsseldorfer Schauspielhaus.

Linke, Kirchenrat z.Zt. der Besetzung Weimars durch Napoleons Truppen.

Liszt, Franz (1811-1886), Komponist, Klaviervirtuose, Dirigent.

Ludecus, Amalie, s. Berg, Amalie.

Ludwig, Otto (1813-1865), Schriftsteller.

Ludwig XVI. (1754-1793), französischer König von 1774-1792.

Luise, Großherzogin von Sachsen-Weimar-Eisenach, geb. Prinzessin von Hessen-Darmstadt (1757-1830), Großherzogin von 1815-1828, Gemahlin von Großherzog Carl August.

Luise (1838-1923), Großherzogin von Baden, Tochter der Kaiserin Augusta.

Luther, Martin (1483-1546), Reformator.

Lyncker, Karl Wilhelm Heinrich von (1767-1843), Obrist, Landrat.

Mann, Thomas (1875-1955), Schriftsteller, 1901, 1932, 1949 und 1955 in Weimar. In seinem Roman ›Lotte in Weimar‹ setzt er sich indirekt mit dem Nationalsozialismus auseinander.

Maria Paulowna, geb. Großfürstin von Rußland (1786-1859), Großherzogin von Sachsen-Weimar-Eisenach 1828-1853, Gemahlin von Großherzog Carl Friedrich von Sachsen-Weimar-Eisenach.

Martersteig, Friedrich Wilhelm (1814-1899), Historienmaler, seit 1848 in Weimar ansässig.

Meißner, Alfred (1822-1885), Dichter, Schriftsteller.

Mendelssohn-Bartholdy, Jakob Ludwig Felix (1809-1847), Komponist, Dirigent, besuchte 1821, 1822, 1825 und 1830 Weimar.

Merck, Johann Heinrich (1741-1791), Kaufmann, Schriftsteller, 1779 Gast

Anna Amalias.

Meyer, Johann Heinrich (1760-1832), Maler, Kunstschriftstller, seit 1791 durch Goethes Vermittlung in Weimar.

Meyer, Nicolaus (Pseud. von Corti, N. Langbein, Philharmon, Viktor) (1775-1855), Schriftsteller, Mediziner. Bei Besuchen in Weimar lernte er Goethe kennen, lebte im Winter 1799/1800 in dessen Haus, woraus sich ein umfangreicher Briefwechsel mit Goethe, Christiane Vulpius und deren Sohn August entwickelte.

Mussolini, Benito (1883-1945), italienischer Politiker.

Müller, um 1770 Bürgermeister von Leipzig.

Müller, Friedrich Theodor Adam (ab 1806 ›von‹) (1779-1849), Jurist, Kanzler des Großherzogtums Weimar.

Münchhausen, Max von, zum Freundeskreis der Elisabeth Förster-Nietzsche gehörend.

Napoleon I. Bonaparte (1769-1821), Kaiser der Franzosen.

Necker, Jacques (1732-1804), französischer Bankier und Politiker, seiner Ehe mit Susanne, geb. Churchod de Nusse (1739-1749) entstammt Madame de Staël.

Neher, Karl Josef Bernhard (1806-1886), Maler. Er malte zwischen 1836 und 1846 Portraits und Wandbilder im Weimarer Schloß nach Motiven aus Werken von Goethe und Schiller.

Niemann, Alfred (1831-1917), Ehemann von Marie Seebach, Heldentenor.

Nietzsche, Friedrich (1844-1900), Philologe, Philosoph, ab 1897 bei seiner Schwester in Weimar.

Nikolaus I. (1796-1855), seit 1825 Kaiser von Rußland.

Nostitz, Helene von (1878-1944), Schriftstellerin.

Nostitz-Wallwitz, Alfred von (1870-1953), Regierungsrat, Ehemann von Helene von Nostitz.

Paganini, Niccolò (1782-1840), Violinvirtuose, Komponist; gab ein einziges öffentliches Konzert am 30.10.1829 in Weimar.

Palézieux-Falconnet, Aimé Charles Vincent (1843-1907), 1901 Oberhofmarschall mit Regierungsantritt Wilhelm Ernsts.

Palm, Johann Philipp (1768-1806), Buchhändler und Verleger in Nürnberg, verlegte die antifranzösische Flugschrift ›Deutschland in seiner tiefsten Erniedrigung‹, von einem französischen Militärgericht darauf zum Tode verurteilt.

Pappenheim, Jenny von, Mitglied der Teerunde Johanna Schopenhauers.

Paul I. (1754-1801), Kaiser von Rußland 1796-1801, verheiratet mit Sophie Dorothea Augusta v. Württemberg.

Paul, Jean s. Jean Paul.

Peucer, Heinrich Carl Friedrich (1779-1849), Oberkonsistorialdirektor.

Pogwisch, Henriette Ottilie Ulrike von (1776-1851), Hofdame.

Pourtalès, Guy de (1881-1941), französisch-schweizerischer Schriftsteller.

Probst, Wilhelmine Freundin der Schauspielerin Corona Schröter.

Praetorius, Ernst (1880-1946), Dirigent, Musikwissenschaftler, 1924-1933 Generalmusikdirektor in Weimar.

Preller, Friedrich (1804-1878), Maler, Radierer.

Rauch, Christian Daniel (1777-1857), Bildhauer.

Reichardt, Johann Friedrich (1752-1814), Komponist, Berliner Hofkapell-meister, mehrfach in Weimar zu Gast.

Reinhardt, Max (eigtl. M. Goldmann), (1873-1943), Schauspieler, Regisseur und Theaterleiter, Begründer des modernen Regietheaters.

Riehl, Alois (1844-1924), österreichischer Philosoph.

Riemer, Friedrich Wilhelm (1774-1845), Philologe, ab 1812 Gymnasial-professor und Bibliothekar in Weimar.

Rilke, Rainer Maria (1875-1926), Dichter, besuchte Weimar 1910 (von Nostitz), 1911 (mit Fürstin von Thurn und Taxis), 1913 (mit Anton Kippenberg).

Rilke-Westhoff, Clara Henriette Sophie (1878-1954), Bildhauerin, Malerin, 1901 Ehe mit Rainer Maria Rilke.

Rodin, Auguste (1840-1917), Bildhauer.

Robinson, Henry Crabb (1775-1867), englischer Schriftsteller, 1800-1805 Studium in Deutschland.

Rothe, Karl (1848-1921), der letzte Staatsminister des Großherzogtums Sachsen.

Rousseau, Jean-Jacques (1712-1778), französisch-schweiz. Philosoph und Schriftsteller.

Roux, Zeichenlehrer der Louise Seidler in Jena.

Saint Aignan, Étienne Baron de (1770-1858), 1806-1813 Bevollmächtigter Napoleons bei den sächsischen Herzögen.

Salis-Marschlins, Meta von (1855-1929), schweizerische Lyrikerin, Erzählerin, Essayistin, Frauenrechtlerin, promovierte 1887 als erste Frau an der philosophisch-historischen Fakultät zu Zürich.

Sayn-Wittgenstein, Carolyne Fürstin von (1819-1887), Tochter eines polnischen Großgrundbesitzers, kam 1848 nach Weimar, wo sie mit F. Liszt zusammenlebte, ab 1860 in Rom.

Schardt, Johann Christian Wilhelm von (1711-1790), Haus- und Reise-marschall, Vater von Charlotte von Stein.

Scheffel, Joseph Victor (von 1876) (1826-1886), Schriftsteller, Malerpoet, Bibliothekar.

Schewyrjow, Stepan Petrowitsch (1806-1864), russischer Literaturwissen-schaftler, besuchte Weimar 1829 und 1838.

Schiller, Charlotte, geb. von Lengefeld (1766-1826), Ehefrau von Friedrich Schiller.

Schiller, Ernst von (1796-1841), Sohn Friedrich Schillers, Jurist.

Schiller, Friedrich von (1759-1805), Dichter, Historiker.

Schirach, Baldur von (1907-1974), Reichsjugendführer.

Schlaf, Johannes (1862-1942), Schriftsteller, 1904-1937 in Weimar.

Scholz, Wilhelm von (1874-1969), Schriftsteller, um die Jahrhundertwende in Weimar.

Schopenhauer, Arthur (1788-1860), Philosoph, Sohn von Johanna Schopenhauer.

Schopenhauer, Adele (1797-1849), Tochter von Johanna Schopenhauer, Erzählerin, Zeichnerin.

Schopenhauer, Heinrich Floris (1747-1805), Bankier in Danzig, Ehemann der Johanna Schopenhauer.

Schopenhauer, Johanna (1766-1838), Schriftstellerin.

Schorn, Adelheid von (1841-1916), Schriftstellerin.

Schröter, Corona (1751-1802), Schauspielerin, Sängerin.

Schütze, Johann Stephan (1771-1839), Theologe und Schriftsteller in Weimar.

Schumann, Clara geb. Wieck (1819-1896), Pianistin.

Schumann, Robert (1810-1856), Komponist, Ehemann von Clara Schumann.

Schweitzer, Anton (1735-1787), Komponist, Kapellmeister, Kompositionslehrer Anna Amalias.

Seebach, Friedrich Johann von (1767-1847), Oberstallmeister.

Seebach, Marie (1829-1897), Schauspielerin, Sängerin.

Seidler, Louise (1786-1866), Malerin.

Shakespeare, William (1564-1616), englischer Dichter und Dramatiker.

Solger, Karl Wilhelm Ferdinand (1780-1819), Philosoph.

Sophie, Wilhelmine Marie Luise geb. Prinzessin der Niederlande (1824-1897), Gemahlin Carl Alexanders von Sachsen-Weimar-Eisenach 1853-1896.

Staël-Holstein, Anne Louise Germaine de, geb. Necker (1766-1817), Schriftstellerin.

Stein, Charlotte Albertine Ernestine von, geb. von Schardt (1742-1827), Hofdame, Ehefrau des Josias von Stein.

Stein, Gottlob Ernst Josias Friedrich von (1735-1793), Stallmeister, Ehemann der Charlotte von Stein.

Stein, Gottlob Friedrich (Fritz) Constantin von (1772-1844), Sohn der Charlotte von Stein.

Stein, Heinrich Friedrich Karl Reichsfreiherr von und zum (1757-1831), u.a. initiierte er das preußisch-russische Bündnis, nahm am Wiener Kongreß als Vertrauter des russischen Kaisers teil.

Steiner, Johann Friedrich Rudolph (1742-1804), Architekt, entwarf den 1779/80 ersten ausgeführten eigenständigen Theaterbau in Weimar, das Komödienhaus.

Steiner, Rudolf (1861-1925), Philosoph, Pädagoge und Naturwissenschaftler, Begründer der Anthroposophie.

Stolberg, Christian Graf zu (1748-1821), Schriftsteller.

Storm, Hans Theodor Woldsen (1817-1888), Schriftsteller.

Strauß, Richard (1864-1949), Komponist.

Tausig, Carl, (eigtl. Karol), (1841-1871), Pianist, Schüler Franz Liszts.

Thurn und Taxis, Fürstin, s. Rilke, Rainer Maria.

Trosiener, Christian Heinrich, Danziger Ratsherr, Vater der Johanna Schopenhauer.

Turgenjew, Alexander Iwanowitsch (1784-1845), russischer Historiker, mehrere Besuche in Weimar.

Vaihinger, Hans (1852-1933), Philosoph, bekannt mit Frau Förster-Nietzsche.

Varnhagen von Ense, Rahel, geb. Levin, führte ab 1810 den Namen R. Robert (1771-1833), Schriftstellerin, bekannt durch ihren von einer besonderen Goethe-Verehrung geprägten Salon in Berlin.

Velde, Henry van de (1863-1957), Architekt, 1902 Berufung nach Weimar, 1917 Ausreise in die Schweiz.

Viebig, Clara (1860-1952), Schriftstellerin.

Vignau, Hippolyt von (1843-1926), Generalintendant am Weimarer Hoftheater.

Vogel, Christian Georg Carl (1760-1819), Privatsekretär Goethes, Kanzleirat.

Vogel, Ludwig (1788-1879), schweizer Maler.

Vulpius, Christiane, s. Goethe, Christiane.

Vulpius, Johann Friedrich (1725-1786), Archivar, Vater von Christiane Vulpius.

Wagner, Richard (1813-1883), Komponist, im August 1848 und Mai 1849 Gast in Weimar.

Watzdorf-Bachoff, Erika von (1878-1963), Schriftstellerin.

Weber, Carl Maria Friedrich Ernst (1786-1846), Komponist.

Wieck, Johann Gottlieb Friedrich (1785-1873), Musikpädagoge, Vater der Clara Schumann.

Wieland, Christoph Martin (1733-1813), Philosoph, Dichter, Prinzenerzieher.

Wildenbruch, Ernst von (1845-1909), Dramatiker, ab 1900 in Weimar.

Wilhelm I. (1792-1888), König von Preußen seit 18. Oktober 1861, Deutscher Kaiser seit 18. Januar 1871.

Wilhelm II. (1792-1849), König der Niederlande und Großherzog von Luxemburg, in Petersburg vermählte er sich 1816 mit der Schwester des Kaisers Alexander I., Großfürstin Anna Paulowna (1795-1865).

Wilhelm, Ernst (1876-1923), Großherzog von Sachsen-Weimar-Eisenach 1901-1918.

Wolf, E.A., Librettist, Operntexter.

Wölfling, V., Theologe und Schriftsteller.

Wolzogen, Caroline von, geb. von Lengefeld (1763-1847), Charlotte von Schillers Schwester.

Wolzogen, Wilhelm Ernst Friedrich von (1762-1809), Kammerherr, Ehemann von Caroline von Wolzogen.

Zelter, Karl Friedrich (1758-1832), Berliner Komponist, Goethes Altersfreund.

Dieses Personenverzeichnis ist dem Personenregister aus: *Weimar-Lexikon zur Stadtgeschichte,* Weimar 1993, angegeglichen. Entsprechend erfolgte auch die Schreibweise der Namen wie z.B. Carl/Karl, Constantin/Konstantin, Luise/Louise usw. im Text.

Anmerkungen und Übersetzung fremdsprachiger Zitate

5   »*C'est une tête*« – »*Das ist ein Kopf.*«

33 Der Zwischenkieferknochen beim Menschen wurde bereits vor Goethe von dem Arzt und Naturforscher Johann Friedrich Blumenbach (1752-1840) entdeckt.

39 Charlotte von Steins Erinnerungsstätte befindet sich an der Westmauer des historischen Friedhofes, unweit der Fürstengruft. Seit 1908 ziert diese von Adolph Donndorf geschaffene Erinnerungstafel das Schardt-sche Erbbegräbnis, in dem auch Caritas Emilie Gräfin von Bernstorff, die Frau des ehemaligen dänischen Außenministers, sowie Sophie von Schardt, Charlottes geistvolle Schwägerin, beigesetzt wurden. Das eigentliche Grab der Charlotte von Stein mußte 1862 einem Mauerdurchbruch zum jenseitigen Friedhof weichen, weshalb der Donndorfsche Gedenkstein an dieser Stelle angebracht wurde.

45 Aus der Szene im Kerker, beginnend mit »MARGARETE *wälzt sich vor ihn hin:* Erbarme dich mein und laß mich leben! ...« bis »FAUST *erfaßt sie wütend um den Hals:* Meine Liebe! Meine Liebe!«

47 *Kassengewölbe:* war 1715 zunächst als privates Erbbegängnis errichtet worden, ging aber 1742 in den Besitz der Landschaftskasse über. Gegen eine geringe Gebühr wurden in dieser Gruft angesehene oder adelige Bürger beigesetzt, die über kein eigenes Erbbegräbnis verfügten. Bis 1826 fanden hier 64 Beisetzungen statt, darunter die Eltern der Charlotte von Stein und weitere Personen des ›klassischen‹ Weimar. Am 12. Mai 1805 setzte man Friedrich Schiller in dieser Gruft bei. Erst 1826 wurden seine sterblichen Überreste exhumiert und – nach einem Zwischenaufenthalt in der Herzoglichen Bibliothek – am 16. Dezember in die Fürstengruft überführt. Der über dem Kassengewölbe befindliche barocke Pavillon mußte 1854 abgetragen werden. 1913 erfolgte seine Neuerrichtung nach dem Original. (Text nach Roland Dreßler, Jochen Klauss, in: Weimarer Friedhöfe, 1996.)

59 »*Je vous plains, Madame*« – »*Ich bedaure Sie, Madame*«

63 »*de voir venir son caractere*« – »*ihren Charakter zu erkennen*«

65 ›De la littérature considérée dans ses rapports avec les institutions sociales‹ – Über die Literatur in ihren Beziehungen zu den gesellschaftlichen Einrichtungen

69 »*C'est le plus allemand des savants Français*« – »*Das ist der deutsche-ste aller gelehrten Franzosen*«

75 *Jägerhauser:* 1717/20 unter Leitung von Christian Richter (1665-1722) erbautes Haus in der Marienstraße 5-7, das nur in veränderter Form erhalten geblieben ist. Der früher zweigeschossige, mit Giebelaufsatz und Türmchen versehene Mittelteil zwischen den dreigeschossigen Eckbauten wurde im 2. Weltkrieg zerstört und 1966/70 in neuer Gestalt wiederaufgebaut. Enthielt das Jägerhaus ursprünglich Wohnungen für die Jäger und Forstbeamten sowie Räume zur Unterbringung der Meute und des Jagdgeräts, so diente es später auch anderen Zwecken. 1774 wurde der Hauptraum als katholische Kapelle eingerichtet. Im Jägerhaus wohnte 1789/92 Johann Wolf-

gang von Goethe zusammen mit Christiane Vulpius, später der englische Maler Charles Gore. 1816 zog die freie Zeichenschule ein und nutzte das Gebäude bis 1830. Um die Mitte des 19. Jahrhunderts war das Jägerhaus ein Zentrum der bildenden Kunst in Weimar. Bedeutende Künstler wohnten und arbeiteten darin: Friedrich Preller (1835/68), Bonaventura Genelli, Angelica Facius, Louise Seidler und Ferdinand Jagemann. (Text nach Christian Schädlich, in: Lexikon zur Stadtgeschichte, Weimar 1993.)

78 *Goethehaus:* 1709 erbaut als barockes Bürgerhaus. Johann Wolfgang von Goethe bezog es 1782 zunächst als Mieter und bewohnte es mit einigen Unterbrechungen bis zu seinem Tod 1832. Herzog Carl August schenkte ihm 1794 das Haus. Es wurde zur Stätte des Wirkens des Staatsmanns, Dichters und Wissenschaftlers und seiner Begegnung mit vielen bedeutenden Zeitgenossen. Zugleich nahm das Haus die wachsenden Sammlungen Goethes auf, die bei seinem Tod über 26.000 Kunstgegenstände aller Art, darunter mehr als 2.000 Handzeichnungen Goethes, über 18.000 Steine und Mineralien, fast 5.000 naturwissenschaftliche Stücke und eine Bibliothek von mehr als 6.500 Bänden umfaßten. (Text nach Siegfried Seifert, in: Lexikon zur Stadtgeschichte, Weimar 1993.)

87 *Hoffmann von Fallersleben:* Gezwungen, ein unstetes Wanderleben zu führen, kam er durch Vermittlung Bettina von Arnims und Franz Liszts nach Weimar, wo er zum Kreis um Liszt auf der Altenburg gehörte. Er war Mitbegründer des ›Neu-Weimarer-Vereins‹, der die geistige Stagnation in Weimar bekämpfen und an die Zeit der Klassik anknüpfen wollte. Er gab die ›Weimarische Zeitschrift für deutsche Sprache und Literatur‹ (1855/60) heraus. Im Grunde scheiterten seine Bemühungen in Weimar an seinem Ruf als ehemaliger Achtundvierziger. Er verließ 1860 die Staat, *»froh …, von dieser Acker- und Dorfresidenz der Hof- und sonstigen Räte und Hungerleider erlöst«* zu sein. (Text nach Herbert Greiner-Mai, in: Lexikon zur Stadtgeschichte, Weimar 1993.)

110 *invita Minerva* – wider den Willen Minervas, der Göttin der Weisheit

126 Eine Neuauflage des Romans ›Gabriele‹ steht für 1999 beim Dietmar Klotz Verlag (Eschborn) zur Subskription.

163 *»L'idée d'aller à Naumbourg …«*
»Die Idee, nach Naumburg zu gehen, war eine der besten Entscheidungen meines ganzen Lebens.
Ich habe es ganz gut geschafft, am nächsten Tag war ich unbefangen bei der Ankunft des jungen Paares.
Die Frau ist eine charmante Person, voller Geist, Freundlichkeit und Anmut. Ich habe noch nie jemandem gesehen, der sich mit solcher Sicherheit und Leichtigkeit bewegt hätte. Das bedeutet, daß sie sehr klug ist und sich mit jedermann ohne weiteres unterhalten kann. Sie ist ziemlich hübsch und hat ein sehr geistreiches und feines Aussehen und trotzdem strahlt sie eine gewisse Güte aus.«

211 *Böhlau-Verlag:* Verlag Hermann Böhlaus Nachfolger: Verlag für Geschichte, Literatur und Rechtsgeschichte in Weimar. Hermann Böhlau

entwickelte ab 1853 die seit 1624 bestehende, aber damals bedeutungslos gewordene Hofdruckerei rasch zum wichtigsten Verlag Weimars im 19. Jahrhundert, der zwischen 1880 und 1895 den Höhepunkt seiner Entwicklung erreichte. (Text nach Herbert Greiner-Mai, in: Lexikon zur Stadtgeschichte, Weimar 1993.)

213 *Schlangenstein:* Im Auftrag von Herzog Carl August 1787 am linken Ilmsteilufer aufgestellter Denkstein mit der Inschrift *»Genio huius loci«* (*»dem Genius dieses Ortes«*). Die Schlange als Symbol der Fruchtbarkeit sollte auf die Kraft der Natur hinweisen, die den Garten- und Ackerbau förderte und zugleich Heilkraft brachte. Das Original Martin Gottlieb Klauers wurde aus rötlichgrauem Berkaer Chirotheriensandstein gefertigt (heute im Garten von Goethes Gartenhaus). 1968 entstand eine Kopie aus rotem Tonndorfer Bausandstein an der ursprünglichen Stelle. (Text nach Walter Steiner, in: Lexikon zur Stadtgeschichte, Weimar 1993.)

219 *Tempelherrenhaus:* 1786/87 wurde im Zusammenhang mit der Umgestaltung des Parks an der Ilm das ›Orangenhaus‹, ein altes Gewächshaus im ›Welschen Garten‹ durch Baumeister Johann Friedrich Rudolf Steiner zu einem ›Salon‹ für den herzoglichen Hof umgebaut, der zu geselligen Zusammenkünften genutzt wurde. Einer zeitgenössischen Geschmacksrichtung folgend, wurde er 1812/20 zu einem neugotischen Tempelherrenhaus umgebaut … Nach schwerer Beschädigung durch Bomben im 2. Weltkrieg ist es heute nur noch als Ruine vorhanden. (Text nach Siegfried Seifert, in: Lexikon zur Stadtgeschichte, Weimar 1993.)

222 *rerum novarum cupidus* – auf Neues begierig

225 *Fürstengruft:* Sie wurde 1824 vom Großherzog Carl August nach Plänen des Oberbaudirektors Coudray erbaut; am 17. Juni desselben Jahres erfolgte ihre Einweihung. Breite Sandsteinstufen führen zu ihr hinauf. Durch einen von dorischen Säulen getragenen Vorbau gelangt man in den inneren, durch Oberlicht erhellten Raum, in welchem der Tür gegenüber der Altar steht. Links von dieser führt eine Wendeltreppe hinunter in die Gruft, in welche 1824 aus dem Schlosse 36 Särge gebracht wurden, die früher in der beim Schloßbrande 1774 unversehrt gebliebenen ›heiligen Gruft‹ der eingescherten Schloßkirche ihren Standort hatten, Sie enthalten die irdischen Überreste von Gliedern des Fürstenhauses vom Jahre 1662 bis 1758.

Hier fanden am 16. Dezember 1827 Schillers Gebeine ihre bleibende Ruhestätte, 1828 wurden Großherzog Carl August, 1830 seine Gemahlin Luise und 1832 Goethe beigesetzt. Ihnen folgte 1852 Herzogin Ida, 1853 Großherzog Carl Friedrich, 1859 Prinzessin Anna Sophie, 1859 Großherzogin Großfürstin Maria Paulowna, 1862 Herzog Bernhard, 1864 Prinzessin Anna Amalie Marie, 1891 Prinz Alexander, 1894 Erbgroßherzog Carl August, 1897 Großherzogin Sophie, 1900 Prinz Bernhard Heinrich, 1901 Großherzog Carl Alexander, 1904 Erbgroßherzogin Pauline und 1905 Großherzogin Caroline.

Neben Schillers Sarg steht der Goethes mit einem Schriftstück, darauf die Schillerschen Worte:

»Hier ist die ewige Jugend bei niemals versiegender Fülle, / Und mit der Blume zugleich brichst du die goldene Frucht.«
(Text nach Rainer Wagner, in: Weimar – Historische Photographien.)

Stiftung Weimarer Klassik: 13, 19, 20, 25, 31, 52, 53, 56, 71, 77, 91, 92, 98, 105, 114, 121, 129, 134, 139, 140, 141, 149, 150, 154, 157, 159.
Goethe- und Schiller Archiv: 45.
Kunstsammlungen zu Weimar: 164, 219.
Stadtarchiv Weimar: 57, 78, 195.
Stadtmuseum Weimar: 97, 134, 215, 223.
Bildarchiv Preußischer Kulturbesitz: 85.
Archiv für Kunst und Geschichte GmbH, Berlin-London-Paris: 65, 101, 205.
Theatermuseum der Landeshauptstadt Düsseldorf: 229.
Goethe-Museum Düsseldorf, Anton-und-Katharina-Kippenberg-Stiftung: 42, 86, 242.
Robert-Schumann-Haus Zwickau: 194.
Constantin Beyer – Lichtbildner – Weimar: 70, 81, 237
Fotoatelier Louis Held (Inh.: Eberhard Renno): 75, 203, 236.
Maik Schuck, Weimar: 217, 247, 253.
Privatsammlung Rainer Wagner, Weimar: 9, 22, 23, 24, 28, 38, 60, 96, 108, 137, 145, 147, 156, 162, 163, 166, 168/169, 171, 197, 199, 200/201, 225, 226, 235, 238.
Privatsammlung – Archiv – Foto – Repro – Roland Dreßler, Weimar: 29, 39, 47, 83, 132, 133, 152, 153, 158, 158, 161, 172, 189, 208, 210, 213.
Privatsammlung Dr. Klaus Magdlung, Weimar: 21, 62, 118, 125, 222, 224.
Archiv des Autors: 12, 143, 173, 193, 254.
Bildarchiv Foto Marburg: 46, 113.
Historisches Museum der Stadt Frankfurt am Main: 51.
Blaue Hörner Verlag: 192, 241.

Folgende Abbildungen wurden entnommen aus:

Mit Goethe durch das Jahr, Zürich und München 1989, Artemis: 8.
Goethe, Handzeichnungen, Inselbücherei Nr. 555, Leipzig 1940: 35, 40, 72, 73.
Schattenbilder der Goethezeit, Inselbücherei Nr. 565, Leipzig 1966: 32, 33, 50, 90, 109, 135.
Große Frauen der Weltgeschichte, Klagenfurt 1997: 49, 211.
Adlersfeld-Ballestrem, Kaiserin Augusta, Berlin 1902: 174, 175, 179, 180, 181, 182, 183.
Weimar, Lexikon der Stadtgeschichte, Weimar 1993: 220, 227.
Velde, Henry van de, Geschichte meines Lebens: 232.
Schorn, Adelheid von, Das nachklassische Weimar: 184, 188.
Geschichte der Stadt Weimar, Weimar 1975: 185.
Nostitz, Helene von, Aus dem alten Europa: 255.

Stammbaum des Hauses Sachsen-Weimar-Eisenach
von ANNA AMALIA bis FEODORA

Herzogin
ANNA AMALIA
24.10.1739-10.4.1807
Tochter des Herzogs Karl I. von Braunschweig-Wolfenbüttel und Philipine Charlotte,
Schwester Friedrichs des Großen
∞ 1756 ERNST AUGUST II. CONSTANTIN
2.6.1737-28.5.1758
Herzog von Sachsen-Weimar Eisenach 1755-1758
Kinder: Carl August (1757-1828), Friedrich Ferdinand Constantin (1758-1793)
(Vormundschaft durch Herzogin Anna Amalia
für den Sohn und Thronfolger Carl August 1758-1775)

Herzogin
LUISE
30.1.1757-14.2.1830
Tochter des Landgrafen Ludwig IX. von Hessen Darmstadt
∞ 1775 CARL AUGUST
3.9.1757-14.6.1828
Herzog (seit 1815 Großherzog) von Sachsen-Weimar-Eisenach (1775-1828)
Kinder: Luise (1779-1784), Tochter (1781), Carl Friedrich (Thronfolger 1783-1853),
Sohn (1785), Caroline (1786-1816), Sohn (1789), Bernhard (1792-1862)

Großherzogin
MARIA PAULOWNA
16.2.1786-23.6.1859
Tochter des Kaiser Paul I. von Rußland, Großfürstin von Moskau
∞ 1804 CARL FRIEDRICH
2.2.1783-18.7.1853
Großherzog von Sachsen-Weimar-Eisenach 1828-1853
Kinder:
Karl (1805-1806), Marie (1808-1877) ∞ 1827 mit Prinz Karl von Preußen,
Augusta (1811-1890) ∞ 1829 mit Prinz Wilhelm von Preußen, 1861 Königin von
Preußen, 1871 Deutsche Kaiserin, Carl Alexander (1818-1901)

Großherzogin
SOPHIE
8.4.1824-23.3.1897
Tochter Wilhelms II., König der Niederlande, Kronprinzessin
∞ 1842 CARL ALEXANDER
24.6.1818-5.1.1901
Großherzog von Sachsen-Weimar-Eisenach 1853-1901
Kinder: Carl August (1844-1894), vermählt 1873 mit Pauline,
Prinzessin von Sachsen-Weimar-Eisenach,
Marie (1849-1922), vermählt 1876 mit Prinz Heinrich VII. von Reuß, Anna (1851-1859),
Elisabeth (1854-1908), vermählt 1886 mit Johann Albrecht, Herzog zu Mecklenburg.

Großherzogin
CAROLINE
13.7.1884-17.1.1905
Tochter des Fürsten Reuß ältere Linie und der Prinzessin Schaumburg-Lippe
∞ 1903 WILHELM ERNST
10.6.1876-24.4.1923
Großherzog von Sachsen-Weimar-Eisenach 1901-9.11.1918

Großherzogin
FEODORA
29.5.1890-12.3.1972
Prinzessin von Sachsen-Meiningen
∞ 1910 WILHELM ERNST
(Zweite Ehe des Großherzogs nach Carolines frühem Tod)

Die ›russische Linie‹ des Hauses Sachsen-Weimar-Eisenach von ANNA AMALIA bis Kaiserin AUGUSTA*

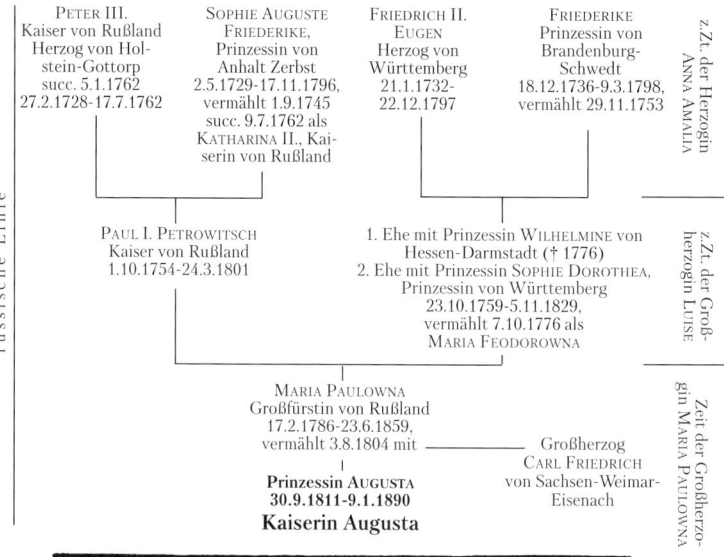

PETER III.
Kaiser von Rußland
Herzog von Holstein-Gottorp
succ. 5.1.1762
27.2.1728-17.7.1762

SOPHIE AUGUSTE
FRIEDERIKE,
Prinzessin von
Anhalt Zerbst
2.5.1729-17.11.1796,
vermählt 1.9.1745
succ. 9.7.1762 als
KATHARINA II., Kaiserin von Rußland

FRIEDRICH II.
EUGEN
Herzog von
Württemberg
21.1.1732-
22.12.1797

FRIEDERIKE
Prinzessin von
Brandenburg-Schwedt
18.12.1736-9.3.1798,
vermählt 29.11.1753

z.Zt. der Herzogin ANNA AMALIA

russische Linie

PAUL I. PETROWITSCH
Kaiser von Rußland
1.10.1754-24.3.1801

1. Ehe mit Prinzessin WILHELMINE von
Hessen-Darmstadt († 1776)
2. Ehe mit Prinzessin SOPHIE DOROTHEA,
Prinzessin von Württemberg
23.10.1759-5.11.1829,
vermählt 7.10.1776 als
MARIA FEODOROWNA

z.Zt. der Großherzogin LUISE

MARIA PAULOWNA
Großfürstin von Rußland
17.2.1786-23.6.1859,
vermählt 3.8.1804 mit

Großherzog
CARL FRIEDRICH
von Sachsen-Weimar-Eisenach

Prinzessin AUGUSTA
30.9.1811-9.1.1890
Kaiserin Augusta

Zeit der Großherzogin MARIA PAULOWNA

Kaiser PAUL I. von Rußland mit seiner Gemahlin MARIA FEODOROWNA und seinen beiden ältesten Söhnen ALEXANDER und KONSTANTIN im Garten. PAUL I. stand durch seine erste Ehe mit Prinzessin WILHELMINE von Hessen-Darmstadt in verwandtschaftlichen Beziehungen zum Weimarer Hof, seine Tochter MARIA PAULOWNA heiratete 1804 den Erbprinzen CARL FRIEDRICH von Sachsen-Weimar.
* (nach: Adlersfeld-Ballestrem: ›Kaiserin Augusta‹)

So möcht' ich mich bedanken

»Daß Weimar seinen Frauen viel verdankt, ist bekannt. Wolfgang Günther ruft uns ihren Anteil in Erinnerung und zeigt, daß sie mehr als die Musen großer Männer waren ... Ohne diese Frauen wäre Weimar nicht geworden, was es ist.«

Mit diesen Zeilen teilte mir die Ministerin für Bundesangelegenheiten in der Staatskanzlei und Bevollmächtigte des Freistaates Thüringen beim Bund, Frau Dipl.-Theologin Christine Lieberknecht, ihre Unterstützung zur Verwirklichung des vorgelegten Manuskriptes mit. Das war am 15. Januar 1998, jene Zeit, in der sich Weimar auf die Kulturstadt Europas 1999 vorbereitete.

Der Vorstand des Internationalen Arbeitskreises ›Frau und Musik‹, Landesverband Thüringen e.V., wurde gebeten, die Schirmherrschaft über ›Weimars lieb' Frauen‹ zu übernehmen. Die Vorsitzende, Frau Irina Jacobsen, meinte damals: *»Wir werden dieses Werk zwar nicht vertonen, dafür aber unbürokratisch unterstützen und fördern.«*

Der Landesregierung und dem Arbeitskreis meinen verbindlichsten Dank.

Neben der textlichen Fassung kam es mir darauf an, möglichst viele ›lieb' Frauen‹ auch bildlich in Erinnerung zu rufen. Danken möchte ich vor allem den Frauen, die mir dabei geholfen haben:

STIFTUNG WEIMARER KLASSIK, Direktorin Frau Dr. Renate Müller-Krumbach (am 17.12.1996): *»... Ich habe Ihre umfangreiche Liste angesehen und kann Ihnen mitteilen, daß der überwiegende Teil genehmigt werden kann ...«* Und dann ging alles so schnell bei Frau Angelika Barthel, Frau Petra Ellermann-Minda, Frau Petra Schneider und Frau Sigrid Geske.

DER OBERBÜRGERMEISTER DER STADT WEIMAR, Leiterin des Stadt-Archivs, Frau Gitta Maria Günther, nach Stichen aus der Goethezeit gefragt: *»... Die Stiche sind enthalten in Karl Gröbner, die Großherzogliche Haupt- und Residenz-Stadt Weimar, Erfurt 1830 ..., unseres Wissens nicht mehr urheberrechtlich gebunden.«*

KUNSTSAMMLUNGEN ZU WEIMAR, Frau Angelika Goder: *»Die Bildauswahl ist nahezu unermeßlich … Wir werden schon die passenden Bilder finden!«*

STADTMUSEUM WEIMAR, Frau Christa Graeve: »*… als Ersatz gleich zwei Fotografien von anderen Eröffnungen im Großherzoglichen Museum …*« Ihr Dank außerdem für die wertvolle Vermittlung zwischen dem Lichtbild-Verlag Constantin Beyer, dem Foto-Verlag Louis Held und dem Autor

THEATERMUSEUM DÜSSELDORF, Frau Ursula Zangerle: »*… habe gründlich nach einem geeigneten Foto von Louise Dumont aus dem Jahre 1904 gesucht … wie gerne würde ich Ihnen helfen … zwei Beispiele vom Weimarer Theaterbau füge ich noch anbei …*«

GOETHE MUSEUM DÜSSELDORF, ANTON-UND-KATHARINA-KIPPENBERG-STIFTUNG, Frau Regine Zeller: »*… Wie vorab schon mitgeteilt, schicke ich Ihnen Kopien eines Aufsatzes von Hans Carossa über Katharina Kippenberg … und Bilder … und alles Gute!*«

ROBERT-SCHUMANN-HAUS ZWICKAU, Frau Renate Roßner, in Erinnerung an die Internationalen Robert-Schumann-Wettbewerbe in Zwickau durch Mitwirken meiner Frau: *»Ein kleiner Gruß für Sie und Bilder … Sie sind für uns und wir sind für Sie da …«*

Danken möchte ich ebenso den Damen und Herren des BILDARCHIVS PREUSSISCHER KULTURBESITZ, des ARCHIVS FÜR KUNST UND GESCHICHTE BERLIN, LONDON, PARIS für die umfangreiche Bilderauswahl zur Textanpassung.

Zu einem herzlichen Dank sind Verlag und Autor den Herren Roland Dreßler, Dr. Klaus Magdlung und Rainer Wagner, Weimar, verpflichtet. Sie stellten den größten Teil der Fotos und Reproduktionen aus ihren Privat-Archiven uneigennützig zur Verfügung.

Den Grundstein zum vorliegenden Buch legte meine Frau, Marianne E. Günther. Sie begleitete die Arbeit unermüdlich von der ersten bis zur letzten Seite. Dafür meinen lieben Dank.

Weimar, im Frühjahr des Jahres 2000
Wolfgang W. Günther

Lektorat: Bernhardine von Schnackenburg
Gesetzt aus der Petersburg durch den Verlag
Bild- und Textgestaltung durch den Verlag
Umschlag: Martin Hahn/Marco Völker (Kassel)
Druck: Druckerei Baden, Kassel-Oberzwehren
im Jahre 2000

© Blaue Hörner Verlag GmbH
D-35043 Marburg
Neue Straße 17
Tel.: +49 (0700) 258 346 76
Fax: +49 (6421) 44 67 0
E-mail: blauhorn@t-online.de
www.blaue-hoerner-verlag.de

ISBN 3-926385-82-0